新中国成立以来农村土地政策演变逻辑和经验研究

高伟◎著

人民日报出版社

北京

图书在版编目（CIP）数据

新中国成立以来农村土地政策演变逻辑和经验研究 /
高伟著. —北京：人民日报出版社，2023.4
　　ISBN 978-7-5115-7801-3

　　Ⅰ.①新… Ⅱ.①高… Ⅲ.①农村—土地政策—研究
—中国 Ⅳ.①F321.1

中国国家版本馆CIP数据核字（2023）第085302号

书　　名：新中国成立以来农村土地政策演变逻辑和经验研究
　　　　　XINZHONGGUO CHENGLI YILAI NONGCUN TUDI ZHENGCE
　　　　　YANBIAN LUOJI HE JINGYAN YANJIU
作　　者：高　伟
出 版 人：刘华新
责任编辑：袁兆英
封面设计：中尚图
出版发行：人民日报出版社
社　　址：北京金台西路2号
邮政编码：100733
发行热线：（010）65369527　65369512　65369509　65369510
邮购热线：（010）65369530
编辑热线：（010）65363251
网　　址：www.peopledailypress.com
经　　销：新华书店
印　　刷：天津中印联印务有限公司
法律顾问：北京科宇律师事务所 010-83622312
开　　本：710mm×1000mm　1/16
字　　数：300千字
印　　张：21
印　　次：2023年5月第1版　2023年5月第1次印刷
书　　号：ISBN 978-7-5115-7801-3
定　　价：78.00元

自序

　　农村土地政策是土地政策的重要组成部分，农村土地制度和土地政策的变革和农村发展息息相关。自新中国成立以来，农村土地制度和土地政策的变化就是社会各界重点关注的问题。对于中国这样的农业大国来说，农村土地问题重要性不言而喻，要知道无农不稳，农业、农村、农民（即"三农"）问题是关系国计民生的根本性问题，解决好"三农"问题，是党和国家工作的重中之重，而解决"三农"问题的关键是要解决好农村的土地问题。我国是一个人口大国，处理好人多地少的人地关系矛盾是解决好农村土地问题的关键，粮食安全、农业现代化、农村城镇化、农民富裕以及新农村建设、社会主义市场经济条件下的"三农"问题等，都与农村土地政策的制定有关。土地是农业之本、农民之根、财富之母，而农村土地政策作为农业、农村、农民发展问题的根本指导原则，决定着农民如何经营和使用土地，同时也是马克思主义政治经济学关于农业经济发展的重要问题。新中国成立以来，随着我国经济社会的不断发展，农村土地政策也在不断地演变。

　　本书梳理了新中国成立以来的农村土地政策：首先，从概念上厘清土地、农村土地政策、农村土地政策演变的本质内涵，分析农村土地政策演变的价值取向和过程。梳理分析了新中国成立以来有关农村土地政策的马克思主义理论基础，通过对马克思主义经典文本的解读为本选题研究提供了深厚的理论支撑。

　　其次，分析了改革开放前和改革开放以来的农村土地政策的演变过程及特点，涵盖了新中国土地改革时期、农业合作化时期、人民公社时期、改革开放新时期和新时代五个历史阶段。通过史论结合的方式，既分析了农村土地政策演变的历史过程及其原因，也作了学术界的相关创新观点述评，根据历史脉络梳理出改革开放前后农村土地政策的演变逻辑、特点及利弊经验，既有区别又有共同点。

再次，系统梳理分析新时代亟待解决的农村土地政策五大热点问题，即土地确权政策演变、土地流转政策演变、新型土地经营主体的政策引导、"三块地"政策改革试点、特殊土地政策治理问题，通过聚焦问题深度解读梳理出政策演变脉络和政策规制。

最后，总结我国农村土地政策演变的基本逻辑及经验，并提出新时代完善我国农村土地政策的创新路径。纵观新中国成立以来的农村土地政策演变过程，不难发现其演变的三大基本逻辑：一是实践逻辑，实践的发展和时代进步的需要推动了农村土地政策的演变，我国还处在社会主义初级阶段，要从"三农"发展的实际出发来不断完善农村土地政策，坚持社会主义公有制和农村土地集体所有制；二是产权逻辑，逐步赋权并放活农民土地产权与经营自主权；三是市场逻辑，逐步推进农村土地市场化改革进程，逐步建立"三农"市场经济体制。新中国成立以来农村土地政策演变的基本经验如下：坚持政策演变的时代性，勇于创新和解放生产力；坚持政策演变的人民性，尊重农民主体的首创精神；坚持政策演变的实践性，一切从"三农"实际出发；坚持政策演变的可持续性，做到与社会可承受的程度相协调；坚持政策演变的法制性，确保政策的稳定与落实；坚持政策演变的政治性，进而充分体现社会主义制度优势。

以史为鉴，我国在农村土地政策的制定和不断调整中积累了丰富的实践经验，在不同历史时期都具有不同程度的时代价值和历史局限性，在马克思主义中国化的生动实践和理论指引中不断因事而化，因时而进，因势而新。我们坚信，在习近平新时代中国特色社会主义思想的正确指引下，我国农村土地政策将会在中国式现代化和中华民族伟大复兴之路上发挥出更大的作用。

本书由上海对外经贸大学国际经贸学院内涵建设之学科建设经费（E1A-5001-21-001-003）资助出版，适用于中共党史、马克思主义理论、政治经济学、土地资源管理等相关专业本研学生及老师作为教材、教辅及研究参考文献使用。

导　论

　　20世纪初期，孙中山先生主张平均土权，并提出"土地问题能够解决，民生问题便可以解决一半了"[①]。而我国学者对农村土地政策的研究大致始于20世纪20年代，黄贵芳在《党成立八十年来我国农村土地政策的变迁》一文中提到"1925年11月，在《中国共产党告农民书》中，就曾明确提出：解除农民的困苦，根本是要实行耕地农有的办法，就是谁耕种的田地归谁自己所有，不向地主缴纳租谷"[②]。1947年9月，中国共产党召开了全国土地会议，通过了《中国土地法大纲》，第一次以法律的形式对解决农民土地问题作出了规定。改革开放以来，我国经济社会发生了翻天覆地的变化，我国土地政策的制定以市场化为导向进行改革，取得了巨大成就。杜润生先生也曾表示，中国最大的问题是农民问题，农民最大的问题是土地问题。可见，农村土地问题一直是中国最重要的问题之一。自21世纪开始，农民非农化的问题没有得到合理解决，投资过猛、土地浪费严重、土地违法等问题屡屡发生，对我国宏观经济的稳定发展造成了冲击。因此，进入新时代，对新中国成立以来我国农村土地政策的演变进行详细的归纳与总结，加以马克思主义政治经济学进行分析是非常有必要的。这不仅对解决"三农"问题具有指导意义；更重要的是，对未来我国整体政治生态、经济的发展和有关土地政策的制定都有较好的借鉴作用。

---

① 孙中山：《三民主义》，九州出版社，2012年，第110页。
② 黄贵芳：《党成立八十年来我国农村土地政策的变迁》，《发展论坛》，2001年第11期。

第一节　研究背景和意义

一、研究背景

（一）"三农"问题是党和国家重中之重的问题，而解决"三农"问题最关键是解决好农村的土地问题

我国作为一个农业大国，"三农"问题关乎实现中国式现代化和中华民族伟大复兴的大局，又是党和国家工作的重中之重。而解决"三农"问题的关键是要解决好农村的土地问题。早在春秋时期，齐国政治家管子就在《管子·乘马》的《地政》一节指出了土地问题的重要性：地者政之本也，辨于土而民可富，表达了人类顺应和合理利用自然的思想，认为土地作为国政之本，若能探究各类土地的特性，能够珍惜土地并且合理开发土地就能使老百姓富裕。古往今来，无农不稳，无工不富，无商不活。土地作为人类的生存之本。对我国农民来说，土地具有双重属性：社会保障和财产属性，它既是农民个体从事生产劳动与日常生活的基本保障，也是农民集体的自然资源和重要财产。通过总结梳理马克思、恩格斯、列宁、斯大林对土地资源及其相关问题的研究，发现其主要观点如下：土地即自然，是人类生存的首要条件，是劳动的基本资料，是原始自然生产机器，是自然力的总储藏库，是活的生产力，是农业生产的基本前提，是财富之母，是民生之本。土地所有权是一切财富的初始源泉，而土地的农业生产方式则是人类所有社会生产方式的基石，我们的肉、血和头脑都属于大自然（土地），把土地当作买卖的对象就是走向自我买卖的最后一步。消除城乡差别，实现城乡一体化发展，是马克思、恩格斯关于未来社会发展目标的一个重要思想。

中国共产党历代领导人都高度重视"三农"问题，尤其是农村土地问题。农民出身的毛泽东，更加知道农民最需要什么，他早在建党初期就极力主张农村土地归社会公有，他的这一主张在中共一大上就写入了《中国共产党纲领》。1936年，毛泽东同志在延安很明确地答复美国记者埃德加·斯诺关于我国革命斗争、农民和农村土地问题："谁赢得了农民，谁就会赢得中国，谁能解决土地问题，谁就会赢得农民。"①在土地委员会第一次扩大会议上，毛泽东就指出解决了土地问题即能够解决财政问题及兵士问题，他领导中国革命的纲领就是"打土豪、分田地"，并多次作过实地调查研究，于1927年3月5日撰写并发表了著名的《湖南农民运动考察报告》，提出解决农民的土地问题，已经不是宣传而是立即实行的问题。他深知：中国是一个农业大国，没有土地，农民就得背井离乡，四处流浪，谁若能够满足了农民的土地要求，农民就会不惜性命地跟着谁走。新中国成立后，毛泽东等主张创设农村土地集体产权安排，开展了土地改革、农业合作化和人民公社化运动。

邓小平同志在总结我国农业发展的经验教训时明确指出："我国80%的人口是农民。农民没有积极性，国家就发展不起来。"②1962年7月，他曾在《怎样恢复农业生产》一文中指出"农业本身的问题，现在看来，主要还得从生产关系上解决。这就是要调动农民的积极性"③，"生产关系究竟以什么形式为最好，恐怕要采取这样一种态度，就是哪种形式在哪个地方能够比较容易比较快地恢复和发展农业生产，就采取哪种形式；群众愿意采取哪种形式，就应该采取哪种形式，不合法的使它合法起来。"④自1982年至1986年连续五年都出台了以"三农"为主题的中央一号文件。1985年4月，他在《政治上发展民主，经济上实行改革》一文中指出："改革首先是从农村做起的，农村改革的内容总的说就是搞责任制，抛弃吃大锅饭的办法，调动农民的积极性"⑤。1990年3月，邓小平同志

① 洛易斯·惠勒·斯诺：《斯诺眼中的中国》，中国学术出版社，1982年，第47页。
② 《邓小平文选》（第3卷），人民出版社，1993年，第213页。
③ 《邓小平文选》（第1卷），人民出版社，1994年，第323页。
④ 《邓小平文选》（第1卷），人民出版社，1994年，第323页。
⑤ 《邓小平文选》（第3卷），人民出版社，1993年，第117页。

在同几位中央负责同志谈话时指出了至今都极具时代价值的"两个飞跃"思想，思想主旨在于中国特色社会主义农业的改革和发展，从长远来看，要实现两个飞跃。第一个飞跃，是废除人民公社，实行家庭联产承包为主的责任制。第二个飞跃，是适应科学种田和生产社会化的需要，发展适度规模经营，发展集体经济①。他对处理农民问题的基本领导思路是：为充分调动全体农民的积极性，整个改革开放要从改变农村经济体制和社会管理体制入手，选择了最有利于我国农业生产力水平的各种联产计酬和土地承包经营方式，然后再一步步深化，进一步解放和发展农业生产力。他主张土地公有制、土地承包经营权和双层经营机制长期不变，以保护农民的生产积极性。还提出了发展农村多种经营和乡镇企业，农业也可以引进外资，切实减轻农民负担，允许一部分农民可以先富起来等一系列论述，随后并进一步提出没有农民的小康，就没有全国人民小康的精辟论断。

江泽民同志1998年9月25日到安徽省合肥市考察时就当前的农业发展形势与农村管理工作发表了重要讲话，"必须把调动农民的积极性作为制定农村政策的首要出发点；必须尊重农民的首创精神；必须大胆探索农村公有制的有效实现形式，不断完善农村所有制结构；必须坚持农村改革的市场取向。"②他也一再强调，农村工作是大头，"我国的基本国情决定了，抓住农村这个大头，就有了把握经济社会发展全局的主动权"③；"必须长期稳定以家庭承包经营为基础的双层经营体制。这是党的农村政策的基石，任何时候都不能动摇"④。他还对家庭承包经营适应现代农业发展的问题进行了深刻论述："从实践看，家庭承包经营再加上社会化服务，能够容纳不同水平的农业生产力，既适应传统农业，也适应现代农业，具有广泛的适应性和旺盛的生命力，不存在生产力水平提高以后就要

---

① 中共中央文献研究室：《邓小平年谱》（下），中央文献出版社，2004年，第1310—1311页。

② 《全面推进农村改革，开创我国农业和农村工作新局面》，《人民日报》，1998年10月5日，第01版。

③ 《江泽民文选》（第2卷），人民出版社，2006年，第207页。

④ 《江泽民文选》（第2卷），人民出版社，2006年，第212页。

改变家庭承包经营的问题"①。这就为长期坚持家庭承包经营提供了理论支持，给广大农民吃了长效"定心丸"。

胡锦涛同志2004年5月5日在江苏省考察工作时提出："要把科学发展观贯穿于发展的整个过程和各个方面。要正确处理调整农业结构和发展粮食生产的关系；要正确处理挖掘农业增收潜力和开拓非农增收渠道的关系；要正确处理运用市场机制和发展政府作用的关系；要正确处理增加政府投入和吸引社会投资的关系②。他在党的十六届五中全会进一步明确提出要推进'生产发展、生活宽裕、乡风文明、村容整洁、管理民主'"③的社会主义新农村建设，并自2006年1月1日起全面取消农业税，给予农民大量土地补贴。他还提出构建社会主义和谐社会重要思想，确保农民对土地的经营、生产自主权长期不变。

习近平同志早在2001年12月在其法学博士论文《中国农村市场化研究》中就到提到："货往哪里卖？钱从哪里来？人到哪里去？"已成为当前困扰农村经济发展的三大现实难题④。他在担任河北省正定县委书记时提出的"半城郊型"发展模式为这个高产穷县奠定了经济腾飞的基础。2013年12月23日至24日，他在中央农村工作会议上指出："中国人的饭碗任何时候都要牢牢端在自己手上，我们的饭碗应该主要装中国粮"⑤。而要切实实现这一点，就离不开农村土地政策对农民种地产粮积极性的激励，更要保护好耕地这个粮食生产的命根子，守住中央提出的"确保粮食播种面积稳定在16.5亿亩，严守18亿亩耕地红线"⑥这条红线，关系到国计民生、粮食安全、社会发展与稳定大局。小康不小康关键看老乡，中国共产党人要永远将不断满足人民对美好生活的向往作为自身的奋斗目标，强农业、美农村、富农民一个都不能少。在党的十九大上习近平总书

---

① 《江泽民文选》（第2卷），人民出版社，2006年，第212—213页。
② 《胡锦涛文选》（第2卷），人民出版社，2016年，第175—176页。
③ 《胡锦涛文选》（第2卷），人民出版社，2016年，第411—412页。
④ 习近平：《中国农村市场化建设研究》，人民出版社，2001年，第12页。
⑤ 中共中央文献研究室：《十八大以来重要文献选编》（上），中央文献出版社，2014年，第660页。
⑥ 《中共中央、国务院关于坚持农业农村优先发展做好"三农"工作的若干意见》，《人民日报》，2019年2月20日，第01版。

记提出要实施乡村振兴战略，坚持农业农村优先发展的总方针，按照产业兴旺、生态宜居、乡风文明、治理有效、生活富裕的总要求，建立健全城乡融合发展体制机制和政策体系，加快推进农业农村现代化。党的二十大进一步提出：要逐步把永久基本农田全部建成高标准农田，深入实施种业振兴行动。深化农村土地制度改革，赋予农民更加充分的财产权益。

从2004年至2020年，已连续17年出台以"三农"为主题的中央1号文件。2018年，我国新成立"农业农村部"。农业生产离不开土地，农业生产作为全人类生存和一切生产方式的历史起点和前提，是全部国民经济的基石；农业生产是国民经济其他部门独立化的基础；农业生产是国民经济其他部门进一步发展的基础，国民经济其他部门的发展规模和速度都取决于农业生产提供的剩余产品的规模与数量。民以食为天，粮食问题关系到国计民生。由此可见其重要性。

（二）农村土地政策演变与农民生活、农业发展密切相关，具有强大的现实指导意义

我国农村土地政策是否合理与农民生活能否得到保障息息相关。改善农村人地关系的矛盾涉及民生、民计，对农村土地政策改革和完善，对加快土地依法有偿合理规范适度集中使用，推动农业规模化发展与市场结合具有重大作用。我国以农为本，发展经济建设的首要任务是发展农业，坚持农业的基础地位，为经济建设提供必要的生产资料。改革开放以来，农村土地政策一直是我党政策的主要组成部分。我国是人口大国，人口负担较重，农业的发展是国家经济建设的前提。农村土地政策的实施直接影响到农业的发展速度。回顾我国农村土地政策的演变历史，总结了我国农村土地政策的发展历程，土地政策的制定和实施关乎着国家的兴衰。在不同历史时期，我国农村土地政策的演变是随着国家经济建设发展的实际需要，更是注意协调处理好如下三对渐进的关系：坚持土地集体所有与调动农民生产积极性的关系，调动农民生产积极性与推进土地规模经营的关系，推进土地规模经营与农民在农业生产中主体地位的关系，最终要解决农民与土地的矛盾，解放和发展农村生产力，实现农业现代化和共同富裕。新中国成立伊始，中国共产党就以农民耕者有其田为初始目标到开展合作化和人民公社化集体经营，到家庭联产承包责任制的产生和发展，再到"三权分置"建立现代经营体系，走出了一条具有中国特色社会主义农村土地改革之路。1978年党的十一届三中全会拉开了建设中国特色社会主义新农村和改革开放的序幕，从实行家庭联产承包、乡镇企业异军突起、取消农业税、牧业税和特产税到农村承包地"三权分置"、打赢脱贫攻坚战、实施乡村振兴战略，我党解放思想、实事求是，顺势而为，因势利导，大胆地试、勇敢地闯，改革出一片新天地，向农业现代化和全面小康迈进。

目前，我国的农业整体水平还处在薄弱发展阶段，对GDP的附加值不高，农业总量也不大，"三农"现状呈现出农业弱势化、农村城镇化和空心化、农民市民化，我国要全面建成小康社会更离不开农民的小康，农村基础配套设施建设和公共服务是全面小康最直观的"落差"与民生痛点，农业现代化的目标同样任重而道远。党的十八大报告指出"坚持走中国特色新型工业化、信息化、城镇化、农业现代化道路，推动信息化和工业化深度融合、工业化和城镇化良性互动、城镇化和农业现代化相互协调，促进工业化、信息化、城镇化、农业现代化同步发展"[①]。可见，农业现代化绝不仅为农业机械化智能化，也不只是农业产业化，更不只是农业劳动力数量比重下降。农业现代化需要与工业化、信息化、城镇化同步发展，才能在根本上得以实现。2018年中央经济工作会议指出：2019年我国在经济领域要抓好的重点工作任务之一就是要扎实推进乡村振兴战略，总结好农村土地制度改革三项试点经验，巩固改革成果，继续深化农村土地制度改革。坚持农业农村优先发展，切实抓好农业特别是粮食生产，重视培育家庭农场、农民合作社等新型经营主体，注重解决小农户生产经营所面临的困难，把他们引入现代农业发展大格局。2018年中央农村工作会议强调，坚持把解决"三农"问题作为全党工作的重中之重，坚持农业农村优先发展，

① 胡锦涛：《坚定不移沿着中国特色社会主义道路前进为全面建成小康社会而奋斗——在中国共产党第十八次全国代表大会上的报告》，《人民日报》，2012年11月9日，第02版。

扎实推进农业农村现代化。2019年8月26日，十三届全国人大常委会第十二次会议审议通过《中华人民共和国土地管理法》修正案，自2020年1月1日起施行。新的《中华人民共和国土地管理法》在全面总结农村土地制度改革试点成功经验的基础上，取得如下七项重大突破：消除集体经营性建设用地进入市场的法律障碍；进一步革新改革土地征收制度；健全完善农村宅基地制度；为"多规合一"改革预留法律空间；将基本农田升级为永久基本农田；合理界定了中央和地方土地审批权限；土地督察制度正式入法。

（三）农村土地政策具有典型的马克思主义政治经济学分析研究价值

任何一门学科发展离不开相应的价值研究和价值关怀，而任何一项改革政策也不能舍弃对人类基本价值的探求。价值取向是政策分析最本质的规定性。公共政策的价值取向直接影响政策的内容与结果，有什么样的价值取向就有什么样的公共政策。因此，研究公共政策价值取向的最终目的，就是要坚持正确的价值导向。农村土地政策作为一种重要的公共政策自然也不例外。政策就是机遇，好的政策和思维方式就是生产力，用好用足政策也是生产力。

1. 政治价值取向：中国共产党与农村土地政策的关系

土地政策法规的制定与实施必须紧紧围绕着党的政治路线，遵循并服务于中国共产党在各个历史时代的主要任务与奋斗目标。农村土地政策的制定与实施应当充分重视农民的主创性，以维护好、实现好、发展好广大农民的利益为根本出发点和落脚点。

农村土地政策是中国共产党成长的生命线和赖以发展的重要基石。毛泽东同志曾指出："政策和策略是党的生命"[①]，"政策是革命政党的一切实际行动的出发点，并且表现于行动的过程和归宿"[②]。土地政策与其他政策一样是一切政党的生命线及其组成部分。由于土地这种稀缺的不可再生资源的特性以及中国人多地少的具体国情，决定了土地政策是一个政党赖以建立、生存、壮大乃至不断

---

① 《毛泽东选集》（第4卷），人民出版社，1991年，第1298页。
② 《毛泽东选集》（第4卷），人民出版社，1991年，第1286页。

发展的基础。

农村土地政策是中国共产党执政的基本手段，正确合理的农村土地政策是农业发展和社会稳定的重要基础，因为政治有为统治阶级服务的目标，有其局限性。中国共产党自成立以来就一直在关注农民土地问题，在中共一大所通过的《中国共产党纲领》中就已经明确提出要"消灭资本家私有制，没收机器、土地、厂房和半成品等生产资料，归社会公有"①。1925年10月，中国共产党在北京举行了中共中央扩大执行委员会议，首次在党内提出了解决农民土地问题，并确定了"耕地农有"的土地政纲。在新中国成立后，特别是土地改革完成后，中国共产党根据我国农村生产关系发展的实际状况，运用了马克思、恩格斯土地公有制思想，在实践中创新了土地公有制的实现形式。它主要历经了三个阶段：第一个阶段主要是从农业社会主义改造开始到十一届三中全会召开前（1953—1978年），中国共产党依据马克思、恩格斯土地公有制思想在我国确立农村土地集体所有制；第二个阶段主要是从改革开放开始到党的十八大召开前（1978—2012年），中国共产党依据我国农业生产力发展的实际水平推行并逐步完善家庭联产承包责任制，创新了土地集体所有的实现形式；第三个阶段主要从党的十八大召开至今（2012—至今），中国共产党针对当前我国农业生产力新的发展实际，着力解决新时代所面临的新问题，开展农村土地所有权、承包权和经营权的三权分置改革，有序推行土地经营权的流转，这是对土地集体所有实现形式的又一次创新。

2.经济价值取向：生产力、生产关系与农村土地政策的关系

土地政策的制定与实施需要符合具体历史时期的生产力发展水平，以解放和发展生产力为根本目的。土地政策演进的速度和力度应当与具体实际情况紧密联系，与具体历史时期经济社会的容纳能力相匹配，要做到循序渐进、风险可控、不断完善。土地政策的确立和推行应当强调稳定连续性，以保证土地经营者的权益不遭受损害和侵犯，保证各类要素资源对土地的持续稳定投入。土

---

① 《中国共产党第一个纲领》，《新湘评论》，2018年第1期。

地政策的确立和推行必须注重原则性与灵活性有效结合，在基本土地制度确立后，根据实践发展变化灵活采用形式多样的土地制度实现形式和经营方式。马克思主义政治经济学评判所有制的重要标准，也不能单纯只看所有制成分的占比，更关键的是看它能否促进生产力发展。新时代农村土地政策与乡村振兴战略、精准扶贫战略、社会主义新农村建设、全面建成小康社会、实现"三农"现代化相结合，统筹山水林田湖草系统治理，建设美丽中国。让土地活与产业兴深度耦合。农村土地制度改革的落脚点，最终要落在培育产业、致富农民上。

公有制作为社会主义生产关系的基础，它的实现机制问题仍在不断探索中，必须适应社会主义初级阶段的基本国情，坚持和完善我国社会主义市场经济体制和分配制度，坚持以下"两个毫不动摇"：毫不动摇巩固和发展公有制经济，毫不动摇鼓励、支持、引导非公有制经济发展。所谓"国进民退"或者"国退民进"都是伪命题，"国"和"民"两者并不对立，而是协同共进的。

二、研究意义

（一）理论意义

1.通过全面系统总结马克思主义关于农村土地政策演变的相关理论，特别是马克思土地思想及其中国化的理论表达，进一步促进了我国农村土地政策活动与行为过程的科学化，从而推动了农村土地政策和马克思主义政治经济学的学科发展，旗帜鲜明地捍卫马克思主义基本立场、观点和方法。

2.通过史论相结合的方法，基于马克思主义全面解读、系统梳理我国的农村土地政策演变的逻辑与经验，把政策演变的历史过程上升为具有一定规律特点的逻辑理性认识，有助于提高农村土地政策的质量，减少执行的成本，更精准地指导农村土地改革实践。

3.通过对新中国成立以来党和国家在不同历史时期所制定的一系列农村土地政策系统总结党的历代领导人尤其是习近平新时代中国特色社会主义经济思想中关于"三农"工作的重要论述，进一步完善和发展中国特色的马克思主义政治经济学，推进马克思主义政治经济学的中国化、时代化、大众化。

（二）**实践意义**

1. 通过农村土地政策演变史揭示新中国成立以来的"三农"发展演变史，体现出鲜明的政治性和制度性，增强人民大众对于社会主义制度优越性的认识和马克思主义的信服力，强化对于中国特色社会主义道路的制度自信和理论自信，有助于理论联系实际，确保农村土地政策的有效实施，降低和消除负面影响。

2. 相对全面系统地整理总结了新中国成立至今，特别是改革开放以来的农村土地政策发展演变过程、特征、逻辑、经验等，为党的十八大以来全面推进新时期农业农村现代化和社会主义新农村建设，提出了对策意见。

3. 聚焦新时代农村土地政策演变热点问题，澄清错误观点和思潮，坚持社会主义公有制和农村土地集体所有制，准确把握农村土地政策的正确发展走向和价值取向。

（三）**历史意义**

党的十八大以来，我国已经步入新时代，经济发展进入新常态但仍面临重大挑战，"三农"经济发展迅速但仍有矛盾凸显，土地问题便是"三农"问题的核心。2020年，全党开展加强党史、新中国史、改革开放史、社会主义发展史（简称"四史"）学习教育活动。2021年，中国共产党已带领人民成功走过百年奋斗的伟大历程。2022年，党的二十大胜利召开，开启了全面建设社会主义现代化国家的新征程，我们有必要以史为鉴，对新中国成立以来的农村土地政策做一个历史性、系统性、逻辑性的回顾，将农村土地政策演变史同"三农"发展演变史结合起来，将农村土地政策演变史融入"四史"中分析和解读，梳理其中的内在逻辑和经验，对加深"四史"学习教育以及新时代指导"三农"问题和土地政策性问题、推动中国式"三农"现代化、助力全面建设社会主义现代化国家具有很大的历史借鉴意义。

第二节　研究综述

一、国内研究综述

农村土地问题，是当前我国农业与农村改革发展的核心问题，它与如何全面深入推进城乡一体化发展紧密相关。政策是方向，制度是规则，制度的主要内容来自政策，组织的运行通常是先从政策出发，然后再实践，通过政策效果检视之后，再把政策确立为制度。当前的国内主要研究热点，包括农村土地政策、农村农业改革、新型城镇化、中央工作会议精神与文件政策解读等；主要研究趋势由宏观层次的制度变革转为微观层次的"三农"问题。其中，农村土地政策的现有研究又主要集中在对农村土地制度变迁的研究上，侧重于关注制度变迁的驱动因素，指出农村土地产权制度变迁的内部动力源于原有农村土地产权制度不能适应市场经济体制的要求[①]。研究侧重点在农村产权制度重构，认为农村土地产权重构的内在逻辑是将所有权产权结构从"权能合一"到"两权分置"，再到"三权分置"[②]，就是将所有权架构由"权能合一"到"两权分置"，再到"三权分置"，并提出了从封闭的集体产权到开放的集体产权的新观点，同时还指出我国应向乡村社会赋权与放权，以促进集体产权的深度分置与开放[③]，将农村土地所有权、自主管理权和收益权加以分置运营，是实现权利重构的方向[④]。

[①] 郑振源：《社会主义市场经济体制下土地产权制度的改革》，《新疆师范大学学报（哲学社会科学版）》，2016 年第 4 期。

[②] 王磊：《我国农地产权制度变迁的逻辑及动力》，《吉首大学学报（社会科学版）》，2016 年第 2 期。

[③] 李增元、李洪强：《封闭集体产权到开放集体产权：治理现代化中的农民自由及权利保障》，《南京农业大学学报（社会科学版）》，2016 年第 2 期。

[④] 鄢斌：《中国农地信托中的权利失衡与制度重构》，《中国土地科学》，2016 年第 1 期。

　　从宏观上来看，现有农村土地研究主要是从以下七大角度所开展的：一是从农村土地政策学角度，如农村土地政策的基本范畴，政策法律化与制度创新研究等，主要以姜爱林的土地政策基本理论研究的系列论文、台湾学者朱嗣德的《土地政策》，及邓大才的《土地政治：地主、佃农与国家》为代表；二是从农村土地社会学角度，以曹锦清的《黄河边的中国》、贺雪峰的《地权的逻辑：中国农村土地制度向何处去》以及邱道持的《论农村土地流转》等社会学研究为代表；三是从农村土地经济学角度，农村土地的产权理论，如温铁军的《"三农"问题与制度变迁》、陈伯君等人的《农村土地制度产权改革与农民增收——以成都试验区农村土地产权改革前后的变化为样本》等研究为代表；四是从农村土地地理政治学角度，如农村土地生态建设、农村土地资源管理等，以南京地政研究所的《中国土地问题研究》等为代表；五是从中共党史学的角度，罗平汉的《农村人民公社史》等为代表；六是从土地政治学角度，如农村土地制度变迁等，王敬尧、魏来的《当代中国农地制度的存续与变迁》等为代表；七是从土地法学的角度，主要以韩松的集体土地所有权相关权能研究系列论文为代表。

　　从微观上来看，关于农村土地制度问题的研究主要是根据家庭联产承包制度推行之后，制度自身的弊端与不足造成人地关系矛盾激化来进行探究的。国内相关理论认为人地关系紧张是导致我国土地制度变迁路径依赖的形成，并进一步地成为路径依赖的结果，进而影响到政策的演变。虽然正确划分了新中国成立以来各个阶段的农村土地制度，但是主要侧重于从史实的角度说话，没有为中国面临的农村土地问题提出具体的解决方案以及基于马克思主义视角的分析。一些研究虽然运用了计量分析方法和新制度经济学理论，但是没有深入研究政府结构和权利等政治因素在我国土地制度变迁以及政策演变中的作用。

　　新中国成立以来，土地问题历来是我国政策施力的重点与学者研究的焦点。学术界围绕农村土地改革问题进行了一系列的研究，已形成了丰富的理论成果，也为本文的研究提供了极好的起点。农村土地问题一直是国家政策施力的重心和专家学者们研讨的焦点。学者们围绕农村土地改革问题开展了大量的科学研究，已形成了大量的理论研究成果，也对本文的进一步深入研究奠定了极好的起点。具体来说，国内对农村土地政策演变的相关研究大致有以下三个方面：对农村土地产权属性的改革方向、农村土地政策改革创新的若干重要关系、我国农村土地政策演变和制度变迁等。

（一）我国农村土地产权属性的改革方向

当前，对于我国农村土地产权属性的改革方向分析，学者们提出了截然不同的观点。

1. 农村土地国有化

以蔡昉、厉以宁、温铁军等为代表的学者们主张实行土地国有化。蔡昉在《土地所有制：农村经济第二步改革的中心》（1987）一文中和厉以宁在《非均衡的中国经济》（2009）一书中都认为土地国有化既符合社会主义的本质要求，同时又可以避免土地集体所有制的缺陷：如产权不清晰、所有权主体缺位等，以及土地私有化造成的土地资源的浪费和破坏。温铁军教授在《我国为什么不能实行土地私有化》（2009）中认为，土地国有化才是破解中国农村"三农"问题的关键所在，一旦贸然实施私有化，农户或许会面对失去土地的现实问题进而导致失去了生存根基，因此私有化的倡导不适合中国农村土地改革，历史与外国的成功经验也证实土地私有化并非解决"三农"问题的灵丹妙药。

2. 农村土地私有化

魏正果、杨小凯、张新光、文贯中、陈志武、华生等为代表的学者主张实行土地私有化。他们主张土地私有化是解决农村问题的核心所在，土地私有产权制度的确立就是建立市场经济和实现"现代化"的必要前提。魏正果在《我国农业土地国管私用论》（1989）、杨小凯在《中国改革面临的深层问题：关于土地制度改革》（2002）、张新光在《论中国农村土地产权私有化改革的根本性障碍》（2004）、文贯中在《市场畸形发育、社会冲突与现行的土地制度》（2008）中认为私有化可使土地产权明晰，能够调动农民的积极性，扩大土地流转规模，从而达到土地资源的优化配置，引导农村土地规模化经营。杨小凯认为，中国农业目前面临的"三农"问题，本质问题出在农村土地不属于农民所有，从心理上，农民不把耕地当成自有土地，所以没有长远投资于土地的打算①。党国英（2005）提出"永包制"土地改革方案，即把土地的承包权永久地固定给农民，使其成为一种包含使用权、转让权、继承权和抵押权的土地财产权，也就是使土地承包权永久化②。陈志武主要从资本化的角度来探讨中国农村土地制度存在的问题主张以资本化的视角，来研究当前我国农村土地制度所面临的诸多问题，他认为只有把土地还给农民，农民才是主人。华生认为土地财政的真正危害是它严重扭曲了政府在市场经济中的功能和作用，并极大增加了城市化的成本。王小乔在《土地改革的诱饵与根子——访北京大学教授周其仁》（2013）中设想通过土地确权倒逼土地改革往私有化的道路上发展，"确权不是形式，而是一种关系的终结，它正在倒逼集体所有制那种不断以人分地关系的终结。'生增死减'在影响确权，进而影响农村土地的流转"③。土地私有化的这些看法和主张以农村土地集体所有制低效率而土地私有制高效率为假象前提，以变革农村土地集体所有制从而实行农村土地私有化进而瓦解建立在农村土地集体所有制基础上的农村基层组织为目标。这些观点和主张概括起来就是主张我国的农业发展乃至"三农"问题的解决，除了选择"农村土地私有化——流转市场化——经营规模化"路线之外，别无他途。其通病是抓住土地集体所有制的某点缺陷不放，而不顾生产资料公有制是社会主义经济制度的基础这一理论常识，忽视我国建立农村土地集体所有制的历史必然性，撇开我国历史上因土地私有化而形成的农村两极分化的历史实际不谈，也撇开"没有哪一项政策是完整无缺的"这一基本事实不谈，看不到农村集体经济在实践中的成功模式，也不愿指出土地私有制的历史局限性和种种弊端，只是单纯地以西方发达资本主义国家的土地政策为模板，对土地私有制抱有理想主义和完美主义的幻想，严重背离了我国农村的历史与现实，因而既不科学也不正确，更不利于中国农

---

① 杨小凯：《中国改革面临的深层问题——关于土地制度改革——杨小凯、江濡山谈话录》，《战略与管理》，2002年第5期。

② 党国英：《深化农地制度改革》，《江苏农村经济》，2005年第4期。

③ 王小乔：《土地改革的诱饵与根子——访北京大学教授周其仁》，《新华月报》，2013年第24期。

村的改革与发展。

3. 农村土地集体所有

以温铁军、李昌平、贺雪峰、韩松、钟水映等学者为代表，倡导继续坚持农村土地集体所有制，并提出我国农村土地制度改革应该在现有制度框架内不断调整和完善，以适应新的变化。温铁军在《农村基本经济制度变迁分析》（1999）、李昌平在《土地农民集体所有制之优越性——与越南之比较》（2009）、贺雪峰在《地权的逻辑：中国农村土地制度向何处去》（2010）中主张保持现阶段土地集体所有这一性质不变，完善家庭承包为基础、统分结合的双层经营体制，健全土地承包经营权流转制度，发展适度规模经营，建立社会保障制度等。钟水映和李春香在《农地私有化的神话与迷思》（2012）中主张尊重我国农村土地所有和使用的现实格局，实施农村土地"社区所有、家庭永佃、物化赋权、用途管理、市场流转、有序退出"[①]，是一条具有扎实理论基础，又具有实际可操作性的改革途径。韩松在《坚持农村土地集体所有权》（2014）中提出了农村土地制度改革是在坚持农村土地集体所有权前提下的改革，并非土地私有化改革，而是集体土地所有权制度的进一步完善，改革的最终目的是更好地实现农村土地集体所有权[②]。

人地关系紧张是导致我国当前"三农"问题的最主要因素，有序减少农村人口是问题解决的根本出路。当前城乡间人口流动为重新配置农村土地资源创造了契机，随之带来的实际问题则是现有承包关系与农业经营变化的矛盾。针对这一实际问题，部分专家学者提出要进一步扩大和强化农户的承包经营权，进一步赋予农民自由处置承包地的权利，并引入市场机制处理地权的重新配置问题。从家庭联产承包责任制实施至今，我国已逐步形成所有权归集体、使用权归农户的农村土地产权结构。经过农业生产关系调整，土地承包经营制度调动了广大农民劳动生产积极性，对提升土地利用效率、进一步提高农民人均收

---

① 钟水映、李春香：《农地私有化的神话与迷思》，《马克思主义研究》，2012年第2期。
② 韩松：《坚持农村土地集体所有权》，《法学家》，2014年第2期。

入富有重大意义。近年来，随着城市化的加速推进，农民进城离地现象也越来越常见，怎样进一步调整农村土地制度更符合社会现实，已经成为当前农村土地制度改革的核心问题之一。

要逐步健全农村基本经营制度，深化农村土地制度改革，以在保障农民土地财产权为前提，实现农村土地的顺畅流转为重点，以促进农业的规模化和集约化发展。有不少专家学者提出，在我国目前的土地产权制度改革中必须坚持农村土地集体所有制，坚定改革的公有制方向不动摇，并从中国的实际国情出发，探讨怎样在保障农民权益的基础上进行农村土地流转，合理改革农村土地产权制度，逐步实现城乡一体化。当前我国农村土地改革是事关广大农民切身利益和国家长治久安的核心问题之一，必须采取科学和客观公正的态度，来处理农村土地改革中出现的问题。中国农村土地改革的方向，需要坚持集体所有制，在此基础上进行所有权、承包权和经营权的三权分置改革，重点是要落实农村集体的土地所有权，进一步保护农户的承包权，逐渐实现经营权的合理和顺畅流转，并通过农业集约化、规模化和现代化的发展之路来破解农业发展问题，通过城乡一体化来破解城乡差距问题，通过城市化和工业化的综合推动效应，以及通过户籍制度改革来解决农民市民化问题。

（二）农村土地政策改革创新的若干重要关系

1. 农村土地政策改革创新要处理好与社会主义公有制的关系

社会主义经济制度的基础是实行生产资料社会主义公有制，土地是最基本的生产资料，土地公有制是我国所有土地制度的基础，一切关乎土地的具体法律法规都要坚持遵循公有制这一最高"宪法原则"。持土地私有化改革观点的学者党国英认为要通过宣传手段，向广大农村干部群众传递"土地承包权即为农民土地财产权"的政策理念，片面强调土地的"财产权"属性，否认土地用途管制规律并忽视土地增值收益来源，缺少批评中国现有制度的理论依据[①]。对中国现有农村土地流转制度持肯定态度的学者桂华指出，农村土地非农流转应建

---

① 党国英：《关于我国农村发展的几点思考》，《农村工作通讯》，2016 年第 24 期。

立在合乎规范、依法注册登记，且经该集体经济组织三分之二以上成员或者村民代表一致认可的条件下，并且城市建设带来的土地增值收益归公的制度设置体现了社会主义公有制，坚持社会主义公有制不动摇是当前农村土地政策改革创新所需要恪守的底线，中国农村土地制度改革也必须长期坚持社会主义地利共享秩序①。

2. 农村土地政策改革创新要处理好与"三农"问题的关系

农村土地政策的改革创新，也关乎"三农"问题能否成功解决。利用土地制度调整处理"三农"问题的前提，是准确掌握土地和农业，以及农民与乡村之间的相互关系。土地不仅是基本生产资料，还同样承载着社会保障功能，在土地的财产属性和社会属性相互之间存在张力。当前有关农民集体土地制度改革的争议较大程度来自各个研究者对土地属性理解的不同，表现为，重视土地财产属性的研究者普遍倾向利用市场手段配置土地资源，重视土地社会属性的研究者普遍重视公共政策在土地管理上的重要性。基于这种差异，有关解决"三农"问题的观点当前在学术界形成了以下两派：一派被称为"四化同步派"，也是中央支持的观点，其核心观点是通过工业化、信息化、城镇化、农业现代化等"四化"手段改造我国传统小农生产方式，消除城乡差异，在土地制度上主张土地私有化改革或者是放开土地流转市场，引导并扶持工商资本下乡从事规模经营；另一派则被称为"小农经济派"，其核心观点是主张我国"四化"战略不可能在短期实现，并不能够在短时间完成，因为当前小农生产方式在农业上有优势，而农村村社制度构成一种低成本社会治理方式，所以要坚持集体土地所有制，限制工商资本下乡，发挥小农和农村的社会稳定器作用。这两派观点所形成的争议实质是针对中国农村发展的路线之争。

3. 农村土地政策改革创新处理好与新型城镇化的关系

城镇化建设不但拥有农村土地资源，也同时包括了城镇吸纳农村人口的过

---

① 桂华：《论社会主义地利共享秩序及其制度实现——兼评〈土地管理法〉修订》，《社会科学》，2018 年第 6 期。

程。怎样处理农村城镇化的扩张与用地问题，以及怎样处理农村人口进城问题，是我国当前改革创新农村土地政策的重要议题。不同学者对于我国城镇化道路的不同判断决定其土地政策的改革思路。

关于我国农村土地政策的制定与发展，郑建敏（2006）认为："农村土地政策的制定必须立足于地情、农情、国情；政策的创新要坚持渐进与激进相结合的方式；充分尊重农民的首创精神，保障农民自己做主的权利"①。樊会玲（2009）指出："新时期党的农村土地政策以促进生产力的发展为根本前提；以整体联动、配套统一为基本原则；以解决农村问题、完成社会发展目标为现实导向；以实现最广大人民的根本利益作为最终目的"②。崔美花（2009）认为，"新时期党的农村土地政策始终坚持以发展着的马克思主义理论为指导，弘扬与时俱进的精神，在理论与实践中敢于开拓创新；土地政策应当紧紧围绕党的政治路线方针，服从和服务于不同时期的历史任务；坚持把推动还是束缚生产力的发展作为检验土地政策正确与否的最终标准；政策演进的速度和力度要与农村社会可承受的程度相协调；把满足农民群众最基本的利益需求、调动起农民的劳动积极性作为首要出发点"③。张红宇、李伟毅（2013）认为土地政策应以起点公平为基准，更有利于保障农民的承包权利，"通过明确农村土地承包关系长久不变，赋予农民更加充分而有保障的土地承包经营权，是强化对农民土地承包权益保护的重要措施"④。于晓华、钟晓萍、张越杰（2019）基于中央"一号文件"的相关政策分析，认为"土地政策是导致城乡二元结构存在并影响城乡融合发展的一个关键原因。根据国家政策主题和改革重点的差异，中央文件中农村土地政策的变迁可分为农村导向的二元松动、城市导向的二元松动、城乡融

① 郑建敏：《论建国后党的农村土地政策的发展演变》，《石家庄学院学报》，2006年第5期。
② 樊会玲：《中国共产党土地政策的演变》，《探索与争鸣》，2009年第8期。
③ 崔美花：《对三十年农村土地政策改革的几点思考》，《长春理工大学学报》，2009年第6期。
④ 张红宇、李伟毅：《以起点公平为基础实现农村土地承包关系长久不变》，《新视野》，2013年第4期。

合三个阶段"[①]。

（三）我国农村土地政策演变和制度变迁

我国学者关于农村土地政策演变和制度变迁的研究，在逻辑方式上包括了时间序列逻辑、过程特征逻辑以及主体内容逻辑三种。在时间序列逻辑上，韩晶（2002）、李新海（2007）剖析了新中国成立至今，农村地区土地政策的变化轨迹。在过程特征逻辑上，陈利根、龙开胜（2019）分析了新中国成立70年城乡土地制度框架的演进轨迹特征和内在发展理路。在主体内容逻辑上，何一鸣和罗必良（2009）、容志（2010）分别以农民、国家政权与国家现代化之间的关系，政府放松管制，中央政府和地方政府的关系为研究主体，将这一问题置于土地政策变迁的视域中进行分析。

我国学者关于农村土地政策演变和制度变迁的研究主要是从党史、经济学、政治学、社会学、法学等学科视角所展开的。基于党史视角，王文滋（2001）、胡穗（2004）、郑建敏（2006）、徐支青和方明（2010）、王海文（2011）、刘雅静（2019）分别从各个视角分析考察了中国共产党农村土地政策演进的历史经验。基于经济学视角，孟祥林（2003）深入研究了我国封建地主土地所有制、自耕农土地所有制、集体土地所有制下的初级社和高级社、集体土地所有制下的家庭联产承包责任制这四个土地制度发展阶段，并且对土地制度变迁产生的绩效进行了评析。余逢伯（2010）从制度非均衡的角度，剖析了我国土地制度变迁的路径与模式。基于政治学视角，邓大才（2002）以农村土地交易成本为核心，探究了在不同历史时期国家、地主和佃农三者的互动、均衡和失衡，他（2017）又从国家治理的角度分析了我国农村产权变迁与经验。叶国文（2008）以农民、国家政权与现代化建设的政治学视角研究剖析了不同历史时期的土地政策。王敬尧和魏来（2016）用"黏性生成—黏性稀释"分析框架论述了当代我国农村土地制度的存续过程与演变：制度环境与路径依赖是制度黏性的主要

---

① 于晓华、钟晓萍、张越杰：《农村土地政策改革与城乡融合发展——基于中央"一号文件"的政策分析》，《吉林大学社会科学学报》，2019年第5期。

形成原因，对农村土地制度的发展维持起到了重要作用；非正式制度的渗入则是稀释制度黏性的重要变量，非正式制度与正式制度内部的相互作用纵贯了整个制度演变过程，思想观念和意识形态的变化对正式制度的强化、消解或建立产生了重要影响①。基于社会学视角，许建文（2007）指出中国共产党农村土地政策的历史演变，体现了中国共产党对农业现代化的宏伟追求，人地之间的矛盾是决定农村土地制度演变的最主要因素②。臧得顺（2010）围绕"市场进程中社会结构性要素如何界定农村土地产权"这一核心问题进行探讨，尝试提出了"关系地权"、"谋利型乡村精英"、小农的"钟摆式理性区间"和"培育社会型政府"等新概念③。周飞舟和王绍琛（2015）考察分析了中央与地方、国家与农民、政府与企业这三对社会关系结构，以政府主导、资本介入的方式推动了农民集中居住（"农民上楼"）与农业的规模经营（"资本下乡"）④。吴宇哲和孙小峰（2018）基于城市化和城乡融合的视角分析了我国改革开放以来土地政策回溯与展望。基于法学视角，高圣平（2014）分析了农村土地金融化的法律困境及出路。

由于我国的土地政策首先始于农村，而土地革命、土地改革、人民公社、家庭联产承包制等具有时代特征的土地政策都产生于农村，从梳理的文献上看，研究农村土地政策变迁的也居多。最为典型的是基于历史角度研究我国农村土地政策的演变。郭德宏在《中国近代农民土地问题研究》（1993）一书中对近代中国农村土地政策作出了细致的考查，并分析了中国共产党不同时期的土地政策历史发展过程；张永泉和赵泉均在《中国土地改革史》（1985）一书中考察了中国共产党农村土地政策的历史变迁过程；杜润生以历史亲历者的身份，讲述了新中国成立以来农村土地政策的重大变化以及农村改革运动的变迁；陶林在

---

① 王敬尧、魏来：《当代中国农地制度的存续与变迁》，《中国社会科学》，2016 年第 2 期。
② 许建文：《中国共产党农地政策的历史演变》，《毛泽东思想研究》，2007 年第 7 期。
③ 臧得顺：《农地产权制度的经济社会学分析——基于鲁、鄂四个村落的实地调查》，中国社会科学院研究生院博士学位论文，2010 年。
④ 周飞舟、王绍琛：《农民上楼与资本下乡：城镇化的社会学研究》，《中国社会科学》，2015 年第 1 期。

《改革开放三十年的农村土地制度变迁》（2009）一文中介绍了改革开放以来农村土改的制度背景，具体阐述了土地改革政策的内容以及其经济发展阶段效应，并着重分析家庭联产承包责任制这一核心改革内容的重要性；胡穗在《中国共产党农村土地政策的演进》（2007）一书中把我国土地政策改革分成了三个阶段：建党初期至新中国成立后期三大改造完成、农业合作化至十一届三中全会前、十一届三中全会以来，分别对每个阶段的土地政策的制定背景、内容以及实际成效展开了研究，并系统归纳了每个阶段的基本特征和历史发展成功经验；石苏艳在《新中国成立以来农村土地政策思考》一书中剖析了从新中国成立至今，土地改革中农民所享有的权利与业务。随着研究视角的多元化，对土地政策变迁历史进程的划分和论述亦呈现出多样性。

综上所述，国内学者在农村土地政策演变的相关研究所进行的宝贵探究，为本书的研究提供了极好的起点。

二、国外研究综述

因为农村问题历来是中国社会发展的核心问题，在国际交往频繁的历史背景下，关于我国农村问题的有关研究成果吸引了不少海外研究者的兴趣，特别是中国土地政策改革问题，成了海外研究我国农村问题的焦点。比如：美国学者弗里曼自1978年5月起，连续12次前往我国实地调研农村土地问题，他对河北省五公村农村土地问题开展了长达10年的深入调查研究，通过对数百名农村干部和村民进行大量的访谈和交流，并在《中国乡村，社会主义国家》一书中，详尽探究了中国农村土地改革对农民生活的影响，对新中国成立20年的农村土地改革问题进行了总结和研究，论述了新中国成立以来我国农村土地政策的具体演变过程，并从文化的角度对土地改革给农民生活、生产所带来的影响着重分析。

从已有的文献来看，马克思主义经典作家都有关于土地政策的著述，就研究的侧重点与范围来看，马克思、恩格斯侧重研究土地国有化、土地所有制、地租等纲领性政策，研究的范围广泛，具有明显的纲领性。列宁、斯大林侧重研究土地没收、土地分配、土地归属、土地买卖、土地生产等具体性政策，研究的范围以俄国为主，具有明确的指导性。此外，还有一个显著的特点，就是马克思、恩格斯、列宁、斯大林在论述土地政策及基本理论时，都是从政治、政权、经济发展、社会制度等角度来着手的，因而，其政策分析表现出极强的政治性。

　　根据国际知名学术期刊《自然》和《科学》针对土地相关研究的重点进展发现：土地资源保护、土地生态、土地碳排放、城市化及其效应、农村土地集约利用和土地管理策略是这两大期刊土地相关研究所关注的要点。除了马克思主义经典作家之外，国外专家学者对农村土地政策的研究主要集中在以下几个方面：对我国农村土地产权的改革方向及运行的看法；对土地租约的研究；从地权稳定性的角度来研究土地制度与农业增长之间的关系；对土地流转制度的研究；对农村土地制度变迁的研究；对土地发展权的研究。国外学者还对农业的市场化、城镇化、工业化和农业自动化的高速发展进行了分析。Lavigne Delville（2000）认为"由于土地冲突，对经济发展和政治稳定造成了重大损害，采取有效措施消除土地冲突和确保土地利用中的社会稳定显得十分重要"[1]。Kironde（2002）认为："政府通过给予农民以极低或零补偿而征用土地，势必导致许多农民无地耕种和生活贫困"[2]。Klaus（2003）认为："政府应该利用权力优势在保护土地环境安全、有序开发、缓解土地分配不公平、消除土地冲突和消减贫困等方面发挥重要作用"[3]。Md. R I, Jakob B M, Paul A R（2015）研究发现土地所有权差异是导致世界区域间农业生产力难以均衡的重要因素之一。另外，除了关注土地所有权，西方学者更关注土地发展权。Estair V W（2016）通过实

---

① Lavigne Delville, P : "Harmonising formal law and customary land rights in French-speaking West Africa". In C. Toulmin & J. Quan （Eds.）, Evolving land rights, policy and tenure in Africa.London:International Institute for Environment and Development,2000.

② Kironde,L: "Comments on Management of Peri-urban Land and Land Taxation",Kampala:the World Bank Regional Land Workshop,2002.

③ Klaus.D: "Land Policies for Growth and Poverty Reduction",Washington D.C.:Oxford University Press, 2003.

证研究表明，土地法律和政策在构建农村人地关系中发挥了重要作用①。Befikadu A. Legesse, Kenrett Jefferson-Moore and Terrence Thomas（2018）研究发现，土地产权安全是影响农民投资土地利用的重要因素之一②。Anders Wästfelt,Qian Zhang（2018）建议政府对农村土地采取长期租赁政策，激励农民进行粮食生产的积极性，并减少土地管理成本，以保护城市周边的土地③。土地发展权又称土地开发权，是指通过改变现有土地的使用用途和利用强度来对土地进行开发的权利。土地发展权制度最早产生于20世纪40、50年代的英国，随后在美国、法国等国相继建立。从土地发展权在英、美、法三国的实践可知，土地发展权是一项从土地所有权中衍生出来能够独立行使的财产权，具体派生分离模式主要有三种：一是将土地发展权和所有权分离归国家所有（英国）；二是土地发展权必须从属于土地所有权，并允许与土地所有权分离而独立转让（美国）；三是土地发展权与土地所有权分离后按照不同的情况各自归本国家所有或私人所有（法国）。

（一）对我国农村土地产权改革方向的研究

1. 农村土地私有化

以罗伊·普罗斯特曼为代表的学者主张我国农村土地应实行私有化。他在《中国农业的规模经营：政策适当吗？》（1996）一文中，对中国的农村土地使用制度进行研究，指出了中国土地使用权不充分，农民权益也不明确。土地使用权益不完整、不充分，使土地使用权无法在更大区域内流转。中国农村土地应该由农民私有，给予农民充分的土地使用权，这样会使土地资源配置更有效，并刺激农民对土地资源开发利用的投资，减少农民的风险规避行为④。

---

① Estair V W.:Law's rurality: Land use law and the shaping of people-place relations in rural Ontario,Journal of Rural Studies,2016（2）.
② Befikadu A. Legesse, Kenrett Jefferson-Moore and Terrence Thomas: Impacts of land tenure and property rights on reforestation intervention in Ethiopia ,Land Use Policy, 2018（1）.
③ AndersWästfelt, Qian Zhang:Keeping agriculture alive next to the city-The functions of the land tenure regime nearby Gothenburg,Sweden,Land Use Policy, 2018（11）.
④ 罗伊·普罗斯特曼、李平、蒂姆·汉斯达德：《中国农业的规模经营：政策适当吗？》，《中国农村观察》，1996年第6期。

2. 农村土地集体所有

以卢克·埃里克森和理查德·桑德斯为代表的学者强烈反对中国农村土地私有化，并倡导将土地集体所有。卢克·埃里克森在《耕者无其田：中国农村土地私有化的必然结果》（2008）一文中批判了罗伊·普罗斯特曼主张的在中国实行土地私有化的观点。埃里克森以翔实的资料揭露了土地私有化的实质，其实质是新自由主义思想的一种表现，非但没有缓解中国目前存在的"三农"问题，还会出现相反的效果，最终还会威胁到中国经济社会的安定和谐。因此，要坚决反对土地私有这一论点。理查德·桑德斯在《中国农业的可持续发展与土地所有权》（上、下）（2007）中，以个案分析的方式批判了那些主张在中国实行土地私有化的观点。认为目前的中国，国家应该在土地集体所有和家庭联产承包责任制基础上鼓励贫困农民之间的新型合作和提倡新的集体安排，而不是主张把土地完全私有化，并指出土地私有化只会导致农民更加被边缘化。

（二）对我国农村土地政策演变及制度变迁的相关研究

国外学者主要基于新制度经济学关于制度变迁理论和产权理论，针对资源禀赋、技术水平与土地制度变迁的内在联系，并分别从制度变迁的外部环境、利益集团、产权和利益诱致、路径依赖等角度对政策演变及制度变迁的动因开展了分析。美国经济学家诺斯指出，社会制度变迁是"制度创立、变更及随着时间变化而被打破的方式"[1]。针对制度变迁中的"路径依赖"问题，诺斯提出制度变迁同样具有规模报酬递增和自我强化的机制，这种机制使制度变迁只要沿着某一个路线，它的既定方向就会在以后的发展中不断得到自我强化[2]。关于制度变迁的动力，马克思认为，推动制度变迁的动力是生产力和生产关系的矛盾运动以及一定社会不同社会关系的人们的物质利益冲突。根据马克思的解释，生产力和生产关系的矛盾运动是推动制度变迁的根本动力；而不同利益集团之

---

[1]　道格拉斯 C. 诺思，陈郁、罗华平 译：《经济史中的结构与变迁》，上海三联书店、上海人民出版社，1994 年，第 225 页。

[2]　段文斌、陈国富、谭庆刚等：《制度经济学——制度主义与经济分析》，南开大学出版社，2007 年，第 347 页。

间围绕物质利益而展开的斗争则是推动制度变迁的直接动力①。这为总结分析我国农村土地政策演变及制度变迁提供了一定的借鉴意义。

（三）对我国农村土地流转的研究

提高土地流转效率不仅仅需要明晰产权，还需要相应的配套制度，如金融制度、社会保障制度及政府对市场的有效干预。Van Westen, A（2011）在《中国土地：斗争与改革》一文中指出，中国农村土地属于村社，通过土地流转保障了所有社区成员的使用权。中国政府对这一制度进行了重大改革，使农村土地使用权私有化成为可能。虽然这项改革可能有助于消除农业现代化和城市发展的体制障碍，但也会增加无地的农村无产阶级崛起的风险②。国外学者关于土地流转问题的研究核心都是针对土地本身的特性而言，概括性较强，并且更多地集中在理论层面，针对我国农村集体土地的特征提出解决土地流转问题的研究成果并不多。

三、论题研究现状述评

近年来，在土地政策研究方面，国内学术界比较注重农村土地产权制度改革、集体土地所有权实现的法律保障及相关法律关系梳理、农村土地确权政策绩效和存在问题研究、农村土地流转价格的产生机制、土地产权制度与生产效率之间的关联、现行土地制度下地方政府的行为及其影响、土地规模经营、土地流转、农村土地"三权分置"的法律关系、"三块地"改革试点问题。国外学术界则更侧重对土地制度变迁及其所产生的政治、经济、生态效应，土地法律政策的实施效力及效应、土地所有权的保障以及土地登记运作条件等问题研究、土地所有权安全性和稳定性问题、土地所有权对不同利益主体的影响、对边缘群体土地权益的法律保护问题、现行土地法律的改革与创新以及土地政策的调整问题。

---

① 刘荣材:《路径约束与农村土地制度变迁研究》,中央编译出版社,2012年,第44—45页。
② Van Westen, A: Land in China: Struggle and reform,Development ,2011（3）.

具体来说，当前关于农村土地政策的学术研究主要在"农村土地产权研究""'三农'问题研究""农村土地流转研究""新型城镇化研究""宅基地制度研究"这五个热点领域取得一定成果。其中有关农村土地产权研究，学者一方面从宏观层面的法律视角，具体操作上的保障及开放更多权益视角两方面探讨如何保障土地集体所有权的同时，赋予农民更多财产权利，充分保障农民土地用益物权；另一方面阐述土地产权"三权分离"的作用及其必要性。关于"三农"问题研究，学者首先解读现行政策，其次从方法层面提出如何具体化推进实施土地制度改革，以此加快解决"三农"问题。关于农村土地流转研究，学者分析农村土地流转制度存在的立法滞后、缺乏合理的土地流转机制等问题，探讨农村土地流转的益处及改革不当的风险；此外，学者还实证分析农村土地流转影响机制及流转新模式，并对新的农村土地流转改革提出具体的细化方向。关于新型城镇化研究，学者总结新型城镇化与土地制度改革间相互作用，互为前提关系，并探索如何推动土地制度改革及推动土地制度与户籍制度改革的联动，以实现新型城镇化。关于宅基地制度研究，学者论述宅基地制度的特殊性，对政策中"农民住宅所有权"包含的内容展开探讨，并认为宅基地制度改革不可操之过急，要因地制宜。

目前学术界关于土地政策演变的研究呈现以下四个特点：

一是政策演变政治主体作用的研究，其表现特点主要是从史学角度，只展现了土地政策的历史脉络，而缺乏对土地政策发展和演变进行深入解读及原因剖析，又或是把土地政策纳入中国共产党的成长史，没有脱离土地政策史的范畴。

二是土地政策史以外的研究，其表现大多从经济或政治的视角进行分析。其中经济视角多是分析土地产权关系，政治视角多是分析国家与其他政治权利主体的关系。

三是在研究内容上以农村土地政策研究为主，其中关于农村集体土地制度改革议题较为集中，媒体平台在议题争论上也起到了很大影响，引起社会公共高度关注。

四是政策演变及制度变迁的研究，在范围上一般时间跨度长，从近代史来说包括了"中华民国"、解放战争、新中国成立后、改革开放等若干时间节点，在发展阶段分类上则通常以重大的制度变迁为基础，但脉络较粗，并且基本只分析到了改革开放以来的承包制，历史意义更大。

通过对国内外学术界已有相关研究成果的梳理，总的来说，对于中国农村土地政策的具体个案、片段政策理论研究居多，而对于农村政策发展与演进的历史过程、其内在规律性的理论研究则偏少，而对于中国农村土地政策的综合性理论研究则还显不足。发现有的学者对土地政策变迁的研究出现了单一历史表述、政治意义突出、线条划分模糊、与现时代发展缺乏有效衔接等问题，也没有从经济社会角度对土地政策的效应定位，忽视了土地政策研究的根本目的，即为推动经济社会发展。具有影响力的观点和论点也仅限于少数几位学者。因此，对我国农村土地政策的演变与未来取向进行马克思主义理论整理和分析，并探索我国农村土地政策的演变逻辑和经验从而更好地服务于实践，显得尤为必要。

鉴于此，农村土地政策演变问题研究必须以专业角度深入开展，未来研究可从以下几个方面加以深化：

一是广泛深入开展有关农村土地政策的实证调研。当前农村土地政策问题充斥较多意识形态上的争论，反对或者支持私有化的观点也都以"保护农民"作为主要目标，却缺乏对农民农村的深入认识，包括不同区域农民的差异、村庄内部不同阶层农民的差异、不同年龄段农民的差异，还包括农民对农业、农村、城镇化等问题的差异化认识等。经过多年发展，农民、农村已经高度分化，唯有区分农村集体土地制度改革中不同农民的差异化利益诉求，才可以避免从道德层面抽象探讨"保护农民"问题。

二是围绕新型城乡关系优化农村土地政策，逐步健全了农村集体土地制度。新中国成立以来的社会主义建设过程中，农村集体土地制度始终发挥着重要作用。当前我国正处于经济社会全面转型阶段，对农村集体土地制度提出新要求，必须从农业发展前途、新型城镇化方向、新农村建设目标、"三块地"改革试点等方面对农村集体土地制度进行"顶层设计"。

三是一系列与农村土地政策有关的理论与实践问题都值得进一步深入研究。比如：农业农村现代化对当代中国农村土地政策提出了哪些新要求？我国农村土地政策在改革开放前后有何区别？农村土地政策的演变对新时代新农村建设有何启示？农村土地政策演变与"三农"发展演变之间有何关系？如何凸显马克思主义政治经济学在土地政策理论基础中的比重？怎样解决好土地所有权、承包权和经营权"三权分置"的产权结构及合理合法性问题？怎样解决好村民自治制度与集体土地所有权行使机制问题、户籍制度改革与集体土地制度的关系问题？土地确权颁证工作以及经济组织股份制改革对集体土地制度有哪些影响？

第三节　研究方法

一、史论结合的方法

在研究中国农村土地政策时，一方面按照新中国成立前后我国农村土地政策史发展的真实进程来纵观其发展和变化，另一方面按照政治经济学的分析视角和思维逻辑。从简单到复杂，从低级到高级不断引申和展开，即思维逻辑的进程与历史发展的进程相一致。通过史论分析，既把握了历史分析的脉络，又遵循了历史进程中提炼政策演变的逻辑。

二、比较分析研究方法

基于新中国成立以来农村土地政策在不同历史时期演变的比较视角，同时在附录部分补充梳理了新中国成立前的农村土地政策作为比较分析的延伸，进而全面把握我国农村土地政策的发展脉络和特殊时代价值。

三、文献研究方法

通过查阅梳理大量国内外关于农村土地政策的马克思主义经典著作及相关政策文件、学术文献、报刊、新闻、统计年报、史料等来开展新中国成立以来我国农村土地政策的演变逻辑及经验研究。

四、文本诠释的方法

对于深入研读马克思主义政治经济学经典著作和西方政治经济学等相关重要著作，应当从字、词、句等言语材料的阐释入手，通过仔细地分析言语的表达手法、修辞手法，层层剖析言语内部的组织构造，全力挖掘言语的多侧面含义。

第四节 逻辑结构和创新点

一、逻辑结构

本书所研究的农村土地政策主要是指中华人民共和国大陆地区的农村土地政策，不包括港澳台地区和部分少数民族地区。

导论部分阐述了本论题的研究背景和意义、国内外研究综述、研究方法及逻辑架构、论文创新点等，该部分凸显本文的研究价值和意义。

第一部分界定土地、农村土地政策、农村土地政策演变的概念内涵，明确了农村土地政策演变的过程分析及价值取向，该部分是本文的核心概念研究起点。

第二部分梳理分析新中国成立以来农村土地政策的马克思主义理论基础，主要有马克思社会基本矛盾理论、土地思想、劳动价值与分配理论。该部分是本文立论的理论基础。

第三部分梳理归纳、总结分析改革开放前农村土地政策的演变逻辑及特点，具体涵盖了新中国土地改革时期、农业合作化时期、人民公社时期，该部分是本文的核心内容之一。

第四部分梳理归纳、总结分析改革开放以来农村土地政策的演变过程及特点，具体涵盖了改革开放新时期和新时代。土地所有制经营主体逐步细化明晰：从"农民家庭所有、自主经营"到"家庭联合体集体所有、统一经营"，再到"三级集体统一经营"；从"集体家庭双层经营"再到"承包制与新型经营方式相结合的现代经营体系"。土地权能从"债权性的生产经营自主权"到"物权性的土地承包经营权"，土地产权制度从"土地集体所有权的'一权确立'"到改革开放初期的"土地承包经营权与土地集体所有权的'两权分离'"再到新时代的"土地集体所有权、承包权、经营权的'三权分置'"。该部分是本书的核心内容之一。

第五部分聚焦新时代亟待解决好的农村土地政策五大热点问题进行系统梳理分析，即土地确权政策演变、土地流转政策演变、新型土地经营主体的政策引导、"三块地"改革试点政策、特殊土地政策治理问题，该部分是本书的特色亮点。

第六部分梳理归纳总结我国农村土地政策演变的三大基本逻辑及六条基本经验，该部分是本书的创新点之一。

第七部分通过对以上六个部分的分析与论证，提出了完善新时代中国农村土地政策的创新路径：构建农村土地治理制度创新体系；坚持并完善农村土地集体所有制形式，要牢牢守住当前农村土地制度改革的"三条底线"：一是坚持土地公有制性质不改变的政治底线、二是坚持耕地面积18亿亩和粮食播种面积16.5亿亩两条红线不突破的用途底线、三是坚持农民利益不受损的价值底线；健全农村基层治理现代化生态；完善中国特色社会主义的农村土地市场化机制，实现共同富裕。该部分是本书的创新点之一。

附录部分，全面总结了新中国成立以来的农村土地政策相关文献、全国性农村土地政策相关现行法律法规、改革开放以来至2022年历年中央一号文件名录及政策法规要点、新中国成立之前的农村土地政策摘编，以便于土地政策研究与实践工作者使用，该部分也是本书的创新点之一。

二、创新点及不足

（一）创新点

1. 研究视角的创新

本书对新中国成立以来农村土地政策的演变从理论到实践，从纵向历史脉络到横向比较等层面进行了全面系统的研究。基于文本、基于国情、基于政策、基于实践的史论分析相结合视角比较，紧紧围绕农村土地政策的概念解析、理论基础、演变及其逻辑、特点、热点问题、创新路径进行全面的综合学理分析。对于历史时期的划分，主要按照改革开放前、后分析了新中国成立以来农村土地政策的基本发展逻辑及特征，其中改革开放前又细分为新中国土地改革时期、农业合作化时期和人民公社时期，改革开放后又细分为改革开放新时期和新时代，更加全面新颖独特。另外，本文在第三、第四部分系统梳理了新中国成立以来不同历史时期的土地政策及其演变过程、原因，并进行了利弊及特点分析，还在附录部分全面梳理了新中国成立以来的农村土地政策相关文献、全国性农村土地政策相关现行法律法规、改革开放以来历年中央一号文件名录及政策要点、新中国成立之前的农村土地政策摘编，确保政策文献研究和政策演变发展史的完整性。

2. 研究观点的创新

本书对新中国成立以来农村土地政策演变，从演变的基本逻辑与历史经验的结合上进行研究，全面系统地界定农村土地政策演变的马克思主义内涵以及过程分析、价值取向，梳理出了新中国成立以来我国土地政策演变的几个重要历史节点，以及这种转变的历史条件、经济基础和带来的影响及后果，指出了经验和教训，对未来的土地政策也从理论的高度提出了一些很好的建议。能够结合中国特色社会主义建设以及改革开放的实际，全面准确地把握土地政策的变化与发展，归纳出土地政策的规律性发展。指出农村土地政策的社会主义性质即公有制的本质属性，在此基础上不断创新土地公有制的实现形式。提出进一步深化农村土地制度改革，完善新时代中国农村土地政策的创新路径建议与思考，总结出新中国成立以来农村土地政策演变的基本经验，创新性地提出了农村土地政策演变的三大基本逻辑，尤其是实践逻辑具有观点创新性，实践的发展和时代进步的需要推动农村土地政策的演变，我国还处在社会主义初级阶段，要从"三农"发展的实际出发来不断完善农村土地政策，坚持社会主义公有制和农村土地集体所有制。

3. 逻辑理路的创新

本书在政策分析中根据重大政策事件划定了不同历史时期，采用编年的历史分析和政策内容的理路分析相结合的创新方法。基于对新中国成立以来农村土地政策演变的过程、经验、特点的分析得出农村土地政策演变的三大基本逻辑：实践逻辑、产权逻辑和市场逻辑，并将这三大基本逻辑贯穿全文，从土地政策的构成要素：土地产权、利用方式、配置方式、功能属性、执政党意识分析得出具体的演变路径。

（二）不足之处

鉴于土地问题本身不仅涉及"三农"问题，还涉及工业化、城市化、现代化等诸多问题具有复杂性和研究难度，加上研究水平受限，尚存在对我国土地政策和土地制度的认识和观点不够独到，对影响土地政策演变的因素认识不够全面，还缺乏对农村土地政策的国际比较、少数民族区域比较等不足之处。这些都有待于后续的进一步加以完善并深入研究下去。

第一章　农村土地政策演变的内涵与过程分析

　　土地，作为农民最基本的生产资料也是人们赖以生存的基石，决定着农村的发展与平稳，长期以来是我国"三农"问题的核心内容。中国共产党和历届中央人民政府都高度重视农村土地问题，在不同的历史时期，制定了一系列农村土地管理政策，不同的农村土地制度也应运而生。自新中国成立以来，农村土地政策经历了一系列变化，有一部分土地政策很好地促进和解放了农村生产力的发展，而有的土地政策却束缚和阻碍了农村生产力的解放，甚至造成严重的社会问题。一定时期的农村土地政策作为政治上层建筑，要受到该时期经济基础的影响和决定。土地政策的演变过程是我国农村生产力发展的过程，也是农民在不同时期对土地需求发展的过程。习近平总书记强调在新形势下深化农村改革的主线仍然是处理好农民与土地的关系。要处理好人地关系，总结出农村土地政策演变的逻辑及经验，有必要先把农村土地政策演变的内涵搞清楚。

第一节　农村土地政策演变相关概念解析

一、土地及农村土地政策的概念界定

　　土地是人类进行生产发展活动的物质基础，也是自然界万物赖以生存的根基。许慎在《说文解字》一书中对土地的理解为："土，地之吐生物者也；地，

元气初分，轻清阳为天，重浊阴为地，万物所陈列也。"①《中华民国土地法》第一条曾指明："土地，谓水陆及天然富源。"中国学者姜爱林则将土地看作"由地球表面一定幅度的四维空间及这一空间中的自然物、经济物、社会物、时间物所组成的综合体。土地不但拥有地上、地表和地下三部分的三维立体空间，同时还具有时间维度特性，即一个四维空间综合体。其中自然物包括气候土壤、地质地形水文、动植物等要素，经济物和社会物则指人类过去和现在对土地的影响结果。"②美国学者雷利·巴洛维则把土地看成被人控制的资源，这一资源也包含了依附在地球表面的人工和天然资源。英国学者马歇尔把土地看作是大自然无偿地资助人类的水陆空光热等物质与能力。

马克思一直将土地资源视为广义的劳动资料，指出："它们不直接加入劳动过程，但是没有它们，劳动过程就不能进行，或者只能不完全进行。"③土地作为自然产物，人类社会生产活动和物质生产劳动离不开土地。在具体的土地物质生产实践中，土地具有养育、仓储、承载和景观四大功能。联合国粮农组织和环境规划署在1999年也曾把储存个人、群体或社会财富，提供或制约动植物和人类的迁徙作为土地的重要功能。

总之，土地作为一种可持续利用的自然资源，其功能集中表现为土地的有用性，农村土地和林地的有用性在于它们可在同块土地上持续利用生产收获人类所需要的物质和生态产品，进而储存个人、群体或社会财富，与此同时，它也提供或制约了动植物和人类的生存及迁徙。

（一）马克思主义政治经济学与古典政治经济学关于土地的观点

1. 马克思主义政治经济学关于土地的观点

马克思在《资本论》中指出："土地（在经济学上也包括水）最初以食物，现成的生活资料供给人类，它未经人的协助，就作为人类劳动的一般对象而存

---

① 汉·许慎著，柴剑虹、李肇翔主编：《说文解字》（下），九州出版社，2001 年，第797 页。
② 姜爱林：《土地政策基本理论研究》，中国大地出版社，2001 年，第 56—57 页。
③ 《资本论》（第 1 卷），人民出版社，2004 年，第 211 页。

在。所有那些通过劳动只是同土地脱离直接联系的东西，都是天然存在的劳动对象。"[1]对于那些经过劳动后只是与土地脱离了直接联系的事物，都属于天然存在的劳动对象的范畴。"土地是他（劳动者）的原始的食物仓，也是他的原始的劳动资料库"[2]。马克思在《论土地国有化》中强调了土地问题的重要性，论证了土地国有化越来越成为社会发展的必然要求。他还在《1857—1858年经济学手稿》中首次系统地考察了以公社为基础的土地所有制的"亚细亚基本形态"、以奴隶为基础的土地所有制的"古典古代形态"、以农奴制为基础的土地所有制的中世纪封建所有制的"资本主义生产以前的所有形态"，强调生产关系是划分不同社会经济形态的主要特征。《资本论》中还谈到：各个经济时代的差异不在于生产什么，而在于生产的方式，以及生产过程中利用的是何种劳动资料[3]。

列宁一生中，在不同时期从不同视角成功解决了俄国农民土地问题，并提出了符合当时俄国国情的土地思想，最著名的就是提出了土地国有化理论。他认为，土地国有化使无产阶级具有一切必要条件来充当推翻资产阶级的领导者并建立起巩固的工农联盟。他在《土地问题和"马克思的批评家"》（1901）一书中针对土地肥力递减规律和小农经济稳固论做了批判。在《社会民主党在1905—1907年俄国第一次革命中的土地纲领》（1907）一文中，还说明了土地问题的实质就是："农民为了摧毁封建地主占有土地的制度和消灭俄国农业制度，以及俄国整个社会政治制度中还残存的封建农奴制所展开的斗争。在资产阶级国家里，废除农奴制可能有两条道路：1.普鲁士式（容克资产阶级帝国主义）的道路：从农奴主——地主农场缓慢地转变为容克-资产阶级农场。斯托雷平土地改革——推行土地私有化，使200万农民退出村社，成为富农；2.美国式的资本主义发展道路。"[4]关于土地所有权，1917年他在全俄农民第一次代表大会上中提出："地主所有制根本不应该存在。占用而不是占有。占用是一种暂时的措施，

---

① 《马克思恩格斯选集》（第2卷），人民出版社，2012年，第170页。
② 《资本论》（第1卷），人民出版社，2004年，第208—209页。
③ 《资本论》（第1卷），人民出版社，2004年，第210页。
④ 《列宁全集》（第16卷），人民出版社，2017年，第388—389页。

而且年年发生变化。租得一小块土地的农民不能说土地是他的。土地不是他的，也不是地主的，而是人民的。"①在当时农民共同拥有分地的社会组织即为村社，要想建立起真正自由的农场主经济，必须废除地主土地和村社份地的地界，而只有通过土地国有化可以废除土地私有制，从而彻底摆脱农村中的农奴制度，使整个农村土地都转归国家所有。俄国当时的国情最终决定了马克思和列宁的土地国有化思想得以成功实践。

2. 古典政治经济学关于土地的观点

（1）古典政治经济学家亚当·斯密关于土地的表述

亚当·斯密在其代表著作《国富论》（1776）一书的第一篇第11章"论地租"中指出："土地改良和耕作进步，不仅是食物能够提供地租的原因，能够提供地租的土地的其他生产物，其价值中相当于地租的部分也是源自此。但是，这些后来才能提供地租的土地的其他生产物，并不总是能够提供地租。"②"每一次对社会状况的改良，都会直接或间接地提高土地的真实地租，使地主的实际财富有所增加，从而对他人的劳动或劳动生产物有更大的购买力。一个国家的土地和劳动的全部年产物，其价格自然分解为土地地租、劳动工资和资本利润三部分。"③

他在《国富论》的第四篇引言"论政治经济学体系"中提到：政治经济学提出了两个不同的目标：其一是保证人民有能力维持自己的生计并为自己获取充足的收入；其二是实现国家或者社会的收入来源足够用以提供公共服务的目标。简而言之，政治经济学的目标就是要让所有人都能够富裕起来④。

他在《国富论》的第四篇第9章"论重农主义即把土地产物看作各国收入及财富唯一或主要来源的政治经济学学说"中指出：重农主义的矛盾甚至比重商主义的还大，因为它过分重视农业而限制制造业和外贸，它实际上最终不利于

---

① 《列宁全集》（第30卷），人民出版社，2017年，第148页。
② [英]亚当·斯密：《国富论》，陈星译. 陕西师范大学出版社，2006年，第103—104页。
③ [英]亚当·斯密：《国富论》，陈星译. 陕西师范大学出版社，2006年，第129—130页。
④ [英]亚当·斯密：《国富论》，陈星译. 陕西师范大学出版社，2006年，第196页。

它要扶持的产业[①]。

可见，亚当·斯密承袭了威廉·配第关于"土地是财富之母，劳动是财富之父"的理论，厘清了使用价值与交换价值，阐明了价格与价值之间的关系，并确立了劳动创造价值的客观准则，认为劳动是衡量一切商品的交换价值的真实标准，任何生产部门的产出劳动都是国民财富的主要源泉，他消除了重商主义和重农主义的偏见，真正从生产关系上来理解和研究劳动价值理论。

（2）古典政治经济学家大卫·李嘉图关于土地的表述

大卫·李嘉图在其代表著作《政治经济学及赋税原理》（1817）一书中提出了著名的级差地租理论，并指出地租税只会对地租产生影响，全部都会由地主阶级来承担，不应该将这种负担转嫁给其他任何消费阶级来承担[②]。他把地租税看成是地主的负担，其理论依据为"他无法改变在生产能力最差的耕地上所获得的产品与在各等级土地上所获产品之间的差额"[③]。因为只有耕种较肥沃的土地，才会产生地租，在品质不好的土地上是没有地租的。因为地租不包括在农产品价格要素中，充当地租的那部分赋税虽使农产品价格昂贵，但这负担并没有转嫁给消费者而是落在地主身上。但是李嘉图却认为"对地主把资本投放在农场上所得的报酬进行征税，在进步国家里都由农产品消费者自身负担"[④]，结果使工资增加，利润相应地减少了，成为资本家的负担。另外，大卫·李嘉图克服了亚当·斯密在劳动价值理论的混乱与矛盾，坚持商品的价值是由生产时所耗费的劳动决定。他除了进一步论述使用价值与交换价值之间的关系以外，还提出商品的价值量是由必要劳动时间决定。

3. 观点述评

马克思主义政治经济学在定性研究、跨时期研究、本质层次研究上具有很大的优势。而古典政治经济学基本的方法论——理性主义，古典政治经济学最

[①]　[英]亚当·斯密：《国富论》，陈星译.陕西师范大学出版社，2006年，第274页。
[②]　[英]大卫·李嘉图：《政治经济学及赋税原理》，商务印书馆，1976年，第146页。
[③]　[英]大卫·李嘉图：《政治经济学及赋税原理》，商务印书馆，1976年，第146页。
[④]　[英]大卫·李嘉图：《政治经济学及赋税原理》，商务印书馆，1976年，第147页。

早的理论研究采取的是历史归纳法和抽象演绎法。综上，古典政治经济学关于土地的观点虽有可借鉴之处，但马克思主义政治经济学更适合分析不同历史时期的政策演变，加上马克思主义的学科专业属性特点，因此，本文基于马克思主义政治经济学及其中国化来开展不同历史时期的农村土地政策演变逻辑及经验分析。

可以看出，农村土地兼具了资源与资产的双重特征属性。其中，资源属性突出农村土地基于实物形态的直接利用价值，农村土地最主要的使用价值就是可以当作生产资料进行农业生产，这与农业的基本功能在于保障农产品供给是相一致的。而资产属性主要突出土地的经济价值，除了农村土地基于实物形态的间接经济价值以外，更重要的是强调农村土地是基于权利形态的直接经济价值，前者仅需要部分产权，后者则要求完全产权且存在产权交易市场。

（二）我国土地法律法规及政策关于土地的界定

据我国《土地管理法》第四条明文规定，土地的种类分为农用地、建设用地以及未利用地，其中，农用地指的是直接用来进行农业劳动生产的土地，包括林地、耕地、草地、农田的水利用地和养殖水面等，这是我国法律对土地的明确界定。

据我国《农村土地承包法》第二条规定，农村土地指的是农民集体所有的以及属于国家所有但是依法由农民集体享有使用权利的耕地、林地、草地，以及其他依法用于农业的土地。本文所指的农村土地，以《农村土地承包法》对其定义为准，农用地的定义则以《土地管理法》对其界定为准。

关于农村土地产权问题：

1. 据我国《宪法》第十条规定，对于农村和城市郊区的土地，除由法律规定属于国家所有的以外，均属于集体所有的范畴；宅基地、自留地和自留山，也以集体所有为准。

2. 据我国《物权法》第五十八条规定，法律规定属于集体所有的土地和森林、山岭、草原、荒地、滩涂等，属于集体所有的不动产和动产范畴。再根据

第三编第十一章和第十三章的规定，土地承包经营权和宅基地使用权都包含在用益物权的范围内。

总而言之，对于我国的农村土地，实行的是集体所有制，具体有村民小组农民集体、村农民集体和乡（镇）农民集体三种集体所有权表现形式。土地所有权、土地承包经营权、宅基地使用权等概念是与所有制有关的一系列总体性关系进入经济系统的制度安排。

（三）农村土地政策的政治经济学概念

美国土地经济学家伊利指出，土地政策是为实现土地利用的特定目标所制定的计划。国内学者郭景、姜爱林认为，土地政策是国家、政党等政治实体围绕着特定的经济社会利益，为了实现特定历史时期的土地管理任务和土地利用目标进而调整人地关系的一系列准则、方向与指南的总和[1]。国内学者黄贤金认为，土地政策是国家、政党、政府、社会团体乃至个人等为了协调一定阶段或领域的土地关系，实现土地权益目标的行动过程[2]。综上，本文把农村土地政策的政治经济学概念定义如下：农村土地政策是政党或政府在特定时期内为实现一定的土地治理目标所制定的用于规范和调整在土地资源保护、开发、利用和管理方面人地关系的一系列行为准则总称，是土地制度的具体化，主要包括为了实现土地资源优化配置而制定的关于土地开发与利用、土地权属分配、土地流转、土地经营和土地征用方面的政策等。土地政策又反作用于土地制度，促进或阻碍着土地制度作用的发挥。土地具有自然和社会双重属性，其中社会属性包括：土地所有制性质、土地的集中程度和人地关系的紧张程度，这也是农村土地政策研究的重点。

1. 土地政策的特征

（1）土地政策主体的多元性。就政策制定主体而言，政策主体主要是国家和政党等政治实体。

---

① 郭景、姜爱林：《论土地政策的执行》，《软科学》，2003 年第 4 期。
② 黄贤金：《土地政策学》，中国农业出版社，2014 年，第 3 页。

（2）土地政策具有土地权益诉求性。土地政策旨在通过土地治理实现特定的经济社会利益目标，聚焦完成一定时期的土地管理任务和土地开发利用目标。

（3）土地政策具有动态性。在不同时期所颁布的任何一项土地政策虽然在特定的条件下具有一定的稳定性，但是在它所依据的条件发生变化时，土地政策也会由于因时因地等条件的不同而改变。

（4）土地政策过程的垄断性、管制性或保护性规制。土地政策是政府行为，而不是个人、企业或某一集团的行为。

可见，土地政策具有导向、协调、分配和控制功能，兼具经济性、社会性、政治性等特点。

2. 土地政策的构成要素

一个完整的政策一般由政策范围、政策目标、政策措施等三大要素所构成。学者姜爱林指出：从土地政策制定的角度来说，其构成要素及其逻辑顺序为：土地政策决策者——土地政策要达成的目标——土地政策范围——土地政策对象——土地政策措施——土地政策时效——土地政策形式。从土地政策执行的角度而言，其构成要素及其逻辑顺序为：土地政策范围——土地政策要实现的目标——土地政策的实施措施——土地政策时效。

本书认为，土地政策的构成要素一般包括土地产权、利用方式、配置方式、功能属性以及执政党意识形态等五个方面，第三和第四部分关于农村土地政策演变的研究主要基于这五个方面的构成要素来分析。

3. 农村土地政策的分类

（1）从土地利用的现状分析，可以对土地政策采取规程性的分类方式和法定性的分类方式。其中法定性的土地政策有农用土地、建筑用地和未利用土地政策；规程性的土地政策有耕地、林地、园地、交通用地、居民点及工矿用地、牧草地、水域和未利用土地政策。

（2）根据土地政策的特征，可以从区域性、土地的可持续发展、土地资源的开发与利用、土地生态环境、土地经济等方面来划分土地政策。

（3）按土地的性质，可分为公共土地政策和私人土地政策。

（4）从土地政策主体的性质、层次、条块等角度进行划分，可以分为适用于国家、政党与人民团体的土地政策；适用于中央、地方与基层的土地政策；适用于部门、地区与企业的土地政策。

（5）根据土地政策的功能形态进行分类，可以将土地政策划分为属于基本国策性质的、方针性质的、法规性质的以及法律性质的土地政策。

（6）从土地政策阶段纵向的角度进行划分，可分为长期、中期、短期和即时土地政策。

4.农村土地政策目标

土地政策以促进经济增长、推进社会公平发展、促进耕地保护和土地集约利用、推动生态环境保护为宏观调控目标，它与货币政策、财政政策一起都是国家宏观调控的重要手段。

二、农村土地政策与相关概念的辨析

（一）农村土地政策与农村土地制度

任何政策作为特定社会阶段的产物，都有其自身发展与消亡周期，具有历史属性和时代局限性。相对于社会制度而言，政策也会随其他所依赖的客观条件的变化而发展，只是某一制度在某一特定发展阶段中发挥作用的具体方式，比制度的演变更为频繁，更注重短期见效。

农村土地政策涉及农村土地资源的利用、分配、管理和经营、生态环保等诸多方面，是农村土地制度阶段性目标的实现保障。政策是制度的雏形和最初表现形态，是制度衍生和创新的初始出发点；制度则是关系党和国家事业稳定发展全局的长期性、根本性问题。

农村土地制度作为农村社会经济制度的核心，是在一定社会条件下，人们在占有和利用农村土地过程中所形成的人与人之间关系的总和，是人类社会在一定发展阶段中农村土地所有关系的总称。它有广义和狭义之分。广义的土地制度包括一切有关农村土地的制度，狭义的土地制度包括农村土地所有制、经营制度和管理制度。制度与政策相比，相对更加稳定而长期。

（二）农村土地政策与路线、方针、方略

道路决定方向、决定命运，我们常说路线、方针、政策、方略是越来越具体的，路线就是大方向，在方向之下有方针，方针之下有政策，政策之下有方略。最大的政策方向就是我们党将人民立场作为最根本的政治立场，把群众路线作为我们党的生命线和根本工作路线。方向是第一位的，但光是方向正确还不够，还要有正确的方针以辅之。路线是政党认识和改造世界的根本准则，从构成上划分，有政治路线、思想路线和组织路线；从范围上划分，有基本路线和具体工作路线；方针是指引事业前进的方向和目标，有方向性、针对性、指导性地发展；政策是路线、方针的具体化；方略是全盘的计划和策略，是相对具体的政策。

2008年10月12日，中共中央下发的《关于推进农村改革发展若干重大问题的决定》提出：把产权明晰、用途管制、节约集约、严格管理原则作为进一步完善我国农村土地管理制度的16字方针[①]。

基于上述关系的分析，从路线、方针到政策、方略是一个从宏观到微观、从抽象到具体、逐步深入实施、转变和落实的过程。

（三）农村土地政策与土地行政、土地管理、土地法律法规

土地行政是国家为实施土地法规，制定并执行的土地政策，为保护和合理使用土地资源，利用各种手段对全国城市土地资源及其利用过程以及由此产生的人与人之间的权属、利益关系进行规划、组织、协调和控制等方面的行政管理活动。

土地管理是指国家为调整土地关系，组织和监督土地的开发利用，保护和合理利用土地资源，所采取的行政、经济、法律和技术的综合性措施。主要包

---

① 《中共中央关于推进农村改革发展若干重大问题的决定》，《光明日报》，2008 年
10 月 20 日，第 01 版。

括以下几方面的内容:(1)建立健全土地法规体系;(2)土地资源的调查和统计;(3)权属管理。划定地界、确定权属、核发证书,做好土地权属变更登记工作,掌握土地的权属变化情况,会同有关部门处理土地纠纷;(4)承办城市建设用地审批,合理分配土地资源,保证土地的合理利用;(5)土地资源再利用管理。

从主体来看,土地管理的主体是各级土地行政主管政府机关、领导及普通公务员;从客体来看,土地管理的客体是土地资源开放与利用中产生的多重人地关系;从任务方面来看,土地管理的主要任务是调节复杂的人地关系和利益矛盾纠纷、巩固土地公有制地位、合法合规组织土地开发利用及监督整改;从管理手段方面来看,土地管理的手段和方法有行政手段、技术手段、经济手段、文化手段、法律手段;从职能来看,土地管理具有规划、组织、协调、控制、监督等职能;从性质来看,土地管理具有阶级性、人民性、公有性。

土地法律是国家最高立法机关制定的调整土地归属、流转、开发、利用、保护、管理、治理等行为的法律法规之统称,内容主要涉及土地所有权和收益权、土地承包流转和经营使用权、土地财产和土地抵押权、土地立法、土地执法等。

土地法规是指调整土地关系的法律规范的统称。土地法规的功能特性主要有行政干预、经济措施和法律责任三方面。从土地管理业务而言,可把土地法规分为以下三类:一类是土地权属方面的法规,涉及土地的登记、发证,所有权和使用权确认或变更中的权利和义务,土地纠纷的处理等;一类是土地利用方面的法规,涉及土地的保护、规划、污染防治、开发利用等;还有一类是土地调查、统计等基础工作方面的法规,主要涉及土地数量、质量及其分布范围的确认等。

(四)农村土地政策与城市土地政策

在我国,城市土地属于国家所有的范畴,而在农村地区,土地则归集体所有。近年来,我国城镇化进程不断加快,土地资源市场化也在不断发展,城市土地越来越升值,业已成为推动国家和区域高速发展的重要引擎,农村"三块地"政策市场化改革试点与城市土地政策有一定的用益物权及市场化对接关系，对改变城乡二元经济结构推进城乡一体化发展、实现共同富裕有一定的影响作用。

第二节 农村土地政策演变的过程分析

一、土地政策演变是政策结构从非均衡到均衡的过程

土地政策和其他政策相比，都具有实效性的特征，土地政策具有过程特征（周期性），并随着社会生产力的发展而不断演变。农村土地政策的演变又可以称之为农村土地政策的发展历史演进，而推陈出新的土地政策往往更能够与资源的优化配置相得益彰，在它逐渐取代旧土地政策的过程中也常常反映出政策收益大于政策成本，并由此成为政策演变的内生驱动力，使得政策结构逐步从非均衡变得更加均衡。

政策用来规范人类行为，政策演变是应对环境变化的修正行为。政策演变的诱因既有社会生产力发展的客观要求、土地政策效力的周期性、其他制度或政策变迁的影响等客观原因，也有政策制定者的主观选择等主观原因。可见，土地政策的演变是个动态调整、逐步优化的过程，是需要基于实践检验的理性行为，不仅具有时效性，更需要与时俱进，注重决策的科学性和政策的连贯性。

习近平同志在庆祝改革开放40周年大会上的讲话中提到：我们党必须将最广大人民的根本利益放在首位，在开展一切工作之前，首先要明确工作的开展是否以最广大人民的根本利益为根基，由此出发并落脚于此，始终坚持将人民是否拥护、是否赞成、是否高兴作为制定相关政策的依据，并坚持顺应和尊重广大人民的意愿，努力做到体恤民情、致力于民生的要求，既要提出并贯彻正确的理论和路线方针政策以带领人民前进，又要从人民实践创造和发展要求中

获得继续前进的动力[①]。

二、农村土地政策演变与演进

农村土地政策演变最根本的是社会生产力的发展，其演变与改革的诱因和政治、经济、社会进步有关。土地政策的演变和改革过程实质上就是土地政策随社会生产力发展而不断变迁和创新的过程，也是外部利润内部化的过程，相对价格和偏好的变化是政策演变的外部条件。政策演变如果适应和促进了社会生产力的发展，可以视为政策演进，而如果阻碍了生产力的发展，则是政策倒退和反复。

三、农村土地政策演变的过程规律

由于我国有限的农村土地资源不能满足人们自由而无限地占有和使用需求时，农村土地政策就应运而生，必须规范人地关系和土地权属及使用方式。而随着社会生产方式及人地关系的演变，也同时影响着农村土地政策做出相应演变。纵观新中国成立以来的农村土地政策发展历史，农村土地政策内容的演变过程为：使用土地——稳定使用土地——排他使用土地——土地所有权——土地所有制——两权分离——三权分置，形成权利体系——使用权地位日益突出。农民耕种土地的热情和土地的利用效率是影响农村土地政策制定的直接原因。

新中国成立以来农村土地政策演变在不同的历史时期，具体表现为：

1. 新中国土地改革时期农村土地政策演变最大的特点是政策制衡性，在土地政策功能上更倾向于分配功能，解决了农民的土地诉求，利益分配给农民，将土地所有权归农民所有。

2. 农业合作化时期农村土地政策演变的最大特点是"互助组——初级社——高级社"渐进发展性。在土地政策功能上，由土地改革时期更倾向于财

---

① 习近平：《在庆祝改革开放 40 周年大会上的讲话》，《人民日报》，2018 年 12 月 19 日，第 02 版。

产分配功能演变为农业合作化时期更倾向于政治导向和调控功能。

3. 人民公社时期的我国农村土地政策发展的最大特点就是对公社三级所有权的逐步明确，特别是基本核算单位由公社到生产大队、再由生产大队到生产队的逐级下移是其演变的主线。

4. 改革开放新时期农村土地政策演变的最大特点就是政策法律化，尤其将涉及"三农"的中央一号文件精神写入法律法规，把党和国家的土地治理上升到法理基础。党的十一届三中全会后，农村土地政策经历了改革开放新时期开始的家庭联产承包责任制，逐步引导和鼓励广大农民直接使用经营土地，真正完成了农村土地所有权与经营权"两权分离"。

5. 新时代农村土地政策，实现了农村土地所有权、承包权、经营权"三权分置"的政策飞跃，明晰所有权、稳定承包权、搞活经营权，把专业大户、家庭农场、农民专业合作社、农业产业化龙头企业作为农村基本经营制度新的实现形式，大力发展现代经营体系。

中国共产党代表着我国社会主义先进生产力的发展要求，在各个时期都为解放和发展生产力而制订了具体的农村土地政策，并在解放和发展生产力的实践中不断完善与优化了农村土地政策。在有关农村土地政策的制定和实施过程中，都应当以是否解放和发展了生产力为根本标准来对相关土地政策效果进行评定。我国农村土地政策演变历程证明：制定和发展完善农村土地政策的必由之路便是解放和发展生产力。只有党制定的农村土地政策真正满足了解放生产力、发展生产力的要求，农村的繁荣发展才指日可待，反之，农村经济社会的蓬勃发展会因不合宜的政策而遭遇坎坷和曲折。

新中国成立以来农村土地政策演变的主要过程就是农村生产力和生产关系的矛盾运动过程，这个过程又大致是由自上而下的强制性政策演变和自下而上的诱致性政策演变所共同构成的，前者的典型代表是新中国成立后的农民土改运动，而后者的典型代表则是改革开放后的家庭联产承包责任制。改革开放以来农村土地政策演变具有典型的"路径依赖"特征，从此前已实行多年的农村土地"两权分离"，再到当前国家大力推进的农村土地"三权分置"，农村土地政策演变及制度变迁的改革一直还在按照"还权赋能于农民"的初始目标方向不断推进，步入了良性循环阶段，有待于在未来深化农村土地制度改革中，不断得到强化。

新中国成立以来农村土地政策演变的过程也是农村土地产权结构不断调整的过程，农村土地政策演变及制度变迁的目标主要是通过土地所有权、使用权、收益权和处置权这四项基本权利进行不断调整而得以实现的。新中国成立以来农业生产发展成果充分证明，将农民权益与土地产权有效融合结合的农村土地制度对于农业生产的发展具有显著的效率；而改革开放以来，农村土地制度"渐进式"改革的成功实践也证明，在社会主义市场经济环境下，对土地产权的占有仍是有效调动农民生产积极性的最大动力源，所以未来深化农村土地制度改革最根本的问题还是在于激励机制的选择。

土地只有和人的劳动相结合才能发挥其生产力价值，因此，处理好人地关系矛盾始终是处理好农村土地问题的关键。强调土地的实用性，通过流转实现规模化经营，是对土地生产关系的合理配置和充分发挥。新中国成立以来，虽然在不同历史时期农村土地政策发生了多次演变，土地制度也发生了多次伟大变革，但农民一直具体占用和使用着土地，改革的只是"耕者有其田"具体制度形态，政策演变的趋势是更注重对土地的规模经营和现代化开发使用。

第三节　农村土地政策演变的价值取向

我国农村土地政策的演变过程与社会文明的发展息息相关，政策演变必须着眼于推进物质文明、政治文明、精神文明、社会文明、生态文明的协调发展，具体体现在政治、经济、伦理道德、生态和社会治理等几个价值取向方面。

一、政治治理取向

政策是一个政党的核心利益价值和政治主张的集中体现，具有鲜明的政治性和实效性。一个政党如果无法代表先进生产力的发展要求，又或者妨碍了生产力的蓬勃发展，那么它必然会被历史所抛弃。土地既是一种资源，又是一种资产，政府既需要通过市场机制来保证有效率的土地资源配置，又需要处理好社会再分配的公平与效率问题。我国农村土地政策的出发点和落脚点一定是最大限度地满足最广大农民的切身利益，让农民有获得感，让"三农"有希望，通过建设好社会主义新农村实现乡村振兴、全面小康和共同富裕，充分体现出中国共产党的阶级性和政治性、人民性。好的土地政策，有利于构建和谐发展的人地关系，确保社会稳定有序发展，进一步巩固政党的群众基础。

二、经济治理取向

农村土地制度是农村社会生产和发展的前提和基础，农村土地政策是农村土地制度衍生和创新的初始出发点，政策和制度作为上层建筑同样要受经济基础的影响和制约，因而，农村土地政策的演变遵循生产力决定生产关系、经济基础决定上层建筑的社会基本矛盾规律，其市场化演变逻辑具有鲜明的经济治理取向。任何一项政策实施都要充分考虑成本与效益，只有土地政策收益大于或等于政策成本才是有效可行的，从效率标准来看，具体可从土地政策投入的平均和边际收益、投入成本等多方面来综合考虑。

广大农民只有家中有地、手中有粮，心中才能踏实，无论其是在家务农还是进城务工，虽然土地收入功能正在逐步减弱，但是对于土地的依赖性和浓厚的土地情结依旧存在，耕地信仰依然浓厚，大多数农民仍把土地视为一种保障和退路，因此对于当前农村土地的流转，首先必须做到遵循农民的意愿，尽可能让农民与土地承包户的意愿相符合、保障农民的利益、不随意更改土地的用途、不让农业综合生产能力和农业生态环境受到破坏，简而言之，就是必须尽量让农民在土地流转的过程中和在土地规模经营的过程中能够积极参与进来，并且真正实现农民受益。小康不小康，关键看老乡，当前农村出现老板下乡、老乡卖地的土地市场化趋势，要确保政策真正落实到位，在土地增值利益分配上要更多顾及失地农民的土地权益。

三、生态治理取向

生态文明建设是中国特色社会主义进入新时代的重要任务之一。土地与生态环境密不可分，破坏土地生态环境的后果不堪设想，因此，在分析和评估土地政策时，必须充分重视土地政策的实施可能或者以及对土地生态所造成的影响。好的土地政策有利于改善和保护生态，实现土地的可持续开发与利用，造福后代。对于土地的整治问题，应当积极践行"绿水青山就是金山银山"的科学发展宗旨，深刻意识到生态就是经济，秉持弘扬中华优秀传统文化的原则，无论是在对土地进行整治之前、整治过程之中、整治之后，都需要对自然环境的保护和对生态环境受损的修复引起重视，与此同时，还应该保留当地传统农耕文化和民俗文化特色，以此实现积极营造不同于城镇自然景观和人文气息的目标，进一步推动乡村振兴内涵的多样化和功能的多元化，加快建立自然与人文和谐统一的可持续发展乡村。

四、伦理道德治理取向

从公平的角度而言，要符合伦理道德要求，土地政策效果应该同时满足政策成本与收益对等、帕累托最优理论这两个条件。其价值标准要求政府在制定和实施农村土地政策时既要考虑到阶级的政治利益性和政府执行的有效性，还要充分尊重农民集体的自主权及长期以来民间约定俗成的乡规民约等软法。农民作为自身利益的最好决策者、代言人、受益人，在土地集体所有的框架下，应当充分行使对政策落实的自我管理和自我决策，注重伦理道德价值。

从目前的土地治理情况而言，农村实行集体土地所有制，即基层农村土地治理的范围仅包括劳动群众集体组织内的土地治理，如通过乡规民约的规定进行治理。乡规民约作为集体成员自我管理和监督的依据，只有集体成员积极遵守乡规民约的规定，才能使其产生良好的社会效果。因此，乡规民约也值得予以重视与关注。

五、社会治理取向

农村土地政策演变要与"三农"经济及社会发展协同共进，社会治理离不开政策执行的实际效力。土地政策效力是指一项土地政策付诸实施后对优化土地资源配置所产生的实际效力，它可分为正效力和负效力两种，具体体现在土地政策指标的实际完成情况和计划情况之间的对比、土地政策指标的动态变化这两个方面。在不同区域实行同一项土地政策，它所产生的效力情况也不尽相同，不同的土地政策其效力也不相同，政策效力在不同发展阶段的水平也不同。

针对土地整治问题，要同提高乡村治理能力现代化的要求相符合，充分满足组织实施方式的创新性要求，进一步完善农村集体组织和农村基层民主政治建设，充分发挥农民主体作用，促进农民思想固化观念的转变，不断推动符合实际情况、尊重农民意愿、科学且有序、严谨且充满活力的乡村治理机制的构建。

第二章　农村土地政策演变的理论基础

直到18世纪为止，大部分的欧洲贵族都一直在通过土地所有权取得巨大财产，随着欧洲启蒙运动的蓬勃发展，土地问题首次由19世纪欧洲的民主进步人士所提出，在19世纪晚期又被西方马克思主义者们所吸收，从而成为马克思主义政治经济学的核心问题。在不同的历史阶段，对农村土地问题的表现维度也是不同的，因而对于所提出的农村土地政策的解析角度也是不同的，例如在19世纪的土地问题上便侧重于工业化和民族解放两个方面，而到了21世纪，土地问题则表现为三权归属、生态问题、人口性别问题及粮食主权问题等。当前，我国农村土地亟待解决的三大问题就是关于土地承包经营的问题、关于农村建设用地的问题以及宅基地使用的问题。

马克思在《论土地国有化》中认为：土地国有化将彻底改变劳动和资本的关系，并最终完全消灭工业和农业中的资本主义的生产[①]。一是从民主革命的视角出发，应该废除封建的土地所有制，积极争取土地民主制度，从而为农民参与夺取土地权益的斗争提供支持；二是从社会主义的视角出发，应该对"小生产"的理论持反对态度，主张实现土地的国有化，推动社会主义大农业的进一步发展。恩格斯在《法德农民问题》中主张发展土地集体所有制条件下的农业合作社，把这些合作社逐渐变成全国大生产合作社，由国家经营农场[②]。列宁在《土地问题提纲初稿》一文和《土地法令》文件中，提出了如下主张：应该以鼓励和支持的态度面对农民的土地革命，支持废除土地的地主所有制，推动小农

---

① 《马克思恩格斯选集》（第3卷），人民出版社，2012年，第129页。
② 《马克思恩格斯选集》（第4卷），人民出版社，2012年，第503页。

经济的发展，并不断对农民进行引导，使其走上农业合作化的道路，在此过程中，还应该实行土地国有制。斯大林在《论列宁主义基础》和《论列宁主义的几个问题》等文章中，充分肯定了列宁的合作化理论以及个体农民在社会主义建设中的重要作用，并主张建立集体农庄。

第一节　马克思社会基本矛盾理论

恩格斯曾认为："一切社会变迁和政治变革的终极原因，不应当到人们的头脑中，到人们对永恒的真理和正义的日益增进的认识中去寻找，而应当到生产方式和交换方式的变更中去寻找；不应当到有关时代的哲学中去寻找，而应当到有关时代的经济中去寻找。"①根据马克思主义历史唯物主义的观点，生产力对生产关系起着决定性影响，而生产关系又反作用于生产力；经济基础对上层建筑起着决定作用，上层建筑再反作用于经济基础。生产力与生产关系、经济基础与上层建筑，这两个对立关联在持续推动着人类社会向具有进步意义的方向发展，同时，这两对矛盾关系也在不断地促进着人类社会形态的演进和更替。社会主义社会中人民内部的非对抗性矛盾，成为经济基础与上层建筑矛盾的一般表现，不需要通过根本改变社会制度来解决，可通过社会主义制度自身的力量进行解决，坚持以马克思主义为指导的意识形态和坚持以人民民主专政为核心的政治上层建筑，从而推动了社会主义社会经济基础的稳步发展，也推动社会形态向共产主义社会逐步过渡。

一、生产力是人类征服和改造自然（含土地）的客观物质力量

马克思认为，生产力是人类征服和改造自然的客观物质力量，它的基本要素是劳动者、劳动资料和劳动对象。马克思和恩格斯在《德意志意识形态》中

---

① 《马克思恩格斯选集》（第3卷），人民出版社，2012年，第797—798页。

指出："一定的生产方式或一定的工业阶段始终是与一定的共同活动方式或一定的社会阶段联系着的，而这种共同活动方式本身就是'生产力'；由此可见，人们所达到的生产力的总和决定着社会状况。"[1] "生产力表现为一种完全不依赖于各个人并与他们分离的东西，它是与各个人同时存在的特殊世界，其原因是，各个人——他们的力量就是生产力——是分散的和彼此对立的，而另一方面，这些力量只有在这些个人的交往和相互联系中才能成为真正的力量。"[2] "耕地（水，等）可以看作是自然形成的生产工具。"[3]恩格斯指出，劳动最终使猿进化为人，而劳动和自然界在一起才是人类一切财富的源泉。生产力是人通过具体劳动的方式改造自然与社会的生产力，是指具备一定生产经验与劳动技能的劳动者借助以生产工具为主的生产资料，并引入生产过程的劳动对象而形成的改造自然和社会的能力。

生产力是物质生产过程中人们与自然界的关系。劳动资料是劳动者用以作用于劳动对象的物或物的综合体，其中以生产工具为主，也包括人们在生产过程中所必要的其他物质条件，如土地、生产建筑物、动力、交通运输等。土地和人类劳动相结合才能创造财富，在相结合的过程中需要遵循生产力决定生产关系的规律，也就是要尊重劳动者、劳动资料和劳动对象。国内学者对生产力"征服论"及其构成要素存在分歧，比如有学者提出：马克思的广义生产力，应当包括人自身生产力、物质生产力、精神生产力和自然生产力或生态生产力。它们的有机统一就是经济社会生产力和生态自然生产力的有机统一[4]。新时代，生态就是生产力，保护生态就是发展生产力。对土地的开发与利用是为了更好地解放和发展生产力。

综上，土地只有和人的劳动相结合才能发挥其生产力价值，因此，处理好人地关系矛盾始终是处理好农村土地问题的关键。处理得好就能很好推动生产

---

① 《马克思恩格斯选集》（第1卷），人民出版社，2012年，第160页。
② 《马克思恩格斯选集》（第1卷），人民出版社，2012年，第208页。
③ 《马克思恩格斯选集》（第1卷），人民出版社，2012年，第183页。
④ 刘思华：《马克思广义生产力理论探索（下）》，《湘潭大学学报（哲学社会科学版）》，2006年第4期。

力的发展，处理得不好就会影响劳动力的积极性，进而阻碍生产力的发展。

二、生产关系决定人只是土地的占有和利用者

至于生产关系的广义内涵，马克思在《政治经济学批判》中指出，"人们在自己生活的社会生产中发生一定的、必然的、不以他们的意志为转移的关系，即同他们的物质生产力的一定发展阶段相适合的生产关系。这些生产关系的总和构成社会的经济结构，即有法律的和政治的上层建筑竖立其上并有一定的社会意识形态与之相适应的现实基础。物质生活的生产方式制约着整个社会生活、政治生活和精神生活的过程。不是人们的意识决定人们的存在，相反，是人们的社会存在决定人们的意识"①。生产、分配、交换、消费"构成一个总体的各个环节，一个统一体内部的差别"②。对于生产关系的狭义内涵，斯大林在《苏联社会主义经济问题》一书中提出，生产关系包括："（一）生产资料的所有制形式；（二）由此产生的各社会集团在生产中的地位及他们的相互关系，或如马克思所说的，互相交换其活动；（三）完全以它们为转移的产品分配形式。"③由此可见，影响农村土地生产关系的主要因素是土地的所有制形式、利用方式、经营方式和分配方式。

马克思在《哲学的贫困》中指出，"生产方式、生产力在其中发展的那些关系并不是永恒的规律，而是同人们及其生产力发展的一定水平相适应的东西，人们生产力的一切变化必然引起他们的生产关系的变化。社会关系和生产力密切相关。随着新生产力的获得，人们改变自己的生产方式，随着生产方式即谋生的方式的改变，人们也就会改变自己的一切社会关系。"④因而，生产力决定生产关系是通过改变人的生产方式即谋生方式来改变的。

马克思在《资本论》第三卷《资本主义生产的总过程》中指出："一些人所

---

① 《马克思恩格斯选集》（第 2 卷），人民出版社，2012 年，第 2 页。
② 《马克思恩格斯选集》（第 2 卷），人民出版社，2012 年，第 699 页。
③ 《斯大林选集》（下），人民出版社，1979 年，第 594—595 页。
④ 《马克思恩格斯选集》（第 1 卷），人民出版社，2012 年，第 233 页。

以能把社会的一部分剩余劳动作为贡赋来占有，并且随着生产的发展，占有得越来越多，只是由于他们拥有土地所有权……不过，这个权利本身并不是由出售产生，而只是由出售转移。这个权利在它能被出售以前，必须已经存在；不论是一次出售，还是一系列这样的出售，不断反复地出售，都不能创造这种权利。总之，创造这种权利的，是生产关系。一旦生产关系达到必须蜕皮的地步，这种权利和一切以它为依据的交易的物质的、在经济上和历史上有存在理由的、从社会生活的生产过程中产生的源泉，就会消失。从一个较高级的经济的社会形态的角度来看，个别人对土地的私有权，和一个人对另一个人的私有权一样，是十分荒谬的。甚至整个社会，一个民族，以至一切同时存在的社会加在一起，都不是土地的所有者。他们只是土地的占有者，土地的受益者，并且他们应当作为好家长把经过改良的土地传给后代。"①因而，土地作为劳动者的重要劳动资料，和劳动者一起成为生产力的重要组成部分，随着社会形态的演进，生产力也同时在劳动者不断改造和继承土地中发展。

综上所述，生产力对生产关系起着决定性影响，在人类的主要生产资料和生产关系中，土地是重要的组成部分，生产关系决定人只是土地的占有者和受益者，人类世代从事着土地生产、分配、交换、消费活动，而且要保持土地资源的可持续开发与利用，把经过改良的土地传给后代，把土地生态文明建设好。同时，土地流转既要有利于土地资源的合理配置，也要有益于人地关系的调节，从而促进农业生产力的进一步发展。

三、经济基础决定上层建筑的性质、发生和演变

经济基础是整个社会占有主导地位的生产关系的总和，而不是现存的一切社会生产关系的总和。就结构上而言，经济基础包括社会的经济结构和经济制度，但是旧生产关系的残余或新生产关系的萌芽并不包括在其范畴之中，原因在于：唯有处于统治地位的生产关系，才可以对社会上层建筑和整个社会的性

① 《资本论》（第3卷），人民出版社，2004年，第877—878页。

质起到直接的决定性作用。与之相类似的，上层建筑是由政治上层建筑和思想观念上层建筑两个方面构成，即上层建筑建立在相应的经济基础之上，并随之产生了各种社会意识形态以及社会制度和设施，此即构成上层建筑的总和。

经济基础对上层建筑的决定作用表现在：

1. 经济基础决定上层建筑的性质。上层建筑的性质直接取决于生产关系，而不是由生产力来决定。例如：资本主义的上层建筑由资本主义私有制的经济基础决定，而资本主义的上层建筑又包含了资产阶级专政的国家意识形态以及以资产阶级思想为核心的资本主义意识形态两个层面。而无产阶级专政或人民民主专政的国家意识形态和以无产阶级思想为核心的社会主义意识形态则包含在由社会主义公有制的经济基础决定社会主义的上层建筑范畴内。

2. 经济基础决定上层建筑的发生。为了适应经济基础的需要，政治上层建筑和思想观念上层建筑便应运而生。其中，政治上层建筑属于独立的一股政治力量，它既处于社会之上的地位，又脱离于社会而独立存在。就思想观念上层建筑而言，它通常是以间接的形式对经济基础的要求进行反映，尤其是在哲学社会科学等意识形态方面体现得较为明显。

3. 经济基础对上层建筑演变进程的决定作用。如果社会的经济基础面临发生量变和部分质变的情况，相应地，社会的上层建筑也会随之产生同样的演变过程。一般来说，直接反映经济基础要求的政治上层建筑的演变比间接反映经济基础要求的思想观念上层建筑的变革要快。

四、上层建筑反作用于经济基础的确立、巩固和发展

上层建筑对经济基础产生的反作用主要表现为：上层建筑作为一种服务于自己的经济基础的积极能动力量，促进其确立、巩固和发展，并对社会出现的威胁阻碍经济基础发展的反对力量进行坚决斗争。其中政治上层建筑为统治阶级的根本利益服务，运用强制手段维护统治稳定及社会秩序；思想观念上层建筑是由统治阶级通过自己控制的舆论工具来论证和捍卫自身制度的合理性，进而规范和控制社会的主流思想与行动。

由此可见，我国社会主义公有制的经济基础决定了作为上层建筑的土地政策在所有制上以全民所有制和劳动群众集体所有制作为其公有制的实现形式。不同历史时期的土地政策作为上层建筑，不管是成功经验还是失败教训，是正确的还是错误的，又会反过来影响同一时期社会主义公有制的经济基础的确立、巩固和发展。

第二节　马克思土地思想及其中国化的理论表达

一、社会主义农业土地公有化思想

（一）地租是土地所有权的实现

对于地租和土地所有权的关系，马克思认为："地租的占有是土地所有权借以实现的经济形式，而地租又是以土地所有权，以某些个人对某些地块的所有权为前提。一切地租都是剩余价值，是剩余劳动的产物。"[①] "土地所有权一旦和产业资本结合在一个人手里，便会产生巨大的权力，使得产业资本可以把为工资而进行斗争的工人从他们的容身之所地球上实际排除出去。在这里，社会上一部分人向另一部分人要求一种贡赋，作为后者在地球上居住的权利的代价，因为土地所有权本来就包含土地所有者剥削地球的躯体（土地）、内脏（地下资源）、剥削空气，从而剥削生命的维持和发展的权利。"[②]

土地所有权的性质对地租的性质起到了决定性的作用，针对不同性质的土地所有权，需要有不同性质的地租与其相对应。此外，对于土地所有权与土地使用权来说，将二者相互分离，是地租形成并存在的前提和基础，也就是说，将土地所有权和土地使用权二者相互分离，就出现了地租这一产物。对资本主

---

① 《马克思恩格斯选集》（第 2 卷），人民出版社，2012 年，第 610—611 页。
② 《资本论》（第 3 卷），人民出版社，2004 年，第 875 页。

义社会中存在的土地所有者而言，他们不像世俗封建主那样，不仅对土地进行占有，还对土地进行经营管理，他们只是以自己对土地的所有权为依托，将其占有的土地出租给需要使用土地的人，并以此过程中收取的地租作为收益，这也是土地所有者和土地使用者之间的社会经济关系的体现。从某种程度上来讲，资本主义地租不只是价值的组成部分之一，可以将地租视为超过平均利润的那部分剩余价值。为了获得土地的使用权，农业资本家们就需要将使用土地产生的那部分超额利润移交给土地的所有者，这一过程也是农业资本家与土地所有者共同对农业雇佣工人进行剥削这一本质的体现。

（二）土地公有是社会主义农业的所有制形式

马克思和恩格斯共同揭示了资本主义农业中存在私有制与社会化和合理化的矛盾，认为土地共有为农业个体劳动转变为集体劳动、利用机器进行大规模的农业生产提供了条件。从发达资本主义国家和经济文化落后国家两个方面，针对如何实现土地共有的方法进行了论述。只有社会主义才能实现农业合理化与社会化的有机结合，提出了资本主义农业走向社会主义农业的基本设想。我国作为社会主义国家，土地公有是适合我国社会主义制度的所有制形式。

（三）在社会主义土地国有化基础上有计划地发展农业

对于小块土地所有制，从其性质来看，小块土地所有制本身就排斥社会劳动生产力的发展、劳动的社会表现形式、资本的社会积累、大规模的畜牧业以及科学的不断扩大的应用。"对地力的剥削和滥用代替了对土地这个人类世世代代共同的永久的财产，即他们不能出让的生存条件和再生产条件所进行的自觉的合理的经营……小土地所有制的前提是：人口的最大多数生活在农村；占统治地位的，不是社会劳动，而是孤立劳动；在这种情况下，财富和再生产的发展，无论是再生产的物质条件还是精神条件的发展，都是不可能的，因而，也不可能具有合理耕作的条件。另一方面，大土地所有制使农业人口减少到一个不断下降的最低限度，而同他们相对立，又造成一个不断增长的拥挤在大城市中的工业人口。由此产生了各种条件，这些条件在社会的以及由生活的自然规律决定的物质变换的联系中造成了一个无法弥补的裂缝，于是就造成了地力的浪费，并且这种浪费通过商业而远及国外。"①

马克思在《论土地国有化》中指出："地产，即一切财富的原始源泉。社会运动将作出决定：土地只能是国家的财产。把土地交给联合起来农业劳动者，就等于使整个社会只听从一个生产者阶级摆布。土地国有化将彻底改变劳动和资本的关系，并最终消灭工业和农业中的资本主义生产方式。"②

综上，马克思的土地国有化思想实际上反对的是土地私有制。针对大土地私有制，马克思和恩格斯提出了通过国有化对其进行改造的方法，而对于小土地私有制，他们则认为应该采取实行合作化进行改造的措施。面对以德国为例的复杂情况，马克思和恩格斯以不同的土地所有制为依据，对农民进行了划分，并根据实际情况提出了合理的改进措施。在恩格斯看来，小农会随着生产力的进步而逐渐走向灭亡，但是，我们应该对小农采取积极有效的帮扶措施，推动小农走向农业合作化道路的进程，而不是让小农自生自灭。就中农和大农而言，我们不能采取野蛮的措施促使其进行强制改造，相反，我们要做的是将各个独立经营的农户联合起来，促进发展。针对大土地占有者而言，恩格斯认为大土地所有者所占有的土地要通过国家政权将其收回，然而，收回大土地所有者占有的土地不能采取野蛮的方式，而是需要充分考虑大土地所有者的态度。马克思和恩格斯对待不同农民采取不同措施的处理办法，对我国根据各个地区的实际情况进行土地制度改革提供了充分的借鉴意义，尤其是在农业合作化时期，我国农村开展的合作化运动实现了农业的社会主义改造。

二、农业合作化和村社制思想

（一）农村集体经济主要体现为合作社，集体所有制的实现形式应体现原则坚定性与方式灵活性的统一

马克思主义政治经济学关于农业合作化理论认为，集体经济作为改造小农、

① 《资本论》（第 3 卷），人民出版社，2004 年，第 918—919 页。
② 《马克思恩格斯选集》（第 3 卷），人民出版社，2012 年，第 175、178 页。

引导小农走向共产主义的手段，主要以合作社的形式体现出来。恩格斯还提出合作社本身也可以具有多样化发展的思想，这种多样化首先体现在，针对小农、中农、大农可以建立不同的合作社类型。其次，合作社形式也会不断发展，并且可以建立在不同的土地所有制基础上。马克思和恩格斯同时也认为集体所有制的实现形式不可能也不应该是固定的、一成不变的，而是应在社会生产力和实践发展的过程中不断变化，充分体现原则坚定性与方式灵活性的统一。新中国成立以来，中国共产党结合我国"三农"发展的实际，在世界第一人口大国应用马克思主义农业合作化理论，先后进行了农业合作化、集体化、人民公社化、家庭联产承包责任制以及土地流转等改革，大大推进了我国农业现代化和马克思主义农业合作化理论中国化的进程。

（二）"亚细亚生产方式"实行村社制度，不存在土地私有制，某种意义上成为社会发展的稳定器

"亚细亚生产方式"是指在所有制上不存在土地私有制，在社会组织方式上实行村社制度，在政治制度上采用中央集权的专制制度。这一概念表述着重从土地所有制的结构和形式、劳动生产组织的结构和方式、政治制度的结构和形式这三个方面来认识和把握东方社会（亚细亚生产方式）的结构及其发展方向。

村社是从原始公社向现代私有制社会的一个过渡阶段。农村公社是俄国农民的自治机构，是农村的基本组织细胞，是农民生产和生活的主要场所。俄国的村社制度孕育了俄国集体主义、平均主义和专制主义的文化传统。村社所具有的经济和社会二重性特征使农民、地主、国家三者的利益得到调和甚至达到平衡，在某种意义上成为社会发展的稳定器。村社在满足农民基本生存的同时，培养了俄国农民对村社生活的依恋，农民的村社情结却是农奴制改革后俄国社会转型道路上不可忽视的障碍性因素。村社制度和俄国农村公社都对我国人民公社的建立与发展产生了深远影响。

三、马克思主义土地经营思想

（一）列宁：通过合作社引导到集体所有制，通过土地国有化引导农民走社会主义道路

马克思曾设想，在小农国家向社会主义过渡的过程中，可以将合作制或集体所有制作为此过程的中间环节，据此，马克思还提出了一些对待小农和农业合作制应遵循的原则。列宁将上述关于农业合作化的设想运用到了俄国的相关实践中，制定了"两步走"的战略，即先完成对封建剥削制度的消灭，对农民关于土地的要求予以满足，从而逐步实现土地的国有化；再进一步对农民进行引导，使他们联合起来，以社会主义的道路为前进方向。然而，1918年春，关于合作制和共耕制问题，他产生了自相矛盾的观点，即，在一方面，他提出了"如果合作社把土地实行了社会化、工厂实行了国有化的整个社会包括在内，那它就是社会主义"[1]，即他期望经过合作制的过渡从而迈进社会主义道路；在另一方面，他又认为应该对大的劳动组合以及公社实行优先照顾[2]，通过城市工人和贫苦农民的结盟，逐步完成向共耕制和社会主义大农业的过渡阶段[3]。然而，直至战时共产主义时期，他更倾向于实行共耕制及其高级形式，即公社制。其中共耕制的基本特点是：土地、农具等生产资料都属于公有部分，由公社社员进行共同耕作和集中经营，从而统一分配。而合作制的基本特点是：对合作社下参加者自主参与经营活动的特点予以保存，农民对有关生产资料的私有权可以予以保留，合作社以商品货币关系的存在为前提，农民在合作社中的联合首先且主要是流通领域的联合。1919年，俄共（布）八大规定：在苏维埃政权实现对土地私有制的完全废除以后，要通过对社会主义大农场、农民公社以及小规

---

① 《列宁全集》（第36卷），人民出版社，1985年，第147页。
② 《列宁全集》（第36卷），人民出版社，1985年，第52页。
③ 《列宁全集》（第36卷），人民出版社，1985年，第66页。

模共耕社等组织形式的建立，从而直接完成到社会主义大农业的过渡。经过相关实践，列宁于1921年起开始对公有化有了新的认识，即农村经济规模的大小并不能体现公有化程度的高低，农村经济的名目多并不意味着其发展状况良好，因此，他不再提出应该建立农业公社和集体农庄的主张，而是应该通过实践，自下而上创造出农村合作社这一组织形式，这也符合了广大农民的意愿，是适合生产力实际发展水平的体现。

列宁之所以能够提出农村合作社的思想，是因为他对无产阶级专政条件下的合作社有了新的认识。在《论合作社》一文中，列宁指出："我们通过合作社，而且仅仅通过合作社……来建成完全的社会主义社会"[1]，"在我国的条件下合作社往往是同社会主义完全一致的"[2]。这充分说明了列宁在其晚年肯定了合作社的重要社会意义，对其进行了高度评价，而且列宁还对合作社社会主义的性质进行了明确肯定。

可见，对于合作社的社会主义意义的认识经历了一个逐步深化的过程。该过程大致可分为三个阶段，即"把合作社视为社会主义应当利用的资本主义遗产"阶段、"把合作社视为小生产向社会主义大生产过渡的中间环节"阶段和"把合作社直接纳入社会主义经济关系"阶段[3]。列宁的合作社思想及其在俄国农村公社的成功实践对我国农村开展农业合作化"三步走"提供了理论基础和实践指导。

（二）斯大林：构建集体农庄，通过合作化引导农业集体化

关于斯大林的农业集体化道路，大致可将其内容概括为：在很短的时期内，通过群众运动的方式，用行政命令将农民使用的土地集中起来，组成劳动组合式集体农庄。消灭富农阶级。国家还通过组织机器拖拉机站，提高农业机械化水平。派工人下乡，向农村增派管理干部，提高农民文化与技术水平，加强对

---

① 《列宁全集》（第43卷），人民出版社，1987年，第362页。
② 《列宁全集》（第43卷），人民出版社，1987年，第366页。
③ 顾玉兰：《列宁关于落后国家农民组织形式现代化的思想》，《当代世界社会主义问题》，2003年第4期。

农庄的领导，以期在不长的时间内实行农业集体化。农业集体化道路对巩固新生的苏维埃政权，推动苏联社会主义建设，具有重要的历史意义：农业集体化是实行农业社会主义改造的第一次尝试，为后来其他国家的社会主义建设积累了经验教训；农业集体化促进了苏联社会主义模式的形成；农业集体化在一定程度上改变了农民生活处境，有利于改善农民生活；在一定程度上促进了农业生产的发展，初步缓解了粮食征购危机。

当然，全盘农业集体化也有深刻的经验教训：忽视了变革和完善生产关系需要以生产力的一定水平为条件；采取强制手段大力推进农业集体化，违背了改造农民必须坚持自愿的原则；农业集体化形式过于单一，忽视了不同地区发展情况和需要的多样性。总而言之，斯大林的农业集体化思想对我国开展农业合作社和人民公社集体统一经营均具有借鉴意义。

（三）布哈林：将农村小土地所有制通过农民合作化引导到社会主义轨道

布哈林不仅是前苏联党和国家的重要领导人，也是共产国际的主要领导人之一。列宁逝世以后，布哈林在正确认识俄国特殊国情的基础上，进一步发展和完善了列宁的相关理论，并结合实践的需要形成了具有鲜明特色的农民合作化思想。布哈林的农民合作化思想首先立足于俄国农村生产力发展的现实，把合作社作为一种不断提高小农的生产社会化水平，满足农民的现实需要，繁荣农村经济的重要手段。从国民经济发展的宏观角度看，布哈林把合作社作为密切联系工业和农业之间的纽带，巩固工人和农民之间经济联盟的重要渠道。布哈林认为，农民合作社的繁荣和发展能够为社会主义工业化提供广阔的市场和充足的资金积累。此外，布哈林还把合作社作为排挤农村资本主义势力，顺利实现农村社会主义改造的有效武器。布哈林在实践过程中还确立和完善了合作社运行的基本原则，保证了农民合作化组织科学有效地运行。随着国内、国际形势的变化，联共（布）党内爆发了关于农业社会主义发展道路的激烈争论。最终，以斯大林为首的农业集体化派在党内逐渐占据了统治地位，布哈林的农民合作化思想被指责为"右倾"，布哈林等人也被宣布是党内的"右倾投降主义集团""富农路线的代表"。从1929年开始，大规模疾风骤雨似的农民集体化浪潮席卷苏联，在很短的时间内建立了以集体农庄和国营农场为主要生产单位的农业集体化模式。布哈林农民合作化思想在实践中的失败是各种因素综合作用的结果，其中既包括社会历史传统因素，也包括现实的经济、政治和社会心理因素，同时也受苏联当时所处的国际环境的影响。

布哈林农民合作化思想在实践中虽然失败了，但是这一实践对于不发达国家而言，特别是对于以农民为主体的落后国家而言，关于如何正确认识和处理农民问题，如何实现农村的社会主义改造顺利完成，如何促进社会主义事业的健康发展等问题，布哈林农民合作化思想提供了宝贵的历史经验。同时，也为我国在社会主义市场经济条件下进一步发展农民经济合作组织提供了重要的启示和借鉴。

（四）考茨基：大农经济优于小农经济，鼓励农场开展农村土地金融

德国社会民主党和第二国际主要理论家考茨基在《土地问题》一书中提出马克思主义大农业思想，认为大农经济优于小农经济，在资本主义的生产方式已占主导地位这一基本事实的前提下，论证了大农场较之于小农场的优越性主要体现在节约土地资源、人力资本和其他生产资料，使用新型机械提高效率，获得优惠的贷款和较低的利率，进行有效分工提高效率和劳动质量，并设有专门的脑力/管理人员进行科学计划管理和规模效益；其次还体现在统购成本低，销售渠道直接（减少中间商），市场贴近，基础设施兴建（比如水利）等方面。同时考察了小农经营的过度劳动、营养不良、丧失其他生活追求、牺牲儿童教育与健康、消费不足等缺点，认为小农不可避免将遭到排挤，成为无产者。考茨基关于发展大农经济和土地金融的思想，对我国当前支持新型土地经营主体开展土地规模经营、土地流转和土地金融都有着重要指导意义。

四、中国共产党对马克思土地思想的理论继承

中国共产党根据我国革命和建设、发展的实际情况与时代特征，将其与马克思主义结合起来形成了马克思土地思想的中国化理论表达。新时代我国"三农"工作尤其农村土地工作要以习近平新时代中国特色社会主义经济思想为指导，不断丰富和发展马克思主义政治经济学的中国化方案。

（一）毛泽东：开展土地改革及农业合作化、人民公社化运动，实现土地所有制的劳动群众集体所有

毛泽东同志把马克思列宁主义土地思想同中国革命建设的具体实践结合到一起，通过土地革命、土地改革、农业合作化和人民公社化运动，敢于尝试运用创造性的方法，使旧中国农民一直没能解决的土地问题得到了很好的解决，但是，由于受到了"大跃进"思想的影响，在农业合作化和人民公社化运动之后，农民对土地使用和土地经营的积极性被"一大二公、一平二调"的大锅饭长期限制，一定程度上束缚了农村生产力的发展以及生产关系的解放。

（二）邓小平：启动农村改革并支持农民家庭联产承包经营，提出"两个飞跃"，实现土地所有权与经营权两权分离

邓小平同志首先在农村启动改革，以"三农"发展的具体实际为出发点，鼓励实行并支持农民家庭联产承包经营的制度，这一制度的实行使农民获得了对农村集体土地使用和经营管理的权利，农村的生产力也因此得到快速发展，生产关系通过所有权与经营权两权分离得到解放。他在改革开放之初就提出："农业的发展一靠政策，二靠科学。"[①]早在1990年就提出："中国特色社会主义农业的改革和发展，从长远的观点看，要有两个飞跃。第一个飞跃是废除人民公社，实行家庭联产承包为主的责任制。这是一个很大的前进，要长期坚持不变。

---

① 《邓小平文选》（第 3 卷），人民出版社，1993 年，第 17 页。

第二个飞跃，是适应科学种田和生产社会化的需要，发展适度规模经营，发展集体经济。这是又一个很大的前进，当然这是很长的过程。"[①]可见，第一个飞跃我们已经实现40多年了，第二个飞跃正在努力实现。邓小平同志提出的"两个飞跃"的思想指明了我国社会主义农业现代化建设发展的方向，是运用马克思主义唯物史观对我国"三农"发展的科学研判和战略性认识。

（三）江泽民：农村改革做到"四个必须"和两条原则，探索土地流转及农业产业化经营

江泽民同志曾明确指出"我们是社会主义国家，当然不能搞土地私有制，我们实行的是土地集体所有基础上的家庭承包经营。一条是不搞土地私有，一条是不改变家庭承包经营，这就是有中国特色社会主义的农业"[②]。他曾经多次强调，我们不能实行土地私有，对于以家庭承包经营为基础的双层经营体制，要长期坚持并不断进行完善，也不能改变家庭承包经营的形式；在土地关系中，农民的就业得到实现，就相当于农民获得了社会的保障，要从政治层面考量土地承包关系的问题，绝不容许采取行政办法对农民享有的土地使用权进行剥夺。他在1998年考察安徽工作时，将农村改革的宝贵经验概括为"四个必须"：即必须把调动农民的积极性作为制定农村政策的首要出发点；必须尊重农民的首创精神；必须大胆探索农村公有制的有效实现形式，不断完善农村所有制结构；必须坚持农村改革的市场取向[③]。并将我们党在领导农村进行改革的过程中获取的宝贵经验和今后改革中应当遵循的原则概括为以下两条：其一是必须始终坚持实事求是，其二是坚持走群众路线的道路。江泽民同志还强调了如下事项：无论在农村开展何种工作，实行何种政策，都必须明确该项工作或政策对农民积极性的影响是调动还是挫伤、该项工作或政策是否体现了对农民的物质利益和民主权利的维护以及该项工作或政策是否能促进农村生产力的进一步发展。

---

① 《邓小平文选》（第3卷），人民出版社，1993年，第355页。
② 《江泽民文选》（第2卷），人民出版社，2006年，第212—213页。
③ 《江泽民文选》（第2卷），人民出版社，2006年，第209—211页。

此即为我们制定农村政策时必须坚持的原则，也是我们判断该项政策是否正确或合理所依据的标准。他还指出："有条件的地方可按照依法、自愿、有偿的原则进行土地承包经营权流转，逐步发展规模经营。"[①]农业产业化经营是农业和农村经济发展的一个带有战略意义的举措，应该大力支持。

（四）胡锦涛：构建新型农业经营体系，取消农业税，改革征地制度

胡锦涛同志在2008年9月考察河南工作时的讲话中强调，当前和今后一个时期，推进农村改革发展，一是要大力加强制度建设，稳定和完善农村基本经营制度，推进农业经营方式转变。二是要大力发展现代农业，不断提高农业综合生产能力。三是要大力发展农村公共事业，扩大公共财政覆盖农村的领域和范围[②]。

党的十八大报告指出，坚持和完善农村基本经营制度，构建集约化、专业化、组织化、社会化相结合的新型农业经营体系。改革征地制度，提高农民在土地增值收益中的分配比例。

（五）习近平：将农村土地经营权与土地集体所有权、农户承包权分置，坚持和完善农村基本经营制度

党的十八大以来，习近平总书记根据新时代的基本国情和经济发展形势，顺应人民愿望和实践要求，在准确把握我国经济社会发展的内在规律基础上，提出了一系列具有创新性的理论观点。其中，对我国社会主要矛盾的全新阐释、新发展理念、经济的高质量发展、经济新常态、供给侧结构性改革等构成了习近平新时代中国特色社会主义经济思想的重要内容。这一思想丰富了中国特色社会主义理论体系，是马克思主义政治经济学中国化的最新成果，是我国经济实现可持续高质量发展的根本遵循与理论指南。

2013年7月，习近平总书记明确提出，为了深化农村改革，实现完善农村基本经营制度的目标，就要针对农村土地所有权、承包权、经营权三者之间的关

---

① 《努力开创"三农"工作新局面——学习〈江泽民文选〉，扎实推进社会主义新农村建设》，《人民日报》，2006年10月13日，第09版。

② 《金秋时节察农情》，《人民日报》，2008年9月11日，第02版。

系进行透彻的研究。2013年12月23日，习近平总书记在中央农村工作第一次会议上首次提出把承包权和经营权分置并行。2014年9月29日，习近平总书记在中央全面深化改革领导小组第五次会议上首次正式提出"三权分置"，他在会上指出："在坚持农村土地集体所有的前提下，促使承包权和经营权分离，形成所有权、承包权、经营权三权分置、经营权流转的格局。发展农业规模经营要与城镇化进程和农村劳动力转移规模相适应，与农业科技进步和生产手段改进程度相适应，与农业社会化服务水平提高相适应。"①

通过合作化向集体土地所有制转变——以土地家庭承包经营为基础的农村集体经济体制——农村土地家庭承包经营制度长期化，不断完善和创新以家庭承包经营为基础、统分结合的双层经营体制——农村土地承包关系长久不变、规范土地承包经营权流转、改善征地制度——农村土地"三权（土地集体所有权、农户承包权、土地经营权）分置"。

2016年4月25日在安徽凤阳小岗村农村改革座谈会的讲话中，习近平总书记强调，"新形势下深化农村改革，主线仍然是处理好农民和土地的关系。最大的政策，就是必须坚持和完善农村基本经营制度，决不能动摇……就是要坚持农村土地集体所有，坚持家庭经营基础性地位，坚持稳定土地承包关系……完善农村基本经营制度，要顺应农民保留土地承包权、流转土地经营权的意愿，把农民土地承包经营权分为承包权和经营权，实现承包权和经营权分置并行。这是农村改革又一次重大制度创新……要尊重农民意愿和维护农民权益，把选择权交给农民，由农民选择而不是代替农民选择，可以示范和引导，但不搞强迫命令、不刮风、不一刀切。不管怎么改，都不能把农村土地集体所有制改垮了，不能把耕地改少了，不能把粮食生产能力改弱了，不能把农民利益损害了。"②

---

① 《严把改革方案质量关督察关确保改革改有所进改有所成》，《人民日报》，2014年9月30日，第01版。

② 习近平：《加大推进新形势下农村改革力度促进农业基础稳固农民安居乐业》，《人民日报》，2016年4月29日，第01版。

党的十九大报告指出"坚持党对一切工作的领导"[①]，并强调"中国特色社会主义最本质的特征是中国共产党领导"[②]，突出了党对经济工作的全面领导。同时指出"中国特色社会主义进入新时代，我国社会主要矛盾已经转化为人民日益增长的美好生活需要和不平衡不充分的发展之间的矛盾"[③]，这一历史性的重大判断，是在延续原有供给与需求对立统一关系的基础上，顺应新时代发展，将需求侧更加综合、明确地概括为"人民日益增长的美好生活需要"，同时强调供给侧中存在的主要问题是"不平衡不充分"，主要表现为供给相对不足和供给结构性失衡。满足农民日益增长的美好生活需要、提高粮食等农产品供给能力符合农村土地政策演变的实践逻辑。在党的十八届五中全会上，习近平总书记进一步提出创新、协调、绿色、开放、共享的新发展理念。习近平总书记在党的二十大报告中强调，从现在起，中国共产党的中心任务就是团结带领全国各族人民全面建成社会主义现代化强国、实现第二个百年奋斗目标，以中国式现代化全面推进中华民族伟大复兴。可见，习近平新时代中国特色社会主义经济思想为我国农村土地政策演变及产权制度改革指明了方向。

2020年11月，习近平总书记对新时代推进农村土地制度改革、做好农村承包地管理工作作出重要指示强调，开展农村承包地确权登记颁证工作，确定了对土地承包经营权的物权保护，让农民吃上长效"定心丸"，巩固和完善了农村基本经营制度。新时代推进农村土地制度改革，要坚持把依法维护农民权益作为出发点和落脚点，坚持农村土地农民集体所有制不动摇，坚持家庭承包经营基础性地位不动摇。要运用农村承包地确权登记颁证成果，扎实推进第二轮土地承包到期后再延长30年工作，保持农村土地承包关系稳定并长久不变。习近平总书记指出，要根据实践发展要求，丰富集体所有权、农户承包权、土地经

① 习近平：《决胜全面建成小康社会夺取新时代中国特色社会主义伟大胜利——在中国共产党第十九次全国代表大会上的报告》，《人民日报》，2017年10月28日，第01版。
② 习近平：《决胜全面建成小康社会夺取新时代中国特色社会主义伟大胜利——在中国共产党第十九次全国代表大会上的报告》，《人民日报》，2017年10月28日，第01版。
③ 习近平：《决胜全面建成小康社会夺取新时代中国特色社会主义伟大胜利——在中国共产党第十九次全国代表大会上的报告》，《人民日报》，2017年10月28日，第01版。

营权的有效实现形式，促进农村土地资源优化配置，积极培育新型农业经营主体，发展壮大农业社会化服务组织，鼓励和支持广大小农户走同现代农业相结合的发展之路，使农村基本经营制度始终充满活力，不断为促进乡村全面振兴、实现农业农村现代化创造有利条件[①]。2021年1月4日中央一号文件指出，完善农村产权制度和要素市场化配置机制，充分激发农村发展内生动力。积极探索实施农村集体经营性建设用地入市制度。完善盘活农村存量建设用地政策，实行负面清单管理，优先保障乡村产业发展、乡村建设用地。加强宅基地管理，稳慎推进农村宅基地制度改革试点，探索宅基地所有权、资格权、使用权分置有效实现形式。2021年基本完成农村集体产权制度改革阶段性任务，发展壮大新型农村集体经济。保障进城落户农民土地承包权、宅基地使用权、集体收益分配权，研究制定依法自愿有偿转让的具体办法。加强农村产权流转交易和管理信息网络平台建设，提供综合性交易服务[②]。

第三节　马克思劳动价值与分配理论

在新中国成立初期进行土地改革时，人们普遍有如下认知：只有进行劳动，才能够实现创造价值的目的，地主凭借其对土地的占有，对土地使用者收取地租，由于地租也是通过土地使用者的劳动而创造出来的，如果这一劳动创造被地主无偿地掠取了，这一掠取活动就叫剥削压迫。在那个时期，以劳动价值论的原理为出发点，关于"谁养活谁"的教育，也影响了这一认知的形成，即地主是依靠农民的劳动而生活的，而不是农民依靠地主。就封建主义制度和资本主义制度而言，其本身就属于不合理的剥削制度的范畴，必须将其推翻，或者

---

①　习近平：《习近平对推进农村土地制度改革、做好农村承包地管理工作作出重要指示》，《人民日报》，2020年11月03日，第01版。

②　《中共中央、国务院关于全面推进乡村振兴加快农业农村现代化的意见》，中华人民共和国农业农村部，http://www.moa.gov.cn/xw/zwdt/202102/t20210221_6361863.htm

将其改造为合理的新制度。哪里有压迫，哪里就有反抗并需要及时改革。由此可见，劳动价值论是进行土地改革过程中不可或缺的理论依据。

一、经过人类开垦和耕作的土地及其"价值"

英国经济学家配第最先提出了劳动创造价值的思想。在配第看来，物具备有用性，这使物成为使用价值的载体，而财富的物质内容总是由其使用价值构成的，使用价值同时又是相应交换价值的物质承担者。劳动不仅作为价值的唯一源泉，而且也是财富之父，土地是财富之母，这里的财富是指商品的使用价值而非价值，马克思赞成配第的上述表述。马克思在融会贯通批判学习李嘉图的劳动价值论后，提出："对于一切劳动，其一方面是人类劳动力在生理学意义上耗费的体现，作为相同的或者抽象的人类劳动这个属性而言，人类劳动所形成的是商品价值。从另一个方面来看，一切劳动还表现为人类劳动力在特殊的有一定目的的形式上所发生的耗费，就其作为有用劳动这个具体的属性而言，它生产的是使用价值。"[1]可见，马克思主义劳动价值论的基本内容是：商品是价值与使用价值的二重统一体，劳动是创造价值的活劳动与只转移自身价值的物化劳动的二重统一体，劳动的二重性决定了商品的二重性。价值是商品的社会属性，是凝结在商品中的无差别的人类劳动，即由抽象性的活劳动所凝结创造的，只有抽象劳动创造价值。使用价值是商品的自然属性，具体劳动创造使用价值，但不是价值的源泉。物化劳动作为过去劳动的凝结物，只转移自身价值，而不创造价值。劳动力的价值，是由劳动者生产、发展、维持和延续自身劳动力所必需的生活资料价值所决定的。价值分配首先由生产资料所有制关系决定。所有制决定所有权，所有制是所有权的制度基础，所有权是所有制的法律表现形式。

总之，在马克思看来，原始土地本身是自然物，不是劳动产品，没有人类劳动物化在里面，因而没有价值。但经过人类开垦和耕作的土地因为投入并凝结了活劳动是有"价值"的。土地投资和一般单纯的耕作一样会改良土地，增

---

[1] 《资本论》（第1卷），人民出版社，2004年，第60页。

加土地产量，并使土地由单纯的物质变为土地资本。

二、生产资料归谁所有、占有与支配的问题是社会生产的首要前提

马克思提出"生产条件的分配"，首先指的是生产的主客观条件，尤其是它的客观条件，即生产资料归谁所有、占有与支配的问题，这是一切社会生产的首要前提。没有这个前提，社会生产就无法进行，因而又称为"先于生产的分配"。另外，它还是决定社会产品本身分配的决定性条件。比如，在资本主义社会，其所有制关系是：资本家占有资本，大土地所有者占有土地，工人只占有劳动力。于是，社会就有了"资本—利息""土地—地租"与"劳动—工资"这样的分配方式与分配关系。很显然，这种分配结果自然是不合理的。但是，既然社会生产条件的分配是如此，那么，社会产品分配的这种结果也就不能以人的意志为转移了。只有改变了现有生产条件的分配，才能改变收入分配的这种不合理状况。

生产条件的分配，除了上述的规定外，还指在分配是产品的分配之前，它既是生产工具的分配，又是社会成员在各类生产之间的分配（个人从属于一定的生产关系）——这是生产条件的分配的进一步规定。这种分配包含在生产过程本身中并且决定生产的结构，即资源配置问题。至于这一分配如何实现，马克思考察了"按需要与习惯分配""由市场机制分配""计划分配"，以及"计划与市场共同分配"等几种方式，为我们留下了极为宝贵的思想财富。

根据我国的土地政策具体实施情况，对土地等生产资料的劳动价值与分配制度先后经历过多种分配方式并存—按劳分配、按股份分配—按劳分配—平均主义大锅饭—按劳分配为主体，其他分配方式并存—按劳分配与按生产要素分配相结合—按劳分配为主体、多种分配方式并存，加快完善劳动、技术、资本、管理等要素按照其贡献参与初次分配的分配机制，以及采取以税收、转移支付和社会保障等为主要手段的再分配调节机制，兼顾效率和公平，再分配更注重公平。

第三章 改革开放前农村土地政策
的演变过程及特点

1947年，吴文晖在其重要著作《中国土地问题及其对策》中提出土地问题分为两类：一是土地的利用或土地的生产问题，二是地权问题或土地分配问题[①]。我国农村土地政策的演变就充分体现党和国家在不同历史时期对上述两类问题的处理上。

除政治实践外，关于农村土地问题的学术理论层面的论辩至少形成三个方面的议题：

1. 中国土地之所以成为问题，是由于土地与人口的不相配合。

2. 中国土地之所以成为问题，是由于土地集中或分配不均。

3. 中国土地之所以成为问题，乃因我们的土地制度，具有封建的特质，整个落后的社会经济关系，才真是中国土地问题的症结[②]。

在旧中国，占农村人口90%的贫农、雇农和中农只占农村土地的20%—30%，剩余的大量土地资源都掌握在地主和富农手中。地主和富农靠自身垄断的土地资源雇佣压榨贫下中农，广大失地农民的生活没有保障，生产力得不到解放，阶级固化压迫严重。地主土地所有制成为我国农村土地问题的制度性根源，这是新中国成立初期农村土地改革的基本前提，也是我们研究这一时期土地政策演变的逻辑起点。

---

① 吴文晖：《中国土地问题及其对策》，商务印书馆，1947年，第65页。
② 王亚南：《中国社会经济改造问题研究》，中华书局，1949年，第128—134页。

　　"人类在一切历史时代，都会在不同的程度上，依存于土地……社会的斗争，往往非常本质地表现为对于土地的斗争；而社会的变革，也相应很基本地体现为对于土地占有方式的变革。"[①]古今中外，土地所有权作为生产资料占有关系一直以来是阶级划分的重要标准。中国共产党成立之初，作为工农联盟的先锋队，始终代表工人阶级和农民阶级的根本利益。新中国成立初期，我国政府根据《关于划分农村阶级成分的决定》精神，从1950年6月30日开始将全国范围的农村阶级以其不同的经济地位划分成地主、富农、中农、贫农、雇农五类，其中"中农"又分成上中农、中农和下中农三层，并明确：知识分子的阶级渊源是由他们的家庭构成决定的，而他们自己阶级的构成则是由他们获得主要生活来源的方式决定的。中国共产党的土地改革政策是与我国政治经济历史发展密切相关的。任弼时1948年1月12日在西北野战军前委扩大会议上发表《土地改革中的几个问题》讲话，指出"划分阶级成分的标准只有一个，就是依照人们对生产资料的关系的不同来确定各种不同的阶级。由于对生产资料的占有与否，占有多少，占有什么，如何使用，而产生的各种不同的剥削被剥削关系，就是划分阶级的唯一标准……农业中的生产资料，就是土地、耕畜、农具、家屋等。由于对土地、耕畜、农具、家屋等生产资料占有与否，占有多少，占有什么，如何使用（自耕、雇工或出租）而产生的各种不同的剥削被剥削关系，就是划分农村阶级的唯一标准"[②]。这篇讲话在使土地改革和群众运动走上正轨中起了关键性作用。

　　农民与土地的关系是农村最基本的生产关系，以土地制度为核心的基本管理制度是党在农村政策的基石。在近代革命中，中国共产党以土地为中心开展了一系列的政治动员。具体地说，在制度动员层面，要学习列宁在俄国革命中的动员技巧和策略，用先进的土地计划建设革命领导层。在观念动员层面，塑造农民之间的土地平衡，以调和阶级框架与传统农村意识形态的冲突，是一个

---

① 王亚南：《中国社会经济改造问题研究》，中华书局，1949年，第104—105页。
② 任弼时：《任弼时选集》，人民出版社，1987年，第415页。

恰当的秩序概念。在组织动员层面，通过土地相关改革，重建村庄精英权力结构，对土地治理制度和基层社区组织的形式进行了彻底的重组。

农村土地政策的演变经历了三个时期，即土地改革时期、农业合作化时期和人民公社时期，在此过程中，土地所有权逐渐由土地私有制向劳动群众集体所有制转变，土地经营方式由农民家庭经营逐步演变为公社集体经营，在不同时期都完成了相应的历史任务，在一定程度上推动了"三农"社会主义改造和建设。

第一节 土地改革时期：农民家庭所有经营制度的确立

新中国成立初期即出现了与土地改革相关的著作，例如胡伊默的《土地改革论》、孟南的《中国土地改革问题》等。另有各地整理的资料汇编等，如新华书店华东总分店于1950年编辑出版的《土改后的农村新景象》、广东省人民土地改革委员会于1951年编辑出版的《土地改革工作经验汇编》、中南人民出版社于1951年编辑出版的《土地改革后的中南农村》等。上述成果多倾向于对各地区土地改革整体情况的描述和梳理，包括部分经济、社会发展数据，为土地改革研究提供了宝贵资料。

改革开放以后，对于土地改革的研究广泛展开，出现一大批重要的著作，其中较为重要的有：董志凯的《解放战争时期的土地改革》、成汉昌的《20世纪前半期中国土地制度与土地改革》、郭德宏的《中国近现代农民土地问题》、张永泉和赵泉均合著的《中国土地革命史》、何东等人的《中国共产党土地改革史》、罗平汉的《土地改革运动史》、杜润生的《中国的土地改革》，等等，这些著作大多将土地改革作为一场运动史进行研究，并且将土地改革运动作为一个整体来考察。仅从积极的角度论证土地改革的必要性，为土地改革的合理性做论证。其不足之处表现为部分著作回避了土地改革的不足以及产生的消极影响。

从20世纪60年代起，一些国外学者开始关注中国土地改革。具有代表性的作品有：杰克·贝尔登的《中国震撼世界》、韩丁的《翻身——中国一个村庄的革命纪实》、柯鲁克夫妇的《十里店——中国一个村庄的群众运动》、弗里曼等著的《中国的乡村：社会主义国家》、帕金斯的《中国农业的发展（1368—1968）》、费正清等人的《剑桥中华人民共和国史》、莫里斯·迈斯纳的《毛泽东的中国及后毛泽东的中国》等。海外学者观察角度不同，所得评价莫衷一是，以对土地改革的评价为例，一些学者从国内政治角度出发，充分肯定土地改革的意义；杰克·贝尔登则质疑土地改革对中国农村经济发展的实际意义，认为"分配土地本身并不能在中国产生健全的农业经济。它既不能创造出工业化所需的资金，也无法消除过剩的农村人口对土地的压力。"[1]白瑞琪却认为"中国的土地改革并没有引发一场生产危机，而这永远是土地改革可能经历的最大危险。相反，中国的土地改革实际上推动了农村经济的恢复。"[2]美国汉学家费正清评价土地改革的成就时认为"土地改革对生产力的贡献究竟有多大，这个问题仍可以争论。"[3]他还认为，土地改革是中国共产党在城市和现代经济领域里进行巩固政权过程时，在农村里进行的一种平行的过程。

土地改革运动以1942年1月28日《中共中央关于抗日根据地土地政策的决定》为标志，经《五四指示》及《中国土地法大纲》，到1950年6月《关于土地改革问题的报告》和《土地改革法》的颁布实施，直到1953年1月基本完成土地改革任务，时间跨度从1942年1月至1953年1月近11年。

新中国成立前，全国已有来自老解放区和半老解放区的约1.6亿农业人口完成了土地改革，实现了耕者有其田。新中国成立初期，中国共产党提出了如下要求：要将抗日战争时期实行的"减租减息"政策改为"耕者有其田"政策，对广大农民进行引导，将没收获得的地主和富农原来占有的土地再进行无偿分配，使农民能够占有和使用土地，并获取收益，实行农民家庭所有经营。这一要求的提出，促进了农村生产力的解放，推动了农民土地私有制的实现。但新

---

① 杰克·贝尔登：《中国震撼世界》，北京出版社，1980年，第614页。
② 白瑞琪：《反潮流的中国》，中共党史出版社，1999年，第68页。
③ 费正清：《剑桥中华人民共和国史》，中国社会科学出版社，1996年，第84页。

中国成立后，仍有3.1亿农业人口的广大解放区尚未来得及开展土地改革运动，农村土地仍集中为封建地主所有，仍需要完成新民主主义革命阶段的基本任务。尽管土地改革开始于新中国成立前的解放区，因本文聚焦研究新中国成立后的农村土地政策，所以把新中国成立后直到1953年1月土地改革基本完成的这一时期界定为新中国土地改革时期。

一、土地所有制演变："地主私有制"演变为"农民私有制"

新中国成立后，党中央继续领导新解放区的农民，即领导占全国人口一半多的农民进行废除封建土地制度的土地改革运动，于1950—1953年分三批逐步地将土地所有制变为农民土地私有制。1950年6月14日，在人民政协全国委员会第二次会议上，刘少奇同志作了《关于土地改革问题的报告》，他在报告中指出："按照土地改革法草案第一条所规定：废除地主阶级封建剥削的土地所有制，实行农民的土地所有制，借以解放农村生产力，发展农业生产，为新中国的工业化开辟道路。这就是我们要实行土地改革的基本理由和基本目的。今后大规模的土地改革运动是能够有保障地按照中央人民政府的法令有秩序地有步骤地有分别地去完成的。而这项工作的完成，就为我们国家财政经济状况的根本好转创造了一个最根本的条件，就在政治上将广大的农民群众组织起来了，我们的国家和人民政府就能达到从来未有的强大和巩固了。"[1]由此可以看出，新中国成立后的土地改革主要目的是恢复和发展农业生产，是我国新生人民政权对历史、现实与未来综合考量下的必然选择。

新中国成立后的土地改革用实际的政治实践实现了人民政协共同纲领所规定的"有步骤地将封建半封建的土地所有制改变为农民的土地所有制"这一土地所有制改革目标，也最终完成了孙中山先生倡导的"平均地权""耕者有其田"的夙愿。

---

[1] 刘少奇：《关于土地改革问题的报告》，《人民日报》，1950年6月30日，第01版。

二、土地权能演变：给予农民完全的所有权、经营权、交易权

实行耕者有其田的农民土地所有制是指农民作为耕者拥有土地的所有权和使用权。关于"耕者有其田"，当时学界存在两种主张，一种主张"耕者有其田"为农民拥有土地所有权。李朴在《中国土地问题浅说》一书提出"对于农民今天的要求及觉悟程度来说，把土地作为农民的私有财产乃是最恰当的道路"[①]，他主张废除封建剥削，按照人口彻底平均分配土地，实行耕者有其田。吴文晖在《中国土地问题及其对策》一书中从自耕农的创设和保护两个方面讨论了"耕者有其田"的政策走向，认为有其田的耕者才是最善利用地力并能增进地力，以扩大生产的，而利用新开垦的地，创立自耕农场，是实现"耕者有其田"政策的途径之一。而万国鼎则主张"耕者有其田"是"耕者当有其田之所有权"。许涤新坚持剥夺地主土地所有权的立场，认为"耕者有其田的内容，是要把土地从封建地主的手里，转到直接从事劳动的农民的手里；是要把地主的私有财产变为农民的私有财产。"[②]第二种主张"耕者有其田"为农民拥有土地使用权。杨宜林认为"耕者有其田"中的"有"字，不当作私有，而应当做"享受"解，并非谓土地农有或自耕农占有土地解[③]。上述对"耕者有其田"的"有"字不同理解，可以看出代表着不同社会阶层对"耕者有其田"的看法并非一致，但却大多忽视了"耕者有其田"政策对于新中国新生政权的胜利成果分配及政治巩固功能。

1950年颁布的《中华人民共和国土地改革法》第三十条规定："土地改革完成后，由人民政府发给土地所有证，并承认一切土地所有者自由经营、买卖及

[①]　李朴：《中国土地问题浅说》，光华书店，1948年，第67页。

[②]　许涤新：《中共土地政策之史的发展》，陈翰笙等编：《解放前的中国农村》第1辑，中国展望出版社，1985年，第488页。

[③]　杨宜林：《耕者有其田的索解》，《新生命》，1929年第2卷第8期，第4页。

出租其土地的权利。土地制度改革以前的土地契约，一律作废。"[①]可见，我党在新中国成立后，在土地权能的演变上实现了真正意义更彻底的"耕者有其田"，即给予农民作为耕者拥有土地的完全所有权、经营权和交易权。

三、土地阶级关系和区域政策演变：制衡各阶级，团结最广大人民

（一）"征收富农多余的土地财产"演变为"保护富农经济"

1950年4月20日，中共中央发布了《关于土地改革中宣传不动富农土地财产的指示》，其目的是平复和稳定富农的生产情绪。1950年6月6日，毛泽东同志在党的七届三中全会上作了《为争取国家财政经济状况的基本好转而斗争》的讲话，他指出："关于对待富农的政策应有所改变，即将由征收富农多余土地财产的政策改变为保护富农经济的政策，以利于早日恢复农业生产，又利于孤立地主，保护中农和小土地出租者。"[②]1950年6月14日，刘少奇同志也在《关于土地改革问题的报告》中分析和强调了保护富农经济的原因和重要性："在目前的形势下，在今后的土地改革中，采取保存富农经济的政策，不论在政治上和经济上就都是必要的，是比较地对于克服当前财政经济方面的困难，对于我们的国家和人民为有利些。"[③]

（二）"依靠贫雇农，团结中农，中立富农"演变为"限制富农雇工剥削"

我国土地改革的总路线和总政策是：依靠贫农、雇农，团结中农，中立富农，有步骤地有分别地消灭封建剥削制度，发展农业生产。1950年6月30日，我国颁布了《中华人民共和国土地改革法》，该部法律从我国土地改革的路线、方针和政策等方面进行了明确的规定和阐述，是全国依法开展土地改革的指导依

---

① 《中华人民共和国土地改革法》，《人民日报》，1950年6月30日，第02版。
② 《毛泽东选集》（第5卷），人民出版社，1977年，第18页。
③ 刘少奇：《关于土地改革问题的报告》，《人民日报》，1950年6月30日，第01版。

据，并对划为不同成分的农村阶级采取区别对待的土地政策：

1. 针对中农阶级：在进行土地改革运动的过程中，必须团结中农，并尽量保护中农的土地和其他财产不受到侵犯。

2. 针对贫雇农阶级：在土地改革运动中要注意满足贫雇农的有关要求，并且不能损害中农的利益。

3. 针对地主阶级：对地主所拥有的土地、农具、耕畜等生产资料，还有在农村中多余的房屋，都予以没收，并将没收得来的财产依据公平合理的原则，统一地分配给无地少地或者是没有其他生产资料的贫苦农民，同时，对地主也分给与贫苦农民同样的一份土地，促进地主养成自食其力的习惯，使其在劳动的过程中不断改造，成为参与劳动的新人。在地主家庭中，也有人常年参与主要的农业劳动，对一部分土地进行耕种，对于以其主要部分土地出租者，将其自耕部分土地予以适当抽补后，应该基本上予以保留一部分，其余的部分则予以没收。

4. 针对富农阶级：应该保护富农所有的自耕土地和其雇人耕种的土地以及其他财产不受侵犯；对富农出租的少量土地亦予以保留；在某些特殊地区，在经过省以上人民政府批准后，可以对富农出租土地的一部分或者全部进行征收。对于少量半地主式富农出租大量土地的，如果超过了其自耕和雇人耕种的土地数量，将对其出租的土地也予以征收。

5. 针对其他特殊人群：对于属于烈士家属的，包括辛亥革命以来历次为革命阵亡和死难的烈士直系亲属（烈士本人也作为家庭人口计算）在内，分配一份土地，以示对其的抚恤。对于城市回乡的失业工人及其家属从事农业生产者，同样也分给其一份土地和其他生产资料。对于乡村中的僧尼、道士、教士、阿訇、逃亡的地主、有劳动力且愿从事农业生产者，同样分给其一份土地。明朗的、容易划的先定，不明朗的、难于划的、有争议的后定[①]。

上述在土地改革时期针对土地的阶级关系所采取的区别政策，也充分体现

---

① 《中华人民共和国土地改革法》，《人民日报》，1950 年 6 月 30 日，第 02 版。

了我党团结最广大人民群众的政治智慧。

（三）发挥农民自治力量，制衡各阶级利益

《中华人民共和国土地改革法》规定，在实行土地改革制度的过程中，由乡村农民大会、农民代表会及其选出的农民协会委员会作为合法执行机关，管理相应事务，不再组织贫农团、雇工工会等。此外，还明确规定了应从贫农雇农中挑选部分人员作为农村协会中的主要领导成分，而且各级农民协会领导成分中三分之一的数目要来源于对中农阶层的挑选[①]。从某种程度上来说，这一政策规定在政治层面达到了团结中农的效果，并且有益于土地制度改革的顺利开展。

在制衡各阶级利益方面，主要体现在：

1. 对富农经济政策予以保留。均田运动"平分土地"的口号将不再继续使用，对保护中农（包括富裕中农在内）的土地及其他财产不受侵犯作出了明确的规定。

2. 对于地主拥有的"五大财产"（包括土地、耕畜、农具、多余的粮食及其在农村中多余的房屋）以外的财产，不予以没收。为了改造地主使其成为新中国的劳动者，并非像以前那样没收地主的一切财产，除没收地主的"五大财产"之外，对现金、衣物等其他地主原财产不予没收。而不是像以前那样没收地主的一切财产。

3. 中农比重最大，团结中农既可以很好地带动贫雇农向中农发展进步，也可以中立富农。中农在各级农民协会领导成分中占据三分之一的比重，在土地政策基层解读方面具有话语权。

（四）针对少数民族地区给予更长时间完成土地改革，促进民族团结

在人口数量约为3500万的少数民族地区，党中央决定对不同情况予以区分，即使需要经过更长的时间，也要采取更加慎重、更加缓和的政策和措施来完成土地改革，且采取的相关措施应该与各少数民族特点相符合，以有利于民族团

---

① 刘少奇：《关于土地改革问题的报告》，《人民日报》，1950年6月30日，第01版。

结，例如直到1960年10月，西藏地区才基本完成了土地改革。从1950年到1952年，我国粮食、棉花、油料等主要农产品的产量逐年增加，显示了土地改革对解放、恢复和发展农业生产力的促进作用，也推动了工农联盟的巩固和农村基层政权的建设。总之，直至1953年1月，除了新疆、西藏等少数民族地区以及台湾地区之外，全国基本上都完成了土地改革。至此，全国一共有3亿多无地或者少地的农民均无偿地获得了7亿亩的土地以及其他生产资料，以前每年农民需要向地主交纳的700亿斤粮食的苛重地租也得到了免除，真正实现了农民的土地所有制，从而使农业生产力得到了解放和发展，同时也极大地促进了农村经济的进一步发展。

四、土地改革时期的农村土地政策演变特点及利弊

（一）演变过程及特点

关于新中国成立初期土地改革的研究，主要集中于以下三个方面：

1. 中共领导人的土地改革思想研究，这将直接影响农村土地政策的制定。

2. 土地改革过程、方式的研究，其中包括一些与以往土地改革的对比研究，这将体现新中国成立初期的土地改革过渡到土地改革后期的政策演变过程及特点。

3. 土地改革的成效及其评价研究，这将分析新中国土地改革时期的政策利弊及经验。

对这一时期中共领导人的土地改革思想的研究，有关毛泽东的学术成果较多。徐秀丽指出，毛泽东虽然在1949年以前就已经在考虑调整富农政策，但仍然是主张消灭富农经济的，1949年11月的政治局会议以后，毛泽东已倾向于主张保留富农经济而消灭其封建剥削成分[①]。莫宏伟考察了毛泽东在土地改革中对

---

① 徐秀丽：《1950年代中国大陆土地改革中的富农政策》，中国史学会、中国社会科学院近代史研究所、中国社会科学院近代史研究所：《划时代的历史转折——"1949年的中国"国际学术研讨会论文集》，1999年，第28页。

民主人士的动员，认为不少民主人士与土地和地主阶级有不同程度的关系，提出组织民主人士参加或参观土地改革，通过土地改革改造他们的思想，打消其对土地改革的疑虑甚至抵触情绪，使其认识到土地改革的必要性及其伟大意义①。蒋建农认为毛泽东对富农问题的认识是随着农民运动的开展而不断加深，针对不同阶段制定出不同的政策②。

　　除了对毛泽东这一时期土地改革思想的研究，郭德宏对刘少奇的土地改革思想综述时指出，对刘少奇在新中国成立后土地改革理论与实践的研究成果不多，各种论著对于其在1950年6月14日作的《关于土地改革问题的报告》均给予高度评价，认为其全面正确地论述了为什么要进行土地改革、土地的没收和征收、保存富农经济等一系列重大问题，正是在这些正确方针政策的指导下，新中国成立后的土地改革进行得非常顺利，很短时间便在全国范围内胜利完成了这个艰巨而又复杂的历史任务③。王安平、韩亮研究了胡耀邦在川北地区实施的土地改革，总结了胡耀邦进行土地改革的过程中，根据中央土地改革精神，结合川北的实际情况，有针对性地开展了清匪肃特，安定秩序；宣传政策，动员民众；划分阶级，明确界限；没收征收，制裁不法；查实田亩，分配土地；土地改革复查，填发证书等工作，从而消灭了川北的封建生产关系，巩固了当地人民政权，激发了翻身农民的生产热情，有力推动了川北生产的恢复和发展④。莫宏伟肯定了饶漱石在制定华东新区土地改革的方针政策措施和领导华东新区土地改革中做出的贡献，认为华东局制定的华东土地改革以及发展农业生产的方针、政策，是根据华东具体社会经济情况贯彻执行中共中央方针、政策的结果⑤。亦有学者对彭真、邓子恢等人这一时期的土地改革思想有过探讨。综上，通过对中共领导人的土地改革思想的研究发现，尽管他们在农民阶级和农村阶

---

① 莫宏伟：《毛泽东与民主人士过土地改革"关"》，《毛泽东思想研究》，2008年第3期。
② 蒋建农：《毛泽东关于对富农政策的理论》，《毛泽东思想研究》，1993年第3期。
③ 郭德宏：《刘少奇土地改革理论和实践研究述评》，中央文献出版社，1996年，第11页。
④ 王安平、韩亮：《胡耀邦与川北土地改革》，《中共党史研究》，2010年第1期。
⑤ 莫宏伟：《饶漱石与华东新区土地改革》，《江苏大学学报》（社会科学版），2006年第3期。

级分化认识上、土地改革的目的认识上、保存富农经济的认识上、新民主主义社会的性质、过渡时间、主要矛盾和主要任务等问题上还存在一定的分歧和思想认识的演变，但最终通过《土地改革法》以法律的形式很好地指导了土地改革运动实践。

关于这一时期土地改革过程、方式的研究成果较为丰富。陶艳梅对土地改革的目的、经验以及所取得的成就做出论述之外，还总结了新中国成立初期土地改革的政策：1.缩小了没收征收的封建土地和财产范围；2.改变富农政策，将过去征收富农多余土地财产政策改变为保存富农经济政策；3.继续执行广泛发动农民群众的方针；4.在土地财产分配政策方面尽可能扩大受益面。这些做法不仅有效地减少了土地改革的变革成本，还调动了农民的生产积极性[①]。李春宜立足于新中国成立初期土地改革中的阶级划分问题，指出这一时期土地改革的成果与准确划分阶级成分密不可分，划阶级经历了讲阶级、评阶级、通过阶级、批准阶级四步，从政治、经济上打击了地主阶级[②]。李里峰认为，共产党土地革命期间在基层乡村社会建构起种类繁多、层次分明的组织网络，并以群众运动的方式将绝大多数乡村民众纳入其中，其核心是基层政治精英，其外围分别是贫雇农以及中农。该网络的中心是被统称为"党员干部"的基层政治精英，其目的是使民众对国家形成了一种"组织性的依附"，即让这些具有统一领导和统一意识形态的群众组织取代传统的宗族、宗教组织，从而加强乡村民众的组织水平和国家对民众的控制能力[③]。也就是通过土地改革在农村以阶级关系取代封建宗法关系。张青红关注了这一时期土地改革中的民主协商，认为其体现了人民当家作主的精神，使中共与各界人士在"要不要土地改革，要怎样的土地改革"

[①]　陶艳梅：《建国初期土地改革述论》，《中国农史》，2011 年第 1 期。

[②]　李春宜：《建国初期土地改革中的阶级划分问题——以湖南平江为例》，《长沙大学学报》，2006 年第 4 期。

[③]　李里峰：《革命中的乡村——土地改革运动与华北乡村权力变迁》，《广东社会科学》，2013 年第 3 期。

问题上达成共识[①]。

一些学者对这一时期的土地改革与以往的土地改革做了对比研究。李良玉认为1950—1952年期间的土地改革运动，在指导思想和具体政策步骤方面较之旧民主主义革命时期的土地改革运动有相当变化，对此他总结了划分阶级成分方面的十一点新精神、对待富农政策方面的四点新内容以及土地财产的分配政策方面的六个新特点，这些政策的改进避免了乱挖浮财等不良现象，减轻了社会震动，保障了土地改革的顺利开展[②]。郭德宏认为新中国初期的土地改革与以往的不同主要在于：首先是政策上用保存富农经济替代征收富农多余土地财产，明确规定"保护中农（包括富裕中农在内）的土地及其财产不得侵犯"等等；其次是在做法上表现出土地改革经过充分的准备和试点，紧密结合农业生产来进行[③]。白云涛从土地改革运动与中国工业化关系的角度出发，认为新中国成立初期土地改革运动的目的与解放战争时期土地改革运动目的最大不同是，前者以为国家的工业化开辟道路为主要目的，后者以发动农民群众、推翻国民党反动统治为主要目的，从而得出新中国成立初的土地改革运动促进了中国工业化进程的结论[④]。

结合以上述评，本书认为：按照土地政策要素的分类，从土地产权来看，新中国土地改革时期的农村土地政策演变为农民所有权单一产权；从土地的利用方式来看，为农民私有利用；从土地的配置方式来看，为土地私有化；从土地功能属性来看，为农民私有资产属性；从执政党意识形态来看，以阶级斗争为纲，以政治为中心，注重公平。

---

① 张青红：《建国初期土地改革中的民主协商》，《湖南科技大学学报》（社会科学版），2013 年第 1 期。

② 李良玉：《建国初期的土地改革运动》，《江苏大学学报》（社会科学版），2004 年第 1 期。

③ 郭德宏：《关于土地改革史研究中的几个问题》，《东疆学刊》（哲学社会科学版），1988 年第 S1 期。

④ 白云涛：《建国初期的土地改革与中国的工业化》，中国现代史学会，中共延安市委宣传部,延安陕甘宁革命根据地史研究会,中国现代史学会:《中国共产党与现代中国》，2001 年，第 5 页。

新中国土地改革时期的农村土地政策演变最大的特点是政策制衡性，在土地政策功能[①]上更倾向于分配功能，解决了农民的土地诉求，利益分配给农民，将土地所有权归农民所有。1949—1952年是新中国巩固政权、恢复经济时期，新中国土地改革的胜利，使以贫雇农为主力的广大农民成为农村新生人民政权的基石，巩固了人民民主专政和工农联盟，极大地提高了农民的政治地位，维护了农民的根本利益。同1947年以前的旧中国解放区土地改革政策相比，这一时期的土地改革政策演变的最大不同点是：将之前存在的对富农多余土地财产进行征收的政策改变为对富农经济予以保留的政策，这一举措体现出了十分明显的政策制衡性，实践证明这一政策是正确有效的。因为新中国成立后，与农村的其他经济形式相比较而言，作为农村资本主义经济的富农经济，更加具有其进步性。为了团结一切可以团结的力量迅速恢复和发展生产，保留富农经济有利于发展农业生产、巩固新生的人民政权和社会的稳定，同时也可以更好地孤立地主，保护中农和小土地出租者，也激发了贫雇农和中农的生产积极性。正如刘少奇同志在《关于土地改革问题的报告》中指出的那样："我们所采取的保存富农经济的政策，当然不是一种暂时的政策，而是一种长期的政策。这就是说，在整个新民主主义的阶段中，都是要保存富农经济的。只有到了这样一种条件成熟，以至在农村中可以大量地采用机器耕种，组织集体农场，实行农村中的社会主义改造之时，富农经济的存在，才成为没有必要了，而这是要在相当长远的将来才能做到的"[②]。

（二）政策利弊

在土地产权变动关系研究方面，这一时期的学界主要存在土地产权高度集中论、土地产权相对分散论和土地产权循环论等三种不同的观点。吴文晖主张

[①] 所谓土地政策功能，就是指土地政策自身所具有的和土地政策在其运行过程中所表现出来的功能、效力、性能、用途等的集合体。2000 年，姜爱林对土地政策的功能进行了分类，主要有三大类：导向功能、调控功能和分配功能。（摘自姜爱林：《论土地政策的结构与功能》，《江西行政学院学报》，2000 年第 4 期）

[②] 刘少奇：《关于土地改革问题的报告》，《人民日报》，1950 年 6 月 30 日，第 01 版。

土地产权高度集中论，将地权分为私有地权和集体地权两种形态，并分析了在耕地私有制度下自耕与佃耕的区别，并认为自耕比佃耕更优。他在《我国地权分配及其趋势》一文中，认为商业的发达、高利贷的存在、地租的过高和政治的因素是导致我国地权集中的主要原因，此外还有工业不发达和灾荒的频仍等因素的作用[①]。李从心主张土地产权相对分散论，认为我国土地问题的特质在于农民以自耕农为主体，土地并未高度集中。梁园东则主张土地产权循环论，主张土地占有关系具有集中——分散——集中的循环规律。

在土地改革与生产力关系研究方面，沈志远从资金、技术、劳力三方面考察土地改革对于发展农业生产力的作用，他认为土地改革实现了"耕者有其田"之后，农村财富的分配和资金流动的状态就必然完全改观。孟南认为"农民获得土地之后，农业生产技术当然进步，生产力一定大大发展，因为农民的生产热忱会空前提高"[②]。

在土地改革的成效及其评价方面，在杜润生主编的《中国的土地改革》一书中将土地改革的成效总结为以下五点：一是废除了封建土地所有制，实现了"耕者有其田"；二是激发了农民的革命和劳动积极性，支援了革命战争，解放了农村生产力；三是改善了农民的生活，提高了农村的购买力；四是摧毁了地主阶级的反动统治，巩固了革命政权，农民真正成了农村的主人；五是掀起了学习文化的热潮，促进了农村的教育和文化卫生事业[③]。与此同时，邓禾（2007）也认为这是一次规模最大、分配最彻底的平均地权运动，全国三亿多无地或少地的农民分得了七亿亩左右的土地，农民土地所有制和农民个体经营成为新中国土地制度的主要形式[④]。陈于勤总结了福建省土地改革的四项作用：一是废除了封建土地制度，消灭了地主阶级；二是彻底摧垮了农村中封建统治势力，建

---

① 吴文晖：《我国地权分配及其趋势》，《财政评论》，1941 年第 6 卷第 3 期。
② 孟南：《论中国土地改革》，陈翰笙等编：《解放前的中国农村》第 1 辑，中国展望出版社，1985 年，第 600 页。
③ 杜润生：《中国的土地改革》，当代中国出版社，1996 年，第 559—575 页。
④ 邓禾：《我国农村土地资源配置制度及其趋势分析》，《重庆大学建筑学报》，2007 年第 2 期。

立健全了农村基层组织，巩固了人民民主政权；三是彻底粉碎了封建的生产关系，极大地解放了农村生产力；四是极大地提高了农民的阶级觉悟和思想觉悟[①]。杨世梅认为，土地改革是中国共产党战胜敌人、取得胜利的关键。土地改革实现了广大农民"耕者有其田"的愿望。通过土地改革，中国共产党奠定了新政权在农村的坚实基础[②]。王永魁从政治学角度对土地改革的意义进行考察并指出，土地改革增强了共产党的政治合法性。土地改革调动了社会主体的生产积极性，增强了对共产党的心理认同感；同时，土地改革使共产党加强了对基层的控制，有利于其调动和整合社会资源，为建立高度集中的政治体制奠定了社会基础[③]。蒋吉昌指出，几亿中国农民的政治、生产积极性通过土地改革得到了极大调动，有力地带动了整个国民经济的恢复，并为我们国家财政经济状况的根本好转和农业的社会主义改造创造了一个最基本的条件[④]。

尽管新中国成立之初的土地改革为新中国的政权巩固和经济发展发挥了很大的作用，但一些学者也考察了这一时期土地改革的消极方面。陈方南（2006）认为依旧存在一些缺点：一是建立农民土地所有制后，由于一些系统的管理措施和管理理论的缺乏，造成土改后期大量的土地买卖，出现了土地向少数人集中，有些农民重新失去土地的不平衡现象。二是国家对农村基本建设项目和社会化服务设备与组织建设方面的投资不够，从而使小农经济抵御自然灾害的能力较低。三是农民土地所有制的分散性无法适应社会主义大规模经济建设的要求。据国家统计局1955年对25个省16000个农户的调查结果显示，1954年的各类农户粮食商品率为25.7%，其中贫农为22.1%，中农为25.2%，富农为43.1%，这对于一个正在迅速工业化的国家来说是一个严重的约束。四是在建立了农民土地所有制后各项配套措施不完善，致使新中国成立初期的农民土地所有制的生命力缺乏，最终导致必须向社会主义农业合作化新型土地制度的转化[⑤]。莫宏伟

① 陈于勤：《福建省土地改革运动探讨》，《党史研究与教学》，1994 年第 1 期。
② 杨世梅：《论土地改革对于中国共产党的意义》，《前沿》，2006 年第 11 期。
③ 王永魁：《政治学视角下的土地改革运动》，《上海党史与党建》，2010 年第 9 期。
④ 蒋吉昌：《回眸土地改革运动》，《中共宁波市委党校学报》，1999 年第 5 期。
⑤ 陈方南：《新中国农村土地政策评析》，《学习与探索》，2006 年第 4 期。

考察苏南地区土地改革中农村各阶层的思想动态后指出，痛恨"共产"、畏惧再次"共产"、享受"共产"的喜悦，期待二次、三次、多次"共产"等消极的思想意识分别存在于农村不同阶层人们的头脑之中。"越穷越光荣""越穷越革命"等成为一种社会共识和社会现实。诸如此类的种种因素构成了中国生产力前进的重大心理障碍①。张成洁考察了苏南土地改革时期地斗、打偏激现象，论述了土地改革所产生的消极影响。

结合以上述评，本书认为：新中国成立之初的土地改革采用阶级斗争的方式废除了封建剥削的土地制度，真正实现了"耕者有其田"，除了农民，原来的手工业者、小商贩和其他从事非农职业的农村人口也大都分到了土地，不仅改变了农村的阶级结构，分化了地主阶级，减少了土地改革运动的阻力，稳定了民族资产阶级，这一方式的采取极大地调动了农民参与生产发展的积极性，改善和提高了农民的生活水平和政治地位，对农业生产力和农村文化的发展、农民思想的解放也起到了极大的促进作用，而且还分期分批派出了土地改革工作队深入农村推进农民文化扫盲和思想政治教育运动，尤其是向地主阶级诉苦的农民阶级意识集体塑造教育活动。但也在客观上造成了许多农户的土地数量和农业生产能力不一致的现象，继续肃清封建的和小生产者的政治和思想影响，仍是此后相当长时期的历史任务。而这一时期国家采取的一系列农村土地政策，尤其是完成了从封建地主土地私有制向农民土地所有制的演变，从而为我国的土地制度向社会主义公有化转变以及随后的农业合作化集体经营奠定了群众基础，开辟了国家工业化的道路。

这一时期存在的问题及不足：

1. 因土地买卖导致的农民两极分化、贫富差距问题。土地改革后期，由于广大农村缺乏基层管理理论指导，不能及时采取科学合理的管理措施，所以出现了大量进行土地买卖的普遍现象，当土地呈现向少数"新富农"集中的趋势

① 莫宏伟：《苏南土地改革后农村各阶层思想动态述析（1950—1952）》，《党史研究与教学》，2006年第2期。

的同时，一些新获地的农民却由于家庭生活困难、土地耕种不当、经营收益低下等因素不得不典当变卖又重新失去了土地，导致了土地占有上的两极分化、贫富差距现象，这便违背了我国社会主义改造的本质和初衷。

2. 保护富农经济的政策在农村中未能真正贯彻执行。由于在人均耕地面积少的地区允许征收富农的出租土地以满足贫雇农的要求，实际上有相当多的省区在土地改革中都动了富农的土地。经过土地改革，富农经济实际上已失去了存在的基础，随着后续农村互助合作化运动的兴起，富农阶层很快趋于消亡。

3. 新中国成立初期，国家相对关注和优先发展重工业，对农村基础设施建设和基层组织建设投入严重不足，农民个体小农经济抗自然灾害风险的能力很低。

4. 耕者有其田导致土地分散，小农经济不利于推进国家的工业化进程。在农村，大多还是分散的、落后的个体农业生产经营活动，不利于城市大规模的工业化建设和整个国民经济有计划发展，很难支撑国家工业化所需的生产资料。费孝通在《农田的经营和所有》一文中指出："耕者有其田"土地政策的弊端在鼓励小农经营，他提出了"分散所有，集合经营"的思想，即"使土地所有权能平均地分配于每一个人，而经营上则可以有益于用最新技术的农场。"[①]

5. 因农村各项配套措施不完善，农民土地所有制缺乏可持续的生命力，和社会主义公有制的本质要求也不相适应。

针对土地改革后农村所出现的上述问题，党中央对此十分重视。当时党中央经过讨论后认为要改变这种状况，使农民共同富裕起来的唯一途径，是实行农业合作化。农民自发形成的互助组虽然可以调动农民生产积极性，但应加以积极引导，防止其出现资本主义自发倾向的可能，而后，中共中央于1952年明确提出了发展农村互助合作的基本方针、政策和指导原则；1953年12月16日通过的《关于发展农业生产合作社的决议》指出："实行土地入股、统一经营，有较多公共财产的农业生产合作社制度。农村合作化的三种形式表现为农业生产

---

① 费孝通：《农田的经营和所有》，《今日评论》，1941年第6期。

互助合作、农村供销合作以及农村信用合作。"[①]至此，虽然仍是农民土地所有制，但是我国农村纷纷成立的农业生产合作社，已从实际上掌握了土地的直接控制权，从而揭开了农业合作化时期的序幕。

第二节 农业合作化时期：家庭联合体集体所有经营

1952年10月至1957年12月为农业合作化时期，这一时期通过农业的社会主义改造，从互助组到初级社再到高级社，以家庭联合体为经营主体的农村土地集体所有制政策得到初步建立。

在土地改革完成以后，我国当时农村土地经营的基本形式表现为以小土地私有制为基础的小农个体经济，农民虽取得了土地所有权，但是并没有解决劳动力、农机具、农田水利和田间道路设施等其他生产资料的不足问题，也无法满足工业发展和人民生活对农产品的需求，长此以往很可能又会重新出现劳动力强弱家庭之间的两极分化、土地兼并的情况。就个体农民而言，尤其是那些占农村人口多数的贫农下中农个体，因为没有丰厚的家底，缺少生产资料，生产资金也相对匮乏，可供利用的生产工具较少，没有科学的生产技术，生产设施也相对落后，所以无力抵御灾荒和扩大再生产，为了摆脱贫困和发展生产，的确有走集体互助合作道路的现实诉求。"如何改造落后的小农经济，开始成为土地改革以后的主要问题。中国共产党始终认为土地改革只解决了反封建问题，但是没有也不能解决小农经济的落后、分散、生产率低下问题，也不可能解决耕地少和人口多的矛盾。实际上，由于中国历史悠久和农业文明发达，人口与耕地的矛盾早就产生了。"[②]因此，在土地改革的基础上，党和政府为了引导农民按照自愿互利的原则一起走互助合作共同富裕的道路，在实践中创造了一

---

① 中央档案馆、中共中央文献研究室：《中共中央文件选集（1949年10月—1966年5月）》
（第14册），人民出版社，2013年，第444、457页。
② 武力：《中国共产党与20世纪的三次农民浪潮》，《河北学刊》，2005年第3期。

条从具有社会主义萌芽的临时的和常年的互助组，向具有半社会主义性质的初级社发展，再向具有社会主义性质的高级社发展的道路，也即促进个体农业逐步实现社会主义改造的"合作化三步走"之路。这条"合作化三步走"特色发展之路也被中共中央在1954年1月8日发布的《关于发展农业生产合作社的决议》中予以进一步肯定。在农业合作化过程中，中共确定依靠贫下中农、团结中农、消灭富农的经济政策。

虽然早在新中国成立前夕通过的《中国人民政治协商会议共同纲领》第三十四条中就曾提出，"在一切已彻底实现土地改革的地区……应对农民进行引导，使其逐步学会以自愿和互利的原则为依托，从而对各种形式的劳动互助和生产合作进行组织，实现发展目标"[1]，但1950年全国只有19个初级形式的农业合作社，1952年也只发展到3644个，入社农户占全国农户数仅0.1%[2]。1952年，全国农业互助合作运动有很大发展，到1952年底，组织起来的农户，老区占65%以上，新区占25%左右，组织起来的劳动互助组已达600多万个，全国各地成立了4000多个农业生产合作社和十几个集体农庄（即高级社），通过对爱国增产竞赛运动的大规模开展，为推动农业生产的恢复和发展创造了有利条件，并成为1953年下半年提出过渡时期总路线的根据之一。1953—1956年为新中国向社会主义过渡时期。1953年6月15日，毛泽东同志首次提出了"一化三改造"的社会主义过渡时期的总路线和总任务，"要在一个相当长的时期内，逐步实现国家的社会主义工业化，并逐步实现国家对农业、手工业和资本主义工商业的社会主义改造。"[3]1955年10月，党中央面对全国日益高涨的农村合作化运动热情，开始全面规划和部署农业合作化。截至1956年底，加入农业生产合作社的户数已占全国农户总数的96.3%，其中，参加高级社的农户占87.8%[4]，至此，全国基本完

---

① 《中国人民政治协商会议共同纲领》，《人民日报》，1949 年 9 月 30 日，第 02 版。

② 王贵宸：《中国农业合作经济史》，山西经济出版社，2006 年，第 251 页。

③ 中共中央文献研究室：《建国以来重要文献选编》（第四册），中央文献出版社，2011 年，第 602—603 页。

④ 当代中国研究所：《中华人民共和国史稿》（第一卷 1949—1956），人民出版社、当代中国出版社，2012 年，第 196、198 页。

成农业合作化任务并初步形成农村土地集体所有制。我国之所以选择农业合作化，主要有三个目的：一是增加生产，解决日益增多的人口吃饭问题；二是为工业化提供积累；三是实现大体均等的生活，避免两极分化。

一、合作化初期（互助组+初级社）：农民个体所有互助合作经营

1952年10月至1955年12月为我国农业合作化初期，具体又分为具有社会主义萌芽性质的互助组阶段和半社会主义性质的初级社阶段。农业合作化之前，虽然消灭了封建土地所有制度，但并没有改变农村的生产经营方式和收入分配方式。农业合作化初期，互助组的建立，使农村生产经营方式、收入分配方式与个体农业经济发生了很大的变化。

（一）具有社会主义萌芽性质的互助组阶段：农民个体所有，劳动互助合作

建立农业生产合作社的设想早在新中国成立之前就已经存在了，1943年11月29日，毛泽东就指出："目前我们在经济上组织群众的最重要形式，就是合作社"[①]。正是出于对土地改革后农村出现的少量两极分化过度担心，毛泽东同志决定提前在农村进行所有制改造，并指出："通过合作社的统一经营，形成新的社会生产力，从而使私有基础产生动摇，也不失为一种可行方法。"[②]

中共中央早在1951年9月9日至30日第一次农业互助合作会议上通过的《关于农业生产互助合作的决议（草案）》中指出："农民生产积极性的表现一共包括两个方面，其一是农民个体经济的积极性，其二是农民互助合作的积极性。我们既不能忽视和粗暴地挫伤农民个体经济的积极性，还必须提倡组织起来，按照自愿和互利的原则，发展农民互助合作的积极性在农业互助合作运动中，

---

① 《毛泽东选集》（第3卷），人民出版社，1991年，第931页。
② 薄一波：《若干重大决策与事件的回顾》（上卷），中共中央党校出版社，1991年，第191页。

强迫命令和放任自流都是错误的，正确的领导方法是：典型示范，逐步推广，由小到大，由少到多，由低级到高级。"[1]可见，农业生产互助合作的发展前途是农业集体化或社会主义化。在《决议（草案）》的指导下，以互助组为主要形式的互助合作组织迅速兴起，农业生产互助合作运动很快开展起来。按互助合作的形式，互助组分成如下三种形式：第一种形式是临时性互助组，组内开展简单的劳动互助，这是最初级的，主要是临时性的、季节性的。这种形式是在群众固有变工基础上组织起来的、小型灵活的、季节性的劳畜变工互助组，这是广大农民最易接受的初级形式，在当时已经组织起来的劳力中所占的比重最大。这种形式一般是以小型的为适宜。第二种形式是常年的互助组，比较长期定型的生产互助组，特点是小组固定，常年互助有共同发展生产计划，有一定组织制度如记工清工等，在互助内容上，亦由单纯的劳畜互助，进到结合技术，结合副业与结合供销。它们中有一部分开始实行农业和副业的互助相结合有某些简单的生产计划，随后逐步地把劳动互助和提高技术相结合，进行有某些技术的分工，有的互助组逐步地设置了一部分公有农具和牲畜，积累了小量的公有财产。这类形式在简单的劳动互助运动已有基础的地区，为许多农民所要求，因而在逐年增加。第三种形式是以土地入股为特点的农业生产合作社（即土地合作社），多个互助组采取了联队联组的形式，联合起来做活，统一使用劳力的互助组。这种互助组是根据若干地区发展生产和抵抗自然灾害的需要，农民为提高生活水平的需求而自愿地组织起来的一种劳动组织形式。这种形式的土地政策进一步发展就演变成为后来的初级社的农村土地政策。总的来说，1951—1953年间农业互助合作发展的重点主要还是临时性互助组和常年互助组。

我国于1952年9月基本完成土地改革。同年11月，中共中央决定成立了中央农村工作部，全面负责指导农村互助合作运动的开展。到1952年底，全国农业互助组共有835万余个，参加互助组的农户4536万户，占总农户的近40%。其

---

[1]　中华人民共和国国家农业委员会办公厅编：《农业集体化重要文件汇编（1949—1957）》，中共中央党校出版社，1981年，第449页。

中，各地还个别试办了以土地入股为特点的农业生产合作初级社3663个，入社农户5.7万户，占农户总数的0.05%[①]。

农业生产互助组在生产经营方式上的主要特点，是在农业生产互助组内部，组员之间以自愿互利、等价交换原则为基础互相交换劳动，但由于农业生产互助组是建立在土地和其他生产资料私有制的基础上，这种集体劳动既有个体经济的特点，又具有私人劳动交换的性质[②]。在收入分配上的主要特点，是集体劳动的产品绝大部分仍然归农户所有，以评分记账的形式，对强人工与弱人工、强畜力与弱畜力进行评工折算，由少出人力和畜力的农户给多出人力和畜力的农户合理报酬[③]。互助组的特点主要是土地私有，家庭经营，调剂劳力，等价交换。互助组有临时的（季节的）和常年的（固定的）。临时互助组成员一般只有几户、十几户，农忙时临时相邀互助，其他时间各干各的，成员不固定。常年互助组的成员比较固定，有的互助组将劳动互助扩大到农业生产之外的副业生产。常年互助组有初步的劳动调拨安排和简单的账目，有的还有少量的公共积累[④]。农业生产互助组加速了人力、资金、物料的合理流动，完善了资源配置提高了效率，缓和了农村劳动力不足的局面，弥补了生产资料匮乏的缺陷。既维护了以农民私有为核心的土地产权制度，又激发了农民的生产积极性，还产生了激励作用。个体农民对生产剩余具有完全的占有权，农民通过提高劳动生产效率，获得更多的生产剩余。农业生产互助的好处是显而易见的，符合了当时农村具体生产劳作的实际情况，促进了农村生产力的发展。

综上，农业生产互助组阶段的土地政策演变特点可以归纳为：在土地产权上，农村土地继续实行农民个体所有制；在土地利用方式上，农业生产互助组以"进退自由"为原则，采取独立经营、自愿等价互利，加以适当组织。这一

---

① 《中国共产党编年史》编委会：《中国共产党编年史》（1950—1957），山西人民出版社，中共党史出版社，2002年，第1825—1826页。

② 苏星：《我国农业社会主义改造》，人民出版社，1980年，第89—90页。

③ 张本效：《社会主义改造时期毛泽东农村经济关系思想新论》，《广西民族学院学报》（哲学社会科学版），2001年S2期。

④ 赵德鑫：《中国近现代经济史》（1949—1991），河南人民出版社，2007年，第111页。

阶段"农民个体私有，劳动互助"的农村土地政策具有两方面的性质，即私有的性质和合作的性质。在配置方式上，仍采用农民个体私有化；在土地功能属性上，仍为私有性；在土地政策功能上，从土地改革时期的分配功能演变为更倾向于导向功能。所谓导向功能，是指土地政策对人们的土地管理活动与土地利用方向具有引导、指向的作用①。从执政党意识形态来看，新中国成立初期，随着土地改革的基本完成和国民经济的逐步恢复，共产党人从马克思基本观点出发，认为"没有农业社会化，就没有全部地巩固的社会主义。农业社会化的步骤，必须和以国有企业为主体的强大的工业的发展相适应"②。基于这种思想意识，1952年9月，毛泽东在中央书记处会议上提出要开始用10～15年的时间基本上完成到社会主义的过渡，而不是10～15年后再过渡。1953年9月过渡时期的总路线就是在这一思想基础上提出来的，围绕总路线，根据马克思主义的合作理论，结合农村实际情况，中共中央于1953年12月通过了《关于发展农业生产合作社的决议》，规定根据农民自愿原则，采取循序渐进的步骤，第一步就是号召农民组织带有社会主义萌芽性质的以共同劳动为基础的农业生产互助组③。中共中央委托中央政策研究室于1952年8月至9月在北京召开了全国第二次互助合作会议。中共中央政策研究室副主任廖鲁言在会上讲话，指出：中央关于农业生产互助合作决议草案下达后，下面干部与自发的资本主义倾向斗争的信心提高了，有了明确的发展方向。

（二）半社会主义性质的初级社阶段：农民个体所有，土地入股统一经营

1. 在土地产权上，农民土地所有权、农民土地使用权演变为农民土地所有权、集体土地使用权，开始向公有制过渡

在之前农业生产互助组的基础上，初级社的基本做法是：在允许社员有小

---

① 姜爱林：《论土地政策的结构与功能》，《江西行政学院学报》，2000年第4期。
② 《毛泽东选集》（第4卷），人民出版社，1991年，第1477页。
③ 闫素娥：《改革开放前我国农村土地政策的嬗变》，《濮阳职业技术学院学报》，2011年第2期。

块自留地的情况下，社员的土地必须交给农业生产合作社统一使用，合作社按照社员入社土地的数量和质量，从每年的收入中付给社员以适当的报酬。初级农业合作社建立后，入社农民仍然拥有土地的所有权，以入股土地分红成为农民在经济上实现其土地所有权的基本形式；土地经营使用权成功地从所有权中分离出来，统一由合作社集体行使，合作社集体对土地进行统一规划、统一生产、统一收获；农民还拥有土地的处分权，退股自由，退社时可以带走入社时带来的土地，如果原土地不能退出，则可以用其他土地代替，或给予经济补偿。初级农业合作化的直接后果是推动了农村土地制度的再一次变革，土地由土地改革时期的农民个体所有、农民个体经营转变为农民个体所有、入股统一集体经营。这次变革是在不改变土地私有制基础上的土地使用制度变革，它使农村土地制度具有了半社会主义的性质。

2. 在土地经营和政策功能上，由小规模生产的个体经济演变为组织起来的集体生产的合作经济

经过土地改革后，农民获得了土地和其他生产资料，激发了农民前所未有的生产积极性，但存在一个问题，"允不允许富农经济的发展"[1]，为此，中共中央展开积极讨论，经过一年多的试点工作，中共中央于1953年2月15日正式通过了《关于农业生产互助合作的决议（草案）》，并肯定了以土地入股、集体经营、按劳力和土地分红的初级社，是从互助组向更高级的社会主义集体农庄之间过渡的一种形式；认为初级社实现了统一经营，解决了互助组集体劳动和分散经营的矛盾，有助于克服小农经济的弱点。在党引导农民走互助合作道路过程中，粮食产量持续增加[2]。全国农村从1953年春开始大量试办统一经营、土地入股、并有较多公共财产的初级农业生产合作社。1953年4月3日，第一次全国农村工作会议指出，党的任务是领导农民组织起来走互助合作、共同上升、大家富裕的道路，阐述了"稳步前进，决不能操之过急"的互助合作方针。同年

---

① 刘超：《1949—1956年中国农业合作化研究》，贵州财经大学，2012年。

② 江红英、黄美珠：《毛泽东对工业化与农业合作化关系的认识》，《四川党史》，2002年第3期。

10月，中央决定对粮食实行统购统销，在农村实行粮食计划收购"三定"（定产、定购、定销）政策。为了总结两年来农业互助合作的经验教训，保证农业合作化运动的健康发展，中共中央于1953年10月26日至11月5日在北京召开了第三次农业互助合作会议，确定了"积极领导，稳步前进"的方针。在会上，毛泽东两次同中共中央农村工作部负责人谈话。他说，各级农村工作部要把互助合作看作极为重要的事。对于农村阵地，社会主义不去占领，资本主义就必然会去占领。"纠正急躁冒"是一股风，吹倒了一些不应当吹倒的农业生产合作社。"确保私有"是资产阶级观念。"纲举目张"，拿起纲，目才能张，纲就是主题。社会主义和资本主义的矛盾，并且逐步解决这个矛盾，这就是主题，就是纲。总路线就是逐步改变生产关系。在三亩地上"确保私有"，搞"四大自由"（指在土改后的农村中允许农民有借贷、租佃、雇工、贸易的自由），结果就是发展少数富农，走资本主义道路。同年12月16日，中共中央通过了《关于发展农业生产合作社的决议》，该决议强调，因采取以土地入股的方式，初级农业生产合作社已经显示出了其优越性，初级农业生产合作社也日渐成为领导互助合作运动继续前进过程中的重要环节，可以成为引导农民过渡到土地公有的完全社会主义的高级社的适当形式[①]。农村社会主义改造从1953年开始全面展开，农业合作社从试办进入发展阶段。至1954年春，合作社已发展到9.5万个，生产普遍增长，表现出明显的优越性。

3. 农业合作化从"积极领导，稳步前进"演变为"停、缩、发"再到"全面规划、加强领导"，阶级关系演变为依靠贫农，巩固地团结中农，由逐步限制到最后消灭富农剥削

1954年4月2日至18日，第二次全国农村工作会议分析了农村合作化的形势并根据合作化推进的实际情况修改加快了合作社五年发展计划。为了总结农业互助合作的成功经验，进一步促进农业互助合作运动健康地发展，1954年10月

[①]　中央档案馆、中共中央文献研究室：《中共中央文件选集（1949年10月—1966年5月）》（第14册），人民出版社，2013年，第448页。

10日至31日，中共中央农村工作部召开第四次农业互助合作会议。会议认为我国农业社会主义改造事业发展的大体步骤将是：第一步，先于1957年前后基本上完成初级合作化，第二个五年计划期间再陆续转入高级合作化，在这时期内只实施初步的技术改良和部分的机械耕作。第二步，约在第三、第四个五年计划时期，将依靠发展起来的工业装备农业，实现大规模的农业机械化。会议认真总结了农业互助合作的成功经验，其主要内容是：（1）应明确肯定半社会主义合作制乃是当前阶段合作运动的主要形式。这种初级形式的合作社不仅能保证增产，而适合于小私有农民的心理要求；（2）应不断扩大农村中社会主义政治优势，克服阶级敌人的抵抗。党的政策取得了贫农的积极支持，中农逐渐靠拢，开始孤立了富农，削弱了资本主义影响；（3）发扬工作中的群众路线传统。党在农村工作中，始终保持良好的群众路线的传统作风，即加强党在群众中的思想发动和培养积极分子的工作；（4）要在互助合作的基础上实现全年准备，分批发展建社方针。这就是：全年准备，分批发展；准备一批，发展一批，巩固一批，又准备一批。会议提示在合作化运动中的阶级政策是：依靠贫农（包括全部原来是贫农的新中农在内，这样贫农占农村人口总数的50%—70%），巩固地团结中农；发展互助合作，由逐步限制到最后消灭富农剥削。互助合作必须贯彻自愿互利原则。现阶段对私有土地、耕畜仍给予一定报酬，需要转化为公有时，也必须采取曲折缓进的办法。

但由于发展迅速，不少地区出现发展过急过快，违反自愿互利原则，中共中央于1955年1月10日下发了《关于整顿和公布农业生产合作社的通知》，该通知书指出："目前我国的农业生产合作社已发展到了48万余个，当前的合作化运动应基本转入控制发展、着重巩固阶段。要正确处理社内的重要经济问题，必须认真掌握土地产量和报酬的评定，牲畜入社合理作价，羊群和林木暂不提倡入社。"[①]到1955年春，初级社已快速发展到67多万个，入社农户达7100万户，占

---

① 《中国共产党编年史》编委会：《中国共产党编年史》（1950—1957），山西人民出版社，中共党史出版社，2002年，第1991—1992页。

农户总数的60%以上。同时，农村中成立的供销合作社和信用合作社，与农业生产合作社一起构成了生产、供销、信用三位一体的集体合作经济体系。1955年10月4日至11日，中共七届六中全会（扩大）会议针对农村合作化的发展问题，做了较全面的规划，并根据毛泽东所作的报告，会议通过了《关于农业合作化问题的决议》，这一决议将党内在合作化速度问题上的不同意见视为右倾机会主义的表现并进行了批判，这导致了合作化发展速度越来越快，并出现偏离健康发展轨道的后果，也进一步助长了党内对社会主义改造的急躁冒进问题，致使后来在社会主义高潮中出现过急、过快、工作过粗等失误。同时，全会基本通过《农业生产合作社示范章程（草案）》。

4. 允许社员保留少量自留地，经营家庭副业

1955年11月9日颁布的《农业生产合作社示范章程（草案）》明确规定了社员享有"在不妨碍参加合作社劳动的条件下，经营家庭副业的权利……为了照顾社员种植蔬菜或者别的园艺作物的需要，应该允许社员有小块的自留地，且社员自留地所占据的比例一般应该相当于全村每个人平均土地的2%～5%。针对个人进行分散经营更加能体现其益处的副业生产资料，如林业、鱼塘等，不宜入社，更不宜归社所公有；对土地报酬的数量进行明确规定，并使其作为固有规定，根据土地和劳动，按照合理的比例分配相应报酬，但分配的土地报酬一般应低于劳动报酬。不同的地区，会出现人多地少或者人少地多的不同情况，且各个地区的种植条件也不尽相同，因此不能强行采用统一标准进行衡量。在一定时期内，土地报酬的数量应趋于稳定状态，为了照顾农民土地私有的观念，不能过早地对土地报酬予以取消处理。"[①]

5. 初级社的政策演变特点及利弊

农业生产合作初级社在生产经营方式上的主要特点，是农户把土地和其他生产资料交给农业生产合作社，由合作社统一使用。它把个体农民的分散经营

---

① 《农业生产合作社示范章程（草案）》，《中华人民共和国国务院公报》，1955年第20期，第948—965页。

变成集中统一的有计划的经营；农业生产合作社的集体劳动或生产是在全社会范围内，在统一计划的指导下进行的，每个人的劳动都变成了整个合作社集体劳动的一部分[①]。在收入分配上的主要特点，是初级社生产的产品首先是归集体所有，在扣除了农业税、公积金、公益金和管理费用等外，剩余部分以分别占不同比例的劳动报酬和土地报酬的形式，全部分给社员，评工计分方式以工分多少为依据[②]。入股土地收益分配方式主要有如下三种可供农民自由选择：（1）土地固定报酬制。又称"死租制"，这种形式能更好地发挥社员的劳动积极性；（2）按土地实产量比例分红制。生产投资与公积金、公益金，从总收入中扣除，这种形式适合群众旧有习惯，易于接受，但土地分红随社的生产发展"水涨船高"，会影响劳动积极性的进一步发挥，故应随着社内生产发展与社员觉悟程度的提高，适时地加以改进；（3）定产以内按比例分配，超产部分按劳动奖励。

在初级社阶段也出现了社员主动要求"退社"，主要原因在于：部分获得土地的农民通过"退社"表达对农业合作化的不满，退社社员认为"单干"更好，互助组和初级社允许社员退社。

党中央以当时农村生产力的客观实际为出发点，适当地提出建立和发展农业生产合作社的计划，带领广大农民群众逐步迈向互助合作，初级社实行了土地参与占股、集体统筹经营、收获产品统一按劳动力供给与土地贡献分配，有利于调节共同劳动和分散经营之间的矛盾，有利于农业扩大生产，集中经营，提高劳动生产率，有利于引导农民走上社会主义道路，促进了农村丰富生产力的发展，具体体现在如下几个方面：

（1）初级社的分配方式，调动了农民的生产积极性，促进农村经济的发展。初级社实行按劳分配与按股份分配相结合的方式。按股份分配是参社农户把自己的生产资料，主要是土地，还包括耕畜、大型农具等，交给初级社统一经营管理。初级社从收益中按照一定比例付给农户入社土地的酬劳。土地入股分红

---

① 苏星：《我国农业社会主义改造》，人民出版社，1980年，第110页。
② 苏星：《我国农业社会主义改造》，人民出版社，1980年，第116页。

的做法，是农民在自愿的前提下，不改变王地农户个体所有的性质，农民仍然拥有农村土地和其他生产资料的所有权，初级社没有剥夺农民的所有权。耕畜、大型农具等生产资料，初级社主要采取租借、收买等方式给予报酬，也可折算成股份参与分红。按劳分配与按资分配相结合的方式，对农民有很强的吸引力。参社农民在付出与过去相当的投资下，获得了更多的收益。与互助组相比，初级社能获得良好的经济效益。

（2）初级社实行土地入股、统一经营的生产方式，加强了农民之间的生产联系。在互助组中，土地的生产经营属于农户自己，帮助者缺乏利益驱动，他人土地产量高低与自己无关，农业生产力度有限。在农业生产的次序先后上，农户都希望互助组先在自己土地上开展生产，导致利益冲突。在初级社中，农户的收入大体上包括土地分红和劳力分红。参社农户按土地股份享受土地分红，土地分红的多少与初级社土地总体收益相关，弱化了与个体农户所有的土地产量的关系。劳力分红是按工分分红，也与初级社的总收益直接相关。初级社社员与土地的总收益产生了紧密联系，促使农户关也初级社的土地收益。解决了在互助组中，各农户只关心自己土地的产量高低。土地统一经营，改变了互助组的个体经营方式，具有了互助组不具备的优势。土地统一经营，把各农户之间、农户与初级社之间的利益紧密结合起来，促使农户更加关注合作社，更加注重农业生产，并回避了互助组中耕作次序先后、农业生产力度强弱的矛盾。初级社实行土地入股、统一经营的生产方式，新的生产经营方式与当时的生产力发展水平相适应，有利于加强农户之间的生产联系，通过集体的生产方式增加对土地的投入量，进而提高土地的产出，实现农户与土地的有效结合。体现了初级农业生产合作社是促进当时农村生产力发展的。

（3）初级农业生产合作社的集体经营方式，扩大了农业生产的规模。初级农业生产合作社可以合理调配新式农具和家畜，开展土地深耕，提高土地的产量。初级农业生产合作社的集体经营方式，有利于新的农业生产技术和新式农具的推广。初级农业生产合作社的集体经营方式，有利于公共财产的积累，扩大再生产。

综上所述，初级农业生产合作社是建立在生产资料农民个体私有基础上的一种集体经济组织，社员入社自愿、退社自由，土地等生产资料作为入社股份参与分红，实行按劳分配与按股份分配相结合，初级社的发展状况、农户的觉悟与农村的经济发展要求相适应。当然，初级社也有不足和需要改进之处，因为土地入社和股金交纳都面临着风险，股金分红和劳动报酬的比例又难以合理确定，劳动的质和量因农业自身的特点存在着难以计量的问题，这些需要寻找一种降低交易费用的内在实施机制。

二、合作化中期（高级社）：高级社集体所有统一经营

1956年1月至1956年8月为我国农业合作化中期，这一时期就是完全社会主义性质的高级社阶段。高级社的发展仅仅用了一年的时间，速度之快，令人瞠目，一味地加快合作化的进程，追求以公有化目标的集体经营，忽视了生产关系要适应生产力发展的客观规律，大大削弱了以家庭为单位的农民自身的劳动力，生产模式单一，经济效益日益减少。

（一）土地无偿归高级社集体所有经营，实行按劳分配，取消按股份分配

1955年底，全国人大常委会做出两项关键性规定，一是社员必须将土地交给农业生产合作社统一使用，二是农业生产合作社实行按劳分配。1956年3月17日，《农业生产合作社示范章程》通过并颁布。同年4月29日，人民日报登载了《生产组和社员都应该"包工包产"》一文，肯定了重庆市江津地区有些合作社实行的"包工包产"，随后又发现全国多地尤其是浙江温州出现了包产到户。同年6月30日，《高级农业生产合作社示范章程》通过并颁布，推动初级社向高级社转变。大批刚建立的初级社尚未进行土地入股、生产资料折价，甚至来不及进行生产安排，就卷入并社升级的浪潮。该章程规定了社员私有的主要生产资料，应该转为生产合作社集体所有。

关于土地政策，高级社章程作了如下规定："（1）社员在入社时，必须把主

要生产资料转为合作社集体所有，例如社员私有的土地、耕畜、大型农具等生产资料。对于社员的生活资料，以及零星树木、家禽、小农具、经营家庭副业所需要的工具，仍属社员私有部分，该部分均不入社；（2）农业生产合作社应该将一定数量的土地分配给社员，由社员利用这些土地来种植蔬菜，每位社员使用这种土地的比例一般不超过当地每人平均土地的5%；（3）社员入社时，其土地上附属的私有塘、井等水利建设，随着土地一起转为农村合作社所有。若该附属水利建设属于新修的、尚未取得收益的建设，则应偿还为修建此设施而支付的工本费。属于社员私有的藕塘、鱼塘、苇塘等，在转为合作社集体所有时，亦应付给社员相应的合理代价；（4）社员土地转为合作社集体所有，土地报酬做取消处理。对于完全丧失劳力、历来都是依靠土地收入维持生计的社员，需要利用公益金来维持他们的生活，或暂时给以他们适当的土地报酬。对于在城市从事职业而家住在农村的，如果本主存在生活困难的情形，历来都是依靠土地收入补助生活的，仍可付给其一定数目的土地报酬；（5）对于幼林、苗圃、果、茶、桑、竹、桐、漆等经济林木，在社员入社时一律经作价后归合作社所有，由合作社对其进行统一经营，并从林木收益中付给本主一定比例的报酬；（6）社员原有的坟地、房屋地基不随社员入社。若社员新修房屋需要地基、因某种原因需要使用坟地，则由合作社进行统筹解决。"①

时任农业部部长廖鲁言在1956年6月15日的第一届全国人民代表大会第三次会议上作《关于高级农业生产合作社示范章程草案的说明》时指出因为"土地归合作社集体所有，容易为广大农民所接受，也同样可以保障社会主义经济建设的正常进行，如果实行土地国有，反而可能引起农民的误解"。

（二）在土地的征收上，体现出强制性、无偿性和政治性

高级社阶段的土地由高级社集体统一经营使用，除农民可以保留较少数量的自留地外，土地所有权、使用权、收益权和处置权全部归高级社集体所有，

---

① 《高级农业生产合作社示范章程》，《中华人民共和国国务院公报》，1956年第29期，第747—758页。

农民失去了绝大部分的土地产权。全体社员参加集体统一劳动。取消了土地分红，按劳动的数量和质量进行分配。消灭剥削、建立社会主义是中国共产党自成立以来始终坚持的目标。从初级社的土地农民所有、集体经营演变为高级社的集体所有、集体经营，农村土地制度具有了完全社会主义的性质。

1955年后农业合作化运动发展过快，由初级社向高级社的迅速过渡，形式过于单一，致使一部分农民不适应合作社的生活方式。强制入社，致使合作化走向衰败。1957年农业合作化后期，全国农民的土地强制性地入股到高级合作社，且在实际操作中很难自由退社，这就使得本是一场经济改革的土地变革最终走向了政治斗争。"统购统收"政策再一次扩大范围，几乎囊括了所有的农副产品，让丧失土地的个体农民连最后一点劳动的积极性都荡然无存了[①]。

（三）在土地经营上，由合作化向集体化和完全公有化演变

农业生产合作高级社在生产经营方式上的主要特点，是土地无偿归集体所有，土地以外的其他生产资料，如大型农具、耕畜、牧畜等归集体后，由农业生产合作社付给农户一定代价，一般分期支付，期限为三年到五年。劳动组织分为临时生产队和固定生产队两种，部分高级社还建立了专业生产队。在收入分配上的主要特点，是取消了土地报酬，主要采取以高级社为核算单位，统一按劳动工分进行分配，基本上贯彻了按劳分配的原则。高级社标志着我国农业社会主义改造基本完成。可以说，我国农业合作化与集体化的时间分界点就是高级社的建立，这也预示着我国农业的合作化已经转化为集体化运动，却背离了合作的本来目的[②]。表1列出了高级社与初级社的主要异同点。

表1　高级社与初级社的主要异同点

	初级社	高级社
入社资格	限制地主与富农入社	不限制
土地所有权属	农民私有	高级社集体所有

---

① 翟阳：《建国以来我国土地政策的演变及评估》，西安建筑科技大学，2010年。
② 苏星：《我国农业社会主义改造》，人民出版社，1980年，第12、44页。

续表

	初级社	高级社
土地经营方式	统一经营	统一经营
土地可否分到报酬	可以	初期可以，半年后取消
是否承认农民入社股份	承认	不承认
生产成果分配	按劳分配、按股份分配	按劳分配
有无退社自由	有	有
规模大小	较小	较大

（四）高级社的政策演变特点及利弊

高级社在土地政策演变的特点突出表现在鲜明的政治导向功能上，通过快速的农业集体化实现了"三农"的社会主义改造。1955年12月27日，作为《中国农村的社会主义高潮》一书的编者，毛泽东为该书作序并编写了按语，这也预示着我国农村的社会主义高潮即将来临。在书中他开始大力提倡创办高级社和大社。毛泽东在该书的按语中强调指出，"在有条件适合的地方"，不经过初级形式的合作社，可以"由互助组直接进入高级形式""社越大，优越性越大""有些地方可以一个乡为一个社，少数地方可以几个乡为一个社"[①]。在这一思想的指引下，从1956年初开始，初级社没来得及巩固，高级社在全国就进入了大发展阶段。许多地方出现整村、整乡的农民加入高级社的情况。有的新建立的初级社随即转入高级社，有的互助组超越初级社的阶段直接成立或并入高级社，有的甚至没有经过互助组，也没有经过初级社，在个体农民的基础上直接建立高级社。

可见，我国农业合作化历程在初级社升级为高级社的过程中历时很短，值得肯定的是通过很短时间就实现了党对"三农"的社会主义改造，将农民土地私有制转变为合作社集体公有制，为当时国家工业化发展提供了基本生活物资保障。高级社在生产经营上的特点是：主要的生产资料及土地归合作社共有，

---

① 薄一波：《若干重大决策与事件的回顾（修订本）》（上卷），人民出版社，1997年，第413页。

即它是每个社员户的，但不是每个社员户所能支配的，统一经营，集体劳动，产品统一分配。可见，高级社的农业合作化实际上是农业集体化，而不是合作化，背离了当初农业互助合作经营的合作化初衷。因而，弊端也更为明显：很多地方往往都是盲目随合作化运动发展形势需要突击升级，而当时农村的公有制程度、生产力发展水平、农民和干部的思想觉悟水平都未能及时适应这么短的集体化政治导向运动的突变，这种拔苗助长、形式单一、突击升级的演变违背了农业合作化应有的发展规律，在一定程度上也影响了刚获地不久农民的获得感和政府公信力，这也为后面纷纷出现"退社"事件、发动"大跃进""一大二公"的人民公社化运动埋下了伏笔。

三、合作化后期（大公社成立前）：集体按份所有统一经营

1956年9月至1957年12月为我国农业合作化后期，开始全面向农业集体化转变。1956年9月15日，中央在党的八大上肯定了将初级合作社改组成高级合作社的做法，在高级合作社的形式下，土地和其他主要生产资料的私有制转变成了集体所有制。高级合作社普遍建立起的农民集体土地所有制，实际上是劳动群众集体按份所有。

根据这一精神，中央继续推行农业合作化。1956年10月开始，多省先后出现农业合作社部分社员要求退社的情况，主要原因有：1.社员收入减少的占大多数；2.社内控制社员的劳动时间过严，劳动密度异常紧张；3.社内基层干部，对社内的账目不公开，有的强迫命令、打人、骂人、绑人，作风不民主、行为过当；4.对社员入社的生产资料特别是将零星树木和小块苇塘等带入社的行为处理不当，作价过低，社员利益受损。据此，中共中央指示，对社内一部分富裕中农和原从事手工业等其他行业的社员，经过工作，如仍坚持退社可允许他们退社；对一部分缺乏劳动力的困难户，可按照《高级社示范章程》第14条的规定，"应该用公益金维持他们的生活，在必要的时候，也可以暂时给以适当的土地报酬"[①]。

---

① 《高级农业生产合作社示范章程》，《人民日报》，1956年7月1日，第02版。

根据相关资料显示，全国于1956年9月基本上实现了农业高级合作化，至1956年底，全国农业合作化得到了基本完成，其中参加农业生产合作社的农户占全国农户总数的96.3%（1955年仅为14.2%），其中参加高级社的户数占全国总户数的87.8%[①]，基本上完成了对个体农业的社会主义改造，也意味着原来预计18年完成的农业合作化，仅用7年就完成了。对于那些放弃剥削参加农业劳动的富农，合作社采取将其接收入社的方式，这一做法实现了以和平方式消灭农村中最后一个剥削阶级的目的。直至1957年上半年，在反对"右倾"斗争的呼声中，"大跃进"的步伐也随之迈进，导致农村土地政策转向"一大二公"迈进。

1957年9月14日，中共中央一并下发了《关于整顿农业生产合作社的指示》《关于在农业合作社内部贯彻执行互利政策的指示》和《关于做好合作生产管理工作的指示》，指示提出：合作社必须实行"统一经营、分级管理、明确分工、个人负责制"，实行"三包"制度即"包工、包产、包财务"以及对超产提成实施奖励办法、对减产实行扣分的办法，这是社队分工分权的一项根本措施。在管理农业生产的相关工作中，生产队必须以实际情况为出发点，切实建立集体和个人的生产责任制，可因地制宜分别推行"工包到组""田间零活包到户"的办法，这是最早提出生产责任制的一种重要尝试。正确执行贫农与中农之间的互利政策是巩固农业生产合作社的一项重要保证[②]。

到1957年末，农业生产合作社加入者占全国农户总数近98%。其中高级社的户数占96%[③]。通过下表可以更直观清晰地了解1950—1957年我国农业合作化每年的发展演变情况（见表2）。从1958年夏季开始，初级社和高级社被合并成大型农业生产合作社，此后，又以乡为单位，将大型农业合作社组建成农村人民公社。

---

① 《中国共产党编年史》编委会：《中国共产党编年史》（1950—1957），山西人民出版社，中共党史出版社，2002年，第2070页。

② 《中国共产党编年史》编委会：《中国共产党编年史》（1950—1957），山西人民出版社，中共党史出版社，2002年，第2131—2132页。

③ 《中国共产党编年史》编委会：《中国共产党编年史》（1950—1957），山西人民出版社，中共党史出版社，2002年，第2149页。

表2 1950—1957年我国农业合作化的发展演变情况 单位：%

成分＼年份	1950	1951	1952	1953	1954	1955	1956	1957
参加互助组合作社的农户占总农户的比重	10.7	19.2	40.0	39.5	60.3	64.9	96.3	97.5
其中：生产互助组	10.7	19.2	39.9	39.3	58.3	50.7	——	——
初级合作社	——	——	0.1	0.2	2.0	14.2	8.5	1.3
高级合作社	——	——	——	——	——	——	87.8	96.2

数据来源：谢明干、罗元明：《中国经济发展四十年》，人民出版社，1990年版，第8页。

四、农业合作化时期的农村土地政策演变特点及利弊

（一）演变过程及特点

关于农业合作化时期农村土地政策的研究，主要集中于以下三个方面：

1. 农业合作化运动的历史必然性研究。农业合作化是特定历史条件下结合的产物。刘福军、姜明娟则认为，这一改造是中国政治经济发展的必然要求，符合社会生产力发展[1]。马羽分析了我国土地改革后可能的几条道路，论证了选择农业合作化运动道路是正确的[2]。罗必良分析了我国农业合作化时期集体经济体制的效率生成逻辑，他认为：中国从来就没有形成基本的原始资本积累，也缺乏足够的资本主义的发育，更不可能有强大的经济援助。为了获得新中国的工业化所需要的启动资本，唯一的选择是依靠农业、依靠农民（因为我们不可能通过国外的援助，更不可能通过战争掠夺的方式获得原始积累），这就需要对农村和农民进行有效的组织和有效的规制，由此农业的合作化就开始了。农业的合作化以及随后人民公社的制度安排，表面上看来是提升农民集体行动的能力，让人民分享合作剩余，实际上是国家动员农业的剩余来获取工业化的原始

---

[1] 刘福军、姜明娟：《中国20世纪50年代社会主义改造的必然性》，《中共天津市委党校学报》，2006年第4期。

[2] 马羽：《试论我国农业合作化运动的历史必然性》，《社会科学研究》，1981年第5期。

积累[①]。

2. 农业合作化运动发展过快的原因。社会主义改造时期农业合作化运动初期取得了很大的成绩，但后期出现了盲目追求速度、不尊重经济发展的客观规律等问题，致使农业合作化运动造成失误。农业合作化运动发展过快的原因，学者们进行了多角度分析：（1）"小脚女人"的批判。"小脚女人"的由来，毛泽东用小脚女人做比喻批评邓子恢和农工部发展农业合作化运动过去保守，罗平汉在梳理史事的基础上，得出对"小脚女人"的批判，使合作化运动的速度进一步加快[②]。叶扬兵认为，农业合作化后期，农民出于对美好生活的向往盲目的加入了高级社，没有结合自身的实际情况[③]；（2）信息传递误导。张昭国认为信息误导是后期农业化运动进程加快的原因之一[④]；（3）指导思想发生偏差。沈明生认为，起初中共中央提出"从小农经济的生产现状出发"的指导思想是正确的，是符合党一切从实际出发的思想路线，后被忽视，是我国农业合作化一再加快的理论原因[⑤]。

3. 对农业合作化过程本身的研究。一种观点认为，农业合作化过程本身是社会主义改造时期道路选择。程中原指出，农业合作化是毛泽东探索马列主义同中国革命与建设的第二次结合，是建设社会主义的具体道路[⑥]。另一种观点认为，农业合作化的过程是向现代化农业发展。武力认为，合作社规模经济效益的前提是科学民主的经营管理，有利于我国农业经济的现代化，是个体小农经济转换为集体经济的最好飞跃形式[⑦]。吴敏先、张永新提出了中国特色的土地改革、农业合作化和农业现代化理论。王新华、任军利指出，它不仅在制度上创

---

① 王景新、罗必良等：《集体经济村庄》，《开放时代》，2015年第1期。

② 罗平汉：《"小脚女人"——毛泽东对邓子恢的批判》，《文史精华》，2006年第5期。

③ 叶扬兵：《美好的远景和过高的预期——农业合作化高潮形成的原因之一》，《当代史研究》，2006年第1期。

④ 张昭国：《信息误导与农业合作化运动后期的加速》，《长白学刊》，2010年第1期。

⑤ 沈明生：《中国的农业合作化与苏联模式》，晋阳学刊，1998年第5期。

⑥ 程中原：《毛泽东进行"第二次结合"的探索奠定了中国特色社会主义的基础》，《毛泽东研究》，2009年第9期。

⑦ 武力：《农业合作化过程中合作社经济效益剖析》，《中国经济史研究》，1992年第4期。

新了我国农村的经济制度,而且开创了我国实现农业现代化的初始阶段[①]。另外,当时中共领导人在农业合作化的前提条件、目标选择、发展速度、合作社的性质和功能、生产经营方式等问题的认识上也是存在分歧的。

结合以上述评,本书认为:农业合作化时期的农村土地政策演变的最大特点是渐进发展性。具体来说,该时期农村土地政策是伴随着农业合作化的三阶段渐进发展过程而演变的。阶段一:带有社会主义萌芽性质的互助组,其模式分为常年和临时互助组。阶段二:在第一阶段的基础上发展升级而来的初级农业合作社,其具有半社会主义的特质,又称土地合作社,尽管土地的所有权归农民,但使用权归农业生产合作社,土地入股,按股分红,统一经营。在年终分配时,农民可凭土地参加分红,按股分红和按劳动数量、质量的比例分别约占分配总额的30%和70%。阶段三:完全社会主义性质的集体经济组织即高级农业合作社,基于第二阶段的发展,其表现为不再进行土地分红,将特定合作社的劳动数量以及质量作为劳动成果分配的首要参照标准。

从土地产权来看,这一时期的农村土地政策演变路径为"农民土地所有权、农民土地使用权——农民土地所有权、集体土地使用权";从利用方式来看,这一时期的农村土地政策演变路径为"私有利用——集体利用";从配置方式来看,这一时期的农村土地政策演变路径为"私有化——合作+计划——高度计划+集权";从功能属性来看,这一时期的农村土地政策演变路径为"私有资产属性——政治属性";从执政党意识形态来看,依然是"以阶级斗争为纲,以政治为中心,注重公平"。在土地政策功能上,由土地改革时期更倾向于财产分配功能演变为农业合作化时期更倾向于政治导向和调控功能。

(二)政策利弊

我国通过开展农业合作化运动,实现了个体农业的社会主义改造,也推动了新中国的工业化和城镇化建设。农民以土地自愿入股、自愿入社,按照自愿

[①] 王新华、任军利:《从农业现代化看农业社会主义改造》,《甘肃社会科学》,2006年第 5 期。

互利的原则组成互助组，又在互助组的基础上组成初级社，无论是互助组还是初级社，本质上仍是农民私有土地的联合使用。直到高级社才真正废除了农民对土地等主要生产资料的私有权，建立了高级社公有公用的社会主义劳动群众集体所有权，也标志着农村社会主义改造的完成。"这一从单干到集体的过程对所有农户都是一次革命性的转变，它是财产所有权的转变，也是劳动生产方式和收入分配方式的转变"[①]。这种自上而下的运动性的制度变革对"三农"产生了深刻而持久的社会影响。学术界对农业合作化的评价有两种截然不同的观点：一种观点认为农业合作化促进了农业发展，如陈廷煊基于这一时期的相关经济统计数据分析得出了上述结论；另一种观点则认为农业合作化阻碍了农业的发展。如李占才认为"农业合作化时期的农产量增长率下降或减产，与自然灾害等多种因素有关，但是农业合作化，尤其是初级社或者未经初级社便急速过渡到高级社的过急过快地变更农村生产关系的做法，应当说也是原因之一"[②]。尹钛认为"从合作组织效率的角度分析了农业合作化组织不能推动我国农业生产的发展，新中国成立后出现的农业增长归功于国家的投入，而不是合作组织本身的制度绩效"[③]。应该说，农业合作化所带来的积极影响与消极影响是同时并存的，积极影响体现在：

1. 通过之前的土地改革，农民群众从中国共产党的承诺中获得实实在在的利益，因此继续支持中国共产党在农村发展推动农业合作化，农民发展社会主义的生产积极性空前高涨。

2. 农业合作化的推进和农业合作组织在农村的建立，促进了农业建设目标的完成，为大规模工业化建设作出了巨大贡献。农业合作化具有一定的历史合理性，它可以避免小农经济和个体农业的弊端，按照国家计划和需要大规模种植国家所需要的农作物，进行公共工程的建设等。

---

① 郭于华：《口述历史：有关记忆与忘却》，《读书》，2003 年第 10 期。
② 李占才：试析建国以来农村经济体制变革过频过急的负面效应，信阳师范学院学报（哲学社会科学版），1997 年第 2 期。
③ 尹钛：合作组织的效率：1952—1957 年中国农业合作化运动的评价，中共宁波市委党校学报，2002 年第 4 期。

3. 政府对农业生产合作社实行贷款优待政策、增加对农业生产的投资和实行稳定的农业税收政策，客观上支持了农业的发展。

4. 农业生产合作社实行统一生产、统一调配，有利于国家进行大规模的农业技术推广、农业机械化推进和农田水利建设等，提高了农业生产效率。

5. 农业生产合作社坚持了入社自愿的原则，分配上采取按劳分配，农村劳动力必须依靠自己的劳动去争取更多的收入，这样保证了农村劳动力的充分投入。

农业合作化的消极影响体现在：

1. 高级社在农业合作化后期出现了急躁冒进，违背了自愿入社的原则。

2. 过急的农业合作化运动脱离了农民的思想觉悟，违背了生产关系要适应生产力发展的客观规律，农业生产合作社作为高级的生产关系与低层次的生产力之间不相适应。

3. 农业生产合作社内部采取按劳分配挣工分的原则，形成了以日计工，按工取酬的实际制度，在集体劳动中出现了大家干好干坏一个样、出工不出力磨洋工的问题，严重影响了农民的劳动效率和劳动的责任感。

4. 农业合作化运动在高级社阶段就过早地取消了农民的个体经济，违背了不能剥夺农民的原则。

5. 合作社经营形式单一，现代农业生产要素的匮乏难以巩固合作化成果，最终导致在后面的"大跃进"、大放"高产卫星"中"共产风""浮夸风"盛行

6. 我国农民整体文化素质不高，管理水平较低，导致合作社普遍管理混乱，农村内部矛盾重重，影响了农民生产的积极性。

7. 我国把农业生产纳入了国家计划经济轨道，导致农民和合作社都失去了土地经营自主权，严重地阻碍了农业生产的发展和农民生活水平的提高，也不利于农业生产的可持续发展。

我国在向社会主义过渡的进程中，结合"三农"具体实际将马克思主义合作化理论大众化、中国化、时代化，创造了以初级农业生产合作社为主要形式的多种互助合作形式。构成合作化运动制度环境的主要因素是对农业的社会主

义改造，即实现由农民土地所有制向集体所有制过渡；另一个重要因素是阶级斗争观念的强化，由此导致合作化运动由经济变革变成了一场由意识形态主导的政治运动。合作化运动从初级合作社阶段到高级合作社阶段最后到达人民公社"一大二公"阶段。农业合作化以后所采取的生产经营方式，从长远来看符合农业社会化的发展趋势，但在当时的生产力条件下，是相对超前的。从收入分配方式上看，农业生产合作社尽管在不断追求更加公平和合理的原则，但在一定程度上消减了农民从事土地生产的积极性和创造性，也为后来"一大二公、政社合一"的人民公社"大锅饭"制度埋下了隐忧的伏笔。

第三节　人民公社时期：三级集体所有统一经营

从1958年1月"大跃进运动"全面展开到1979年12月十一届三中全会召开前，本书将其界定为人民公社时期（鉴于改革开放后废止人民公社、撤社建乡的工作最终完成于1985年6月，与改革开放新时期的时间范畴有交叉，改革开放后的人民公社不列入本时期来研究，将在后续的改革开放新时期中加以研究）。

生产资料的社会主义改造基本完成后，中国进入了全面建设社会主义时期。当时的我国仍然是一个贫穷落后的农业国家，世界发达国家在"第三次工业革命"的推动下，工农业生产都得到了快速发展。中国与发达国家相比存在着很大的差距，因而，在社会主义制度确立后，如何建设社会主义，充分发挥社会主义制度的优越性，迅速改变贫穷落后的面貌，就成为中国面临的迫切问题。

马克思当年通过考察俄国农村公社的历史演变过程，提出过公社是共产主义社会的基层组织。1919年12月，列宁在苏俄农业公社和农业劳动组合第一次代表大会上指出："农业公社是个很响亮的名称，是与共产主义这个概念有联系的。"[1]共产党人从经典马克思主义理论中认识到了人民公社与共产主义的深刻联

①　《列宁全集》（第37卷），人民出版社，1986年，第362页。

系，将完成集体所有制向全民所有制过渡的历史任务寄托于人民公社运动。

人民公社时期在土地所有权形态上是抽象的劳动群众集体公有，建立了公社集体土地所有制，即"公社—大队—生产队"三级集体所有，队为基础，在土地经营权形态上是"公社—大队—生产队"三级劳动群众集体公用，不急于改全民所有制，原有的分配制度依旧不变，其多级管理方式经历了"三级所有，生产队为基础""两级或三级所有，社为基础""三级所有，大队为基础""三级所有，生产队为基础""三级所有，大队为基础"试点反复、"三级所有，生产队为基础"最终确立的多次演变。虽然人民公社体制下农民的生产积极性和生产力并不高，但该体制一直延续到1984年，再造了农村社会基础，社队共同体取代了家族共同体，建立了农民和国家之间从未有过的紧密联结关系，对农村的社会经济产生了深刻影响。

一、大公社时期："三级所有，队为基础"的多次演变

从1958年1月到1962年2月为人民公社前期，这一时期合作社由小社并大社，合作社集体所有演变为"一大二公"高度集中，本文将其界定为大公社时期。这一时期以第一次郑州会议为分界，又可分为前后两个阶段。第一阶段从1958年1月"大跃进运动"全面展开开始，到1959年底中央开始纠正公社化运动中的错误，试图调整公社经济体制为止。第二阶段从1958年11月第一次郑州会议开始，中经"三级所有、生产大队基本所有"的短暂时期；中间因为庐山会议后"左"倾错误的回潮，又经历了试图恢复公社基本所有的反复；到1962年初最终确立了三级所有、以生产队为基本核算单位的新体制为止。大公社时期，农村土地所有制的演变，经历了公社基本所有、生产大队基本所有再到生产小队基本所有这三个历史时期。其演变的取向，是所有制的公有水平逐级下调，集体经营的规模随之逐级缩小，最后确定在由二三十户组成的生产小队为基本核算和生产经营单位的水平上。

（一）大公社时期的第一阶段（1958年1月—1958年11月）：从基本生产队所有制演变为基本公社所有制

1958年4月8日，中央政治局批准了成都会议通过的《中共中央关于把小型的农业合作社适当地合并为大社的意见》，意见赋予了各地方政府在农业社从小社并大社的自主权。1958年7月1日，载于《红旗》杂志第三期的《全新的社会，全新的人》一文中，陈伯达首提"人民公社"："将合作社发展成为兼具农业以及工业合作的基层人民机构，也就是说，其最显著的特点为农业联结工业"①。也就是在当天，他在北大讲演中传达了毛泽东关于人民公社的提法："人民的志向，是一步步将工、农、商、学、兵井然有序地结合为一整个大公社，并将其作为我国的基层组织。于其内部生活而言，工、农、商、代表人民的生活资料；学则代表人民的文化教育、信仰等思维性的方面；而国际上资产阶级剥削大行其道，上述这些都极其需要全民武装来维护。"②同一日，全国第一个人民公社——嵖岈山卫星人民公社在河南省遂平县正式建立。当时的一系列方针策略，诸如整风运动、社会主义建设总路线和"大跃进"都大大促进了公社化的进程。人民公社由农业生产合作社联合而成，一般一乡建立一社，实行单一的公社所有制和政社合一。

1. 小社并大社，全面公社化，建立公社集体所有

1958年8月29日，党的中央政治局扩大会议上通过了《关于农村建立人民公社的决议》，该决议指出："公社化是历史发展的必经之路，要求全国各地尽快地将小社并大社，形成人民公社。一般说，自留地可能在并社中变为集体经营。其目的是要创设农林牧副渔多元化发展、工农商学兵彼此联合的人民公社，这将成为促进社会主义发展和过渡到共产主义的一种最好的组织形式，将发展成为未来共产主义社会的基层单位。人民公社建成以后，不要忙于改集体所有制为全民所有制，在目前还是采用集体所有制为好，由集体所有制向全民所有制

---

① 陈伯达：《全新的社会，全新的人》，《红旗》，1958年第3期。
② 《中国共产党编年史》编委会：《中国共产党编年史》（1958—1965），山西人民出版社，中共党史出版社，2002年，第2191页。

过渡，是一个过程"[1]。在之后的30多天，除西藏自治区外，中国所有的农村几乎都完成了公社化，农户的自留地等私产都转变为公有，全国形成该运动的巅峰，在这个过程中，"左"倾思想狂风暴雨般席卷而来，着重表现为高指标、瞎指挥、浮夸风和"共产风"。至此，个体农民土地私有制宣告结束。

同年10月，全国农村基本实现人民公社化，共有人民公社23397个，参加的农户达总农户的90.4%，平均每个公社4797户[2]。到同年底，全国74万多个高级社全部消失，99%以上的农户被编入2.6万多个人民公社。这最初的人民公社是"一大二公"的，但在1961年之后，生产职能开始退回到原来高级社，实行"三级所有、队为基础"，人民公社只停留在管理和协调的层次上。

2. 政社合一、"一大二公、一平二调"，自留地和家庭副业被取消

农村人民公社实行"政社合一"，既是农民劳动群众集体经济生产组织，也是农村社会结构的一级基层政权管理机构，这一时期的政策特点就是"一大（规模大）二公（公有化程度高）、一平（平均主义）二调（无偿调拨）"的"共产风"铺天盖地。人民公社统管全社的生产安排、经济核算、产品分配、物资调拨和劳力调配，实行供给制和工资制结合的分配制度，一些经济计算工作以及生产运营的管控归在生产大队的职责范围内，这是其作为人民公社的基础计算组织所决定的。

人民公社在土地的使用与相关资源的配置方面具有高度的集中统一性，具体表现在对农村土地进行统一规划、共同生产、集中管理，分配上也施行平均主义。在人民公社化的过程中，农村土地制度的性质和特点并没有发生根本变化，农村土地仍然归属集体所有，由集体统一经营。但这时的集体已经由高级合作社转变为人民公社，代表着公有化的程度越来越高，体现出土地的经营所有权完全掌握在政社合一的人民公社手中。这一阶段土地制度的局部调整主要

---

[1] 《中国共产党编年史》编委会：《中国共产党编年史》（1958—1965），山西人民出版社，中共党史出版社，2002年，第2200页。

[2] 《中国共产党编年史》编委会：《中国共产党编年史》（1958—1965），山西人民出版社，中共党史出版社，2002年，第2214页。

体现在土地的经营规模空前扩大，国家通过高度集中统一的计划来控制和管理土地上的生产经营活动，土地上的任何权利都不能转移、出租[①]。

公社化初期，原来农业合作社的财产全部归人民公社所有，包括土地、牲畜、林木、大农具，地里的农作物，已收获的但没有分配的农产品等，实行全社统一核算，统一分配。同时，社员的自留地、家畜、果树等也都收归公社所有。家庭副业作为私有制的残余被列入了公有制清除的对象。尽管1958年4月8日，中共中央下发的《关于合作社社员的自留地和家庭副业收入在社员总收入中应占比例的意见》中指出：自留地和家庭副业收入在社员总收入中所占比例一般为20% ～30%为宜，一般应该留到以后去调整，在苦战3年期间一般不要有所变动[②]。但在各地人民公社实际的执行过程中，受越公越纯、越纯越接近共产主义的思维定式影响，社员自留地和家庭副业实际上已被完全取消。

（二）大公社时期的第二阶段（1958年11月—1962年2月）：从公社集体所有演变为生产大队基本所有，尝试重回公社集体所有甚至过渡到全民所有

1. 从公社集体所有演变为生产大队基本所有

1959年4月1日，中共中央上海会议形成了《关于人民公社的十八个问题》的会议纪要，后提交党的八届七中全会讨论通过。纪要规定：人民公社"三级所有、队为基础"的制度，要有一个相当长的稳定时期，不能很快改变。将来从基本生产队所有制改变为基本公社所有制时，不能使任何一个生产队和任何个人在经济上吃亏。对公社化和大炼钢铁中平调生产队的物资、劳动等项旧账要算，而且要退赔。农村人民公社的全部劳力，用于农业生产方面的，一般不应少于80%[③]。1958年11月，毛泽东在第一次郑州会议上要求纠正已经察觉到的

---

① 陈海秋：《改革开放前农村土地制度的演变》，《宁夏社会科学》，2002年第5期。
② 《中共中央关于合作社社员的自留地和家庭副业收入在社员总收入中应占比例的意见》，中国网，http://www.china.com.cn/guoqing/2012-09/10/content_26746829.htm
③ 《中国共产党编年史》编委会：《中国共产党编年史》（1958—1965），山西人民出版社，中共党史出版社，2002年，第2235页。

在农村工作中"左"的错误。1958年12月10日,《关于人民公社若干问题的决议》在中共八届六中全会通过,该决议明确指出:"人民公社目前基本上仍然是集体所有制的经济组织。农业生产合作社变为人民公社,与集体所有制转为全民所有制并不十分等同,与社会主义转变成共产主义更是差异巨大。全民所有制要在国内所有农村普遍施行起来,还需要一个相当长的时间"①。仍继续保留人民公社实行的工资制、供给制、公共食堂等脱离农村实际的做法,充分肯定人民公社必须采取的"组织军事化、行动战斗化、生活集体化、管理民主化"原则。

为解决人民公社所有制和纠正"共产风"问题,1959年2月末到3月初,《关于人民公社管理体制的若干规定(草案)》在中央第二次郑州会议起草完毕,该草案明确公社、生产大队和生产队的职权范围,明确指出人民公社施行的是"队为基础,三级所有"的方针政策,明确表示我国农村所有田地将生产队(相当于原高级社的规模)所有制作为基本核算单位的制度,并恢复了社员的自留地制度,还决定取消了一些地方出现的一县一社的体制,提出了十四句调整以及加强人民公社的基础策略:"统一领导,队为基础;分级管理,权力下放;三级核算,各计盈亏;分配计划,由社决定;适当积累,合理调剂;物资劳动,等价交换;按劳分配,承认差别。"②这次会议对解决人民公社的管理体制和纠正"共产风"、浮夸风、高指标和瞎指挥等"左"的错误,起了积极作用,但形势并没有根本好转。

2. 恢复自留地制度及家庭副业,作为大集体中的小私有,禁止包工到户或包产到户

人民公社"一大二公"不仅不能解决社员的生活问题,而且普通农民群众最基础的生存需求也无法得到保障,因而,当时党中央也认识到重新恢复自留地制度及家庭副业是解决这一问题简单易行的有效办法,并将自留地制度和家庭副业作为集体经济的补充来实施。1959年5月7日中央出台的《中共中央关于

---

① 中央档案馆、中共中央文献研究室:《中共中央文件选集(1949年10月—1966年5月)》(第29册),人民出版社,2013年,第303页。

② 《毛泽东文集》(第8卷),人民出版社,1999年,第14页。

农业的五条紧急指示》，规定："应当把80%～90%的猪放到承包单位和私人喂养，同时恢复社员的自留地，其面积按高级社时的规定执行。"[①]1959年6月11日，中共中央发出了《关于社员私养家禽、家畜、自留地等四个问题的指示》，在指示中指出："允许社员私人喂养家禽家畜（不含牛），私有私养的完全归社员个人所有，公有私养的一定要给社员以合理的报酬。恢复自留地制度，自留地的数量不超过也不少于每人平均占有土地的5%。鼓励社员利用零星空闲的时间，把闲散土地充分利用起来，零星树木仍然归社员私有，谁种谁收。这种大集体中的小私有，在一个长时期内是必要的，有利于生产的发展，也有利于人民生活的安排"[②]。

1959年10月13日，中共中央批转了中共江苏省委《关于立即纠正把全部农活包到户和包产到户的通知》，通知指出：少数地方采取"定田到户，超产奖励"等实际上包产到户的做法以及"土地分到户，耕牛农具归老家"的做法都是错误的，都是"左倾"思想的表现，都应当立即批判，加以纠正。生产队组织劳动的基本形式，应当是集体劳动。中央的批示表明："包工到户或者包产到户的生产方式，表现出农村并没有真正支持社会主义道路，而是恰恰相反，走了资本主义道路，只要秉持真正观点、举办相关活动的区域，一定要完全揭穿及处置"[③]。可见，当时我党尽管恢复了自留地制度，但担心把全部农活包到户和包产到户会造成新的剥削和两极分化，并将其上升到走资产阶级路线问题。

3. 庐山会议后从反"左倾"到反"右倾"，试图恢复公社基本所有制，提出向全民所有制过渡

1959年7月2日至8月16日，党中央纠"左"的政策进程被庐山会议中断，1960年上半年开展的"新跃进"主张在农村重新恢复公社基本所有制，这对我党改革人民公社体制的进程起到了很大的阻碍。1959年10月15日，中共中央批

---

① 中共中央文献研究室：《建国以来重要文献选编》（第12册），中央文献出版社，1996年，第293页。

② 《中国共产党编年史》编委会：《中国共产党编年史》（1958—1965），山西人民出版社，中共党史出版社，2002年，第2244页。

③ 《中国共产党编年史》编委会：《中国共产党编年史》（1958—1965），山西人民出版社，中共党史出版社，2002年，第2261页。

转的原农业部党组《关于庐山会议以来农村形势的报告》中反映：1959年5月—7月，在农村出现了搞"生产小队基本所有制""包产到户"，利用国家对私人副业的包容大搞私人副业，这一举动大大破坏了集体经济，形成了违背部分供给制，公共食堂等右倾的歪风邪气，是一股猖狂的反对社会主义道路的逆流。中央要求各地在反右倾、鼓干劲、保卫党的总路线的斗争中，对其彻底加以揭发和批判。同日，中共中央转发中共湖南省委关于在十个公社中选择十个大队结合生产进行整社试点即进行社会主义和资本主义两条道路的斗争的经验。此后，伴随着所谓"新跃进"的兴起，人民公社体制改革的方向陡然一转，再次试图向公社所有制过渡。这个大转折、大挫折的代价便是1960—1962年农村经济的进一步恶化。这又迫使党中央再次调整农村政策，并最终决定把人民公社的基本核算单位下放到生产小队。

1960年1月1日，人民日报发表《展望六十年代》元旦社评，指出："根据最近时期的经验，找到了三个法宝，这就是：建设社会主义的总路线，'大跃进'的发展速度和人民公社的组织形式。"[1]后来，这三个法宝俗称"三面红旗"。也是同年的1月7日到17日，中共中央在上海召开政治局扩大会议，会议提出在8年内农村人民公社由基本上队所有制过渡到基本上社所有制，并且提出向全民所有制过渡的设想，后来的人民公社建设实践证明并未能实现这一过渡设想。

4. "大跃进运动"废止，从"一大二公、一平二调"演变为"三级所有，队为基础"

鉴于人民公社与大队以及大队之间存在占用生产资料和无偿平调问题，1960年11月3日，中共中央下发了《关于农村人民公社当前政策问题的紧急指示信》，即"十二条指示"，在指示信中批评了"一平二调"的共产风、浮夸风、瞎指挥乱命令风和干部特殊化风，并且限期改正。否定了庐山会议以来试图从生产大队基本所有过渡到公社基本所有的政策演变思路，明确了以生产队为基础的三级集体所有制，是现阶段人民公社的根本制度，从1961年算起至少七年

---

① 《展望六十年代》，《人民日报》，1960年1月1日，第01版。

不变。支持生产小队的小部分所有制，对"一平二调"彻底清理，同时严格要求返还或者给以赔偿；允许农户经营少量自留地和开展小规模的家庭副业，这些措施使得农村街道市场生意逐步复原。其中，生产大队作为基本核算单位和统一分配单位，具有生产计划权、经营管理权、分配权。人民公社具有计划建议权和工作监督权，但不能任意提高产量指标等。人民公社和生产队都应维护而非削弱生产大队的基本所有制。

1961年1月，党的八届九中全会正式决定国民经济开始实行"调整、巩固、充实、提高"方针。可见，"大跃进"运动实际上已被停止。

1961年3月，中央广州工作会议通过了《农村人民公社工作条例（草案）》，这便是后来所说的"农业六十条"，进行调整农村策略，对于纠正社、队规模偏大，公社对下级管得太多太死，民主制度和经营管理制度不健全等公社化以来一直突出存在的若干错误，解决了当时群众意见最大最紧迫的一些问题，从而在调动农民积极性、恢复和发展农业生产，以及遏制"共产风"再起方面，发挥了重要作用。同年6月，公共食堂和农村部分供给制不再继续施行。"农业六十条"后来几经修改，一直执行了20多年之久，对我国农村影响深远。

5. 土地产权主体虚置，种田的生产队的土地权实际被不种田的公社控制

在经历了1959年至1961年的大饥荒后，农村人民公社土地政策从"一大二公，一平二调"演变为"三级所有，队为基础"的政策，标志着人民公社从高度公有化的"大公社"向以生产队为核算单位的"小公社"转变，这些政策举措恢复了部分农业生产，提高了原来"大公社"的激励与监管效率，但也出现生产单位与核算单位不一致、生产小队间分配上平均主义等问题。为了解决这一难题，中央于1962年9月出台了《农村人民公社工作条例（修正草案）》，该草案重申人民公社的基本核算单位是生产队，将原先明确属生产大队所有、使用的土地改属生产队集体所有，使生产队对生产的经营管理和收益分配也有了自主权。截至1978年改革开放前，"三级所有，队为基础"的土地集体所有制依旧被农村所沿用。1964年2月开始，全国展开"农业学大寨"运动。1964年12月，周恩来在三届全国人大一次会议上提出建设"四个现代化"的社会主义强国目

标。然而，不久发动的"文化大革命"直接导致"四个现代化"建设停滞。

实际上，人民公社时期的"三级所有、队为基础"土地政策本身造成了土地产权的模糊不清[1]。在政策文件中，土地归三级所有，以生产队为基础；但在实际中，公社借一级所有者和一级政权组织的名义可以无偿征用大队、生产队的劳动力和资金，有的公社、大队甚至无偿征用生产队的土地、山林等。公社、生产大队两级原本没有土地使用权，却常常以土地所有者的身份对各类资源进行调配。而生产队每年除了向国家缴纳农业税，完成征派购任务外，还要向公社、大队缴纳一定的公积金、管理费、公益金和机动粮。生产队毫无权利可言，不仅没有生产经营决策权和收益分配权，甚至没有农产品的处理权。"三级所有，队为基础"在实践中造成了一种"种田的没有权，有权的不种田"[2]的权力格局。

可见，生产队的产权是一种受到严格限制的产权：

1. 生产队所有的土地一律不准出租和买卖，限定了其资产的可转让权。

2. 一般的生产队应该以发展粮食生产为主，同时根据当地条件发展棉花、油料和其他经济作物的生产，这一规定大大弱化了生产队对于资源的使用权。

3. 收益分配之前必须完成地征、派购任务（实际包括农业税和政府的低价收购两部分），而且到60年代末70年代初超过口粮标准的部分，将实行国家超购一部分、集体储备一部分、剩余才分配给个人（政府根据情况确定各自的比例）。这项措施极大地削弱了生产队本应拥有的享益权，一种特殊的剩余要求权配置结构随之形成。

4. 每一个具有劳动能力的人必须参加农业生产劳动，具体的劳动方式和内容由生产队统一安排。这种强制性措施使得在一般情况下社内成员丧失了自由迁移以及选择职业的自由。这是对人力资源使用权的削弱。

5. 口粮的分配标准、分配方式是在与公社、大队或其代理人之间一次又一

---

① 刘长乐：《马克思土地产权理论及其中国化探寻》，华中师范大学，2014年。
② 李明秋、王宝山：《中国农村土地制度创新及农地使用权流转机制研究》，中国大地出版社，2004年，第129页。

次的讨价还价的博弈中完成的，此一合约几乎每年签订一次。其分配办法由50年代末的按需分配到60年代初的按劳分配及70年代的人劳按比例分配，但主要的控制权利仍然在政府。

6. 否定资产具有参与剩余分配的权利。由于上述六个方面的规定，构成了政府对人民公社时期的土地产权强制性的合约控制权利和合约享益权利，也是人民公社时期的土地产权排他性受到严格限制的基本方面[①]。

二、人民公社中期：公社化运动由经济变革演变为政治运动

1962年2月至1976年10月"文化大革命"结束的这一时期，人民公社继续履行着农村土地基层管理与集体开发职能，其间"文化大革命"中试图推行基本核算单位由生产小队向生产大队过渡的曲折与反复，公社化运动由经济变革演变为由意识形态主导的政治运动，把这一时期界定为人民公社中期。这一时期的土地政策基本属于停滞不前，乃至倒退、混乱或被砸碎的不正常状态。

（一）从生产大队核算改为生产队核算，确立以生产队为基础的三级集体所有制

党的八届九中全会后，毛泽东、刘少奇等中央领导人身先士卒，深入到田间地头调研。1962年2月13日，出台了《关于改变农村人民公社基本核算单位问题的指示》，该文件中详细说明把生产队作为基本核算单位的四个好处："能够比较彻底地克服生产队之间的平均主义、生产队的生产自主权有了很好的保障、更适合当前农民的觉悟程度、更有利于改善集体经济的经营管理"[②]，并再次明确："人民公社以生产队为基础的三级集体所有制是在一个长时期内（如：至少三十年内）实行的根本制度，改变了之前以生产大队作为基本核算单位的

---

① 陈剑波：《人民公社的产权制度——对排他性受到严格限制的产权体系所进行的制度分析》，《经济研究》，1994年第7期。
② 中央档案馆、中共中央文献研究室：《中共中央文件选集（1949年10月—1966年5月）》（第39册），人民出版社，2013年，第62—63页。

制度。"①

1962年9月27日，《农村人民公社工作条例（修正草案）》于党的八届十中全会通过，确定人民公社实行以生产队为基础的三级所有制；恢复农民的自留地与家庭副业；取消公共食堂和部分供给制。这时候的农村土地所有制为"三级所有，队为基础"，规定生产队范围内的土地，都归生产队所有。生产队所有的土地，包括社员的自留地、自留山、宅基地等等，一律不准出租和买卖。土地经营规模已经基本退到高级社阶段的水平，生产经营以及分配拥有了一个统一的单位，使得生产队之间的平均主义在一定程度上得到克服，并且使集体经济长期以来存在的生产与分配的矛盾得到解决。其主要就我国农村的公社化和土地改革策略作了重要修改和补充：（1）改变了原来的基层核算组织，也就是说将核算职权由生产大队下放到生产队；（2）人民公社可以由两级组成，也就是包括最基本的公社和生产队；也可以在此基础上加上生产大队，涵盖三级组织机构；（3）人民公社的规模是一乡一社。各个公社的规模定下来之后，长期不变；（4）生产队耕地中一般包含5%至7%的社员自留地，以满足农户日常生产生活需要，这个政策将保留很久；（5）生产队享有自己生产经营范围内土地的所有权。以及该土地，不论是社员的自留地、自留山，还是宅基地等都禁止出租、禁止买卖；（6）如若占用生产队的土地，都要通过县级以上人民委员会的审查和批准。必须妥善经营，其他基础性建设应当确保充足的耕地后，才能开展；（7）公社、大队在今后若干年内一般不办企业②。

1962年9月，毛泽东在党的八届十中全会上重申阶级斗争必须年年讲、月月讲、天天讲，把部分农村地区实行的"责任田""包产到户"和邓子恢等人对此做法的支持指责为"单干风"。党的八届十中全会后，党中央决定在城乡发动一次普遍的"清政治、清经济、清组织、清思想"社会主义教育运动（即"四清"

---

① 中央档案馆、中共中央文献研究室：《中共中央文件选集（1949年10月—1966年5月）》（第39册），人民出版社，2013年，第66页。
② 中央档案馆、中共中央文献研究室：《中共中央文件选集（1949年10月—1966年5月）》（第41册），人民出版社，2013年，第92—120页。

运动），开展大规模的阶级斗争。同年11月9日，撤销中央农村工作部。同年12月11日，中共中央批转《安徽改正"责任田"的情况报告》。1963年5月，毛泽东在杭州主持制定了《关于目前农村工作中若干问题的决定（草案）》（即"前十条"），同年9月，中央又制定《关于农村社会主义教育运动中的一些具体政策的规定（草案）》（即"后十条"）。1964年底至1965年初，中央制定了《农村社会主义教育运动中目前提出的一些问题》（即"二十三条"）。后来的实践证明：中央对农村中出现的"责任田""包产到户"等所谓"单干风"的批判以及开展"以阶级斗争为纲"的"四清"运动是错误的，从政策上来说是一种倒退。

（二）公社基本核算单位经历了由生产队重回生产大队过渡试点的反复

1962年9月，党的八届十中全会通过的《农业六十条修正草案》重申和确认了"生产队是人民公社中的基本核算单位，它实行独立核算，自负盈亏，直接组织生产，组织收益的分配。这种制度定下来之后，至少三十年不变"[①]。但此后不久，在国内不少省区一度出现了没收社员自留地、自留畜、搞大队和联队核算等现象。在"极左"思想大泛滥的"文革"中，中央又开始回到公有制程度越高，就越能促进生产力发展的思路上来，尤其是在农业学大寨运动中，更把这一发展模式贯彻到实际工作中。"文化大革命"以来，农业生产遭到严重破坏，粮食产量增长缓慢。北方14个省、自治区、直辖市人口接近全国的一半，但粮食不能自给。为改变这一状况，1970年8月25日至10月5日，国务院在北京召开北方地区农业会议。会议重申："'农业六十条'中关于人民公社现阶段的基本政策，仍然使用；三级所有，队为基础的制度，关于自留地制度，一般不要变动；要坚持'按劳分配'的原则，反对平均主义；不许无偿地调用生产队的劳力、生产资料和其他物资，不得加重社员负担"[②]。1977年12月19日，中央发出了《关于原则同意〈普及大寨县工作座谈会讨论的若干问题〉的通知》，在

---

① 中共中央文献研究室：《建国以来重要文献选编》（第十五册），中央文献出版社，1997年，第625页。

② 《中国共产党编年史》编委会：《中国共产党编年史》（1966—1977），山西人民出版社，中共党史出版社，2002年，第2768—2770页。

《通知》所附的《汇报提纲》中明确提出："实现基本核算单位由生产队向大队的过渡，是进一步发挥人民公社'一大二公'的优越性，是前进的方向，是大势所趋。各级党委应当采取积极热情的态度，做过细的工作，因势利导，努力创造条件，逐步向以大队为基本核算单位过渡。"①在中央的政策鼓动下，全国近7.7%的大队开始把大队核算作为基本核算单位，向大队核算过渡的试点工作也开始在各省、市、区开展。这股向大队核算的过渡之风，直到70年代末兴起的农村经营制度改革才被刹住。

（三）社员的自留地经历了取缔、恢复的反复

"农业学大寨"运动严重地限制了生产队的经营自主权，使土地的集体所有权受到侵犯。农民的自留地经历了取缔、恢复的反复。1962年9月27日，《农村人民公社工作条例修正草案》在党的八届十次全会通过，其指出：人民公社的组织可以是公社和生产队两级，也可以是公社、生产大队和生产队三级。社员参加集体生产劳动，按照各人所得劳动工分取得劳动报酬，社员可种植少量自留地，并经营少量家庭副业。经多次调整后，1962年起实行生产资料的两级和三级所有制，前者指的是归公社和生产队所有，后者指的是归公社、生产大队和生产队所有，并且该所有制将生产队的集体所有制经济作为基石。

1967年11月23日，人民日报、《红旗》杂志、解放军报编辑部发表《中国农村两条道路斗争》一文，把农村集市贸易、自留地、自负盈亏和包产到户，称为"三自一包"，把这些说成是"妄图瓦解社会主义集体经济""实行资本主义复辟"。之后，各地人民公社相应取消了社员的自留地。直至1970年，针对粮食增长缓慢，北方14省粮食不能自给的状况，8—10月国务院召开北方地区农业会议，会议强调：关于自留地制度，一般不要变动，社员可以经营少量的自留地和家庭副业。1975年宪法第7条规定：在保证人民公社集体经济的发展和占绝对优势的条件下，人民公社社员可以经营少量的自留地和家庭副业，牧区社员可

---

① 《当代中国农业合作化史》编辑室：《建国以来农业合作化史料汇编》，中共中央党校出版社，1992年，第819—820页。

以有少量的自留畜。

（四）宅基地所有权归生产队，使用权归社员

1963年3月20日，中共中央下发《关于各地对社员宅基地问题作一些补充规定的通知》，该通知明确规定：（1）公社成员的宅基地，无论地上有无建筑物，其所有权皆由生产队享有，二者都严禁出租以及买卖，不过，社员对其享有使用权，且一直沿用下去。而社员的稳定使用权应当由生产队来提供足够的保障，而不是想收回就收回，想调换就调换；（2）附着在宅基地上的财产，诸如房屋、树木、厂棚、猪圈、厕所这类，其所有权皆由宅基地的使用者享有，并可以对其进行处分。而根据房随地走、地随房走的原则，房屋买卖完毕后，宅基地的使用权也一同转移给买方，但其所有权不变；（3）由于队里人口自然增长率大于零，人口数越来越多，农户面临家庭住房不够而又缺乏足够宅基地的问题。这种情况下需要农户提出申请，通过社员大会讨论并且大部分人同意后，生产队统一规划土地，批给适当的面积作为宅基地。在这个过程中，保证耕地原则依旧奏效。该新建住宅所占用的土地，不论属于什么性质的土地，都严禁就此收价金；（4）已经拥有宅基地的农户，若以（3）为由占据耕地，来拓宽原有范围，拓宽部分，应当恢复原状[①]。

（五）农村土地可被国家征购、征用、征收转为国有土地

1971年12月26日，中共中央下发《关于农村人民公社分配问题的指示》，指出在分配问题上，当时农村人民公社普遍存在分光吃净、积累过少、超支户多、分配不兑现、劳动计酬上的平均主义等现象，严重挫伤农民生产积极性，提出纠正办法，注重农业的全面发展，不能把党的政策允许的多种经营和家庭副业当做资本主义去批判，这个指示对纠正农村一些"左"的错误，调动农民积极性起了良好作用。

---

① 中央档案馆、中共中央文献研究室：《中共中央文件选集（1949年10月—1966年5月）》（第42册），人民出版社，2013年，第531—532页。

1975年宪法第6条规定：矿藏、水流、国有的森林、荒地和其他资源，都属于全民所有。国家可以依照法律规定的条件，对城乡土地和其他生产资料实行征购、征用或者收归国有。该宪法明文划定了国有资源，这也表明其仍旧认可非国有土地的客观存在及其合法性，同时指明，在经过法定程序之后，政府方可将其转成国有。不过，从1954年到1975年间国家通过各种"文革"所得来的土地，并未在该宪法中找到其合法性。1975年宪法第9条规定：法律保护公民的劳动收入、储蓄、房屋和各种生活资料的所有权。根据当时的法律法规，无论是把农村的私人土地所有权变为农民集体土地所有权，还是把城市私人房地产业主的产权没收，都不是正式的土地国有化。"文革"阶段，社会主义建设事业受到不可估量的不利影响，主要原因是沿用了"一大二公，一平二调"等错误做法。

综上可见，由于党的领导人对于阶级的错误分析以及党章对党的性质的错误规定，导致错误的阶级意识充斥着"文化大革命"时期。农村土地政策在这一时期的反复无常也正是以阶级斗争为纲的错误意识在农村土地生产实践中的表现。

三、人民公社后期："包工到组、联产计酬"演变为"双包"

从1976年11月"四人帮"被消灭伊始，到1985年6月4日全国农村人民公社全部完成撤社建乡，这一阶段界定为人民公社后期。其中改革开放后的农村人民公社土地政策演变放在改革开放新时期部分阐述。

为了解决好温饱等最基础的生活需求，农户于1957年、1959年、1962年主动进行包产到组、包产到户的生产经营模式，不过，被当作走资派在政治运动中受到压制打击。1977年11月份，中共安徽省委发布了《关于当前农村经济政策几个问题的规定》，认可各个生产队按照当地生产生活的具体需求来创制有差异的生产责任制，生产队的自主权得以充分保障，认可社员自行安排耕种自留地、经营家庭副业，开放集市贸易，这在全国率先开始纠正农村经济发展中的错误政策。随后，四川、甘肃、广东等省也开始了类似的尝试。

（一）从"包工到组、联产计酬"到第四次包产到户成功被认可

从1956年开始，我国农民和农村基层干部关于"包产到户"的探索从未间断过，在集体经济时期经历了"三起三落"：1956年完成对农业的社会主义改造后，有些地方出现包产到户，但由于强大的"左"的政治压力，第一次包产到户遭到了压制；1959年庐山会议发起的反右倾机会主义运动中又一次被压制；随着"大跃进"和人民公社化运动的进行，包产到户又开始实行，但在1962年党的八届十中全会上又被打压；直到党的十一届三中全会以后，农民群众第四次包产到户的探索终于获准并得到广泛推广采用。1978年党的十一届三中全会通过了《中共中央关于加快农业发展若干问题的决定（草案）》，总结了1958年以来农业发展的经验教训，批判了长期存在的"左"倾错误，决定集中全党主要精力进行农业生产建设。提出了一系列促进农业生产发展的政策，并提出"可以包工到作业组、联系产量计算劳动报酬"。但由于还未完全摆脱过去错误的影响，仍明确规定"不许分田单干，不许包产到户"。

1978年夏秋之际，安徽省遇到了百年罕见的大旱。中共安徽省委面对严重旱情作出了重大的政策指示，社员可以经营集体无力耕种的土地，谁种谁收，政府对此不加收公粮，也未指定统购目标。这使得农户的抗灾和秋种积极性大大提高。在实行"接地度荒"过程中，安徽省合肥市肥西县山南公社的部分社队仿照20世纪60年代初实行过的"责任田"，搞起了包产到户，此举引发了争论，但是时任中共安徽省委书记万里对这一做法进行了保护。在万里的支持下，凤阳县梨园公社小岗村生产队悄无声息地把所有耕地分给农户，并决定除了上交的公粮外，其余收成由农户自己支配。诸如此类包干到户的模式，完全颠覆了农村之前的生产管理模式——统一经营、核算、分配，且这种模式收到了非常好的效果。与此同时，中共四川省委也支持农民搞包产到组，允许和鼓励社员经营正当的家庭副业，开展"以产定工、超额奖励"的试验，并在全省扩大试验范围。云南省楚雄彝族自治州等地推广包干到组的管理责任制，广东省在农村社队普遍推动"五定一奖"（即定劳动、定地段、定成本、定分工、定产量，超产奖励）的经营管理制度。从1979年1月起，《人民日报》对这四个省实

行农村生产责任制的情况和经验，陆续进行了报道，明确肯定这是我国农村体制改革的最初实验。

1980年的4—5月份，邓小平就农村政策问题先后两次同中央负责人谈话，提出"农村政策要继续放宽，土地承包给个人不会影响我们制度的社会主义性质"[①]。同年9月，党中央发出《关于进一步加强和完善农业生产责任制的几个问题》的文件，首次突破多年来把"包产到户"等同于分田单干和资本主义的观念，肯定在生产队领导下实行的包产到户，不会脱离社会主义轨道，没有复辟资本主义的危险。在中央的肯定下，包产到户、包干到户的"双包"责任制迅速推广。1982年，我国农村面貌焕然一新，出现了少有的大丰收，同时，农业发展也朝着积极好转的方向稳步前进。

（二）开展国营农场，鼓励开荒

1978年1月26日，中央政府下发《全国国营农场工作会议纪要》。该文件的主要精神是：国营农场的土地及其财产的所有权，由全民享有，禁止任何组织或者个人以任何方式占有。1966年开始，国营农场分出去的土地和财产，省、市、区革委会需视具体状况来安排，如非法占有国营农场的土地、财产，就需要彻底退还。自此，机关、工厂、学校、部队等组织创建农场，并且自食其力，开展生产，严禁侵占国营农场所有的土地。同时强调国营农场一定要把大搞农田基本建设当成一项伟大的社会主义事业来办。

1979年4月1日发布的《农业部、国家农垦总局、财政部、中国农业银行关于加强农村人民公社开荒管理工作的通知》中主张：大力支持公社进行有规划、有次序地开垦和围海，来增加耕地面积，促进我国农业的发展。并且考虑到我国人多地少的基本国情，在使用建设用地时，政府厉行节约，确保耕地面积不减少。

---

① 中共中央党史研究室：《中国共产党简史》，中共党史出版社，2010年，第126页。

四、人民公社时期的农村土地政策演变特点及利弊

（一）演变过程及特点

通过人民公社化运动，使得各农业生产合作社名下的土地以及公社社员的自留地、坟地、宅基地等一切土地，连同耕畜、农具等生产资料以及一切公共财产、公积金、公益金，都无偿收归公社所有。公社对土地进行统一规划、统一生产、统一管理，分配上实行平均主义。农村土地制度的性质在人民公社化的过程中并没有根本改变，农村土地仍然属于集体所有，由集体统一经营。但这时的集体已经由高级合作社转变为人民公社，公有化的程度越来越高，土地的经营使用权完全掌握在政社合一的人民公社手中。这一阶段土地制度的局部调整主要体现在土地的经营规模空前扩大，国家通过高度集中统一的计划来控制和管理土地上的生产经营活动，土地上的任何权利都不能转移、出租。人民公社制度既要实行社会主义平等，还要完成快速赶超工业化原始积累，同时也完成了劳动和人力资本积累。

可见，人民公社时期的农村土地政策演变的最大特点是公社三级所有权的逐渐明晰，尤其是基本核算单位由公社到生产大队、再由生产大队到生产队的逐级下移是其演变的主线。尽管中间曾有过基本核算单位重回公社和生产大队的政策反复，但总体而言，是受生产关系必须适应生产力发展水平这一规律的制约。与此同时，政策演变也存在激进性和片面追求公有化的问题，这也成为此时期党在农村土地政策上的最大失误。这一时期农村发展急于求成，建设速度盲目求快，脱离了生产力发展的客观实际，造成了对生产力的严重破坏。从初级社过渡高级社仅用了不到三年时间，而高级社从兴起到完成只用了不到半年时间，人民公社化运动则更短，只用了三个月。这场拔苗助长的公有化运动违背了农村生产力发展规律，严重挫伤了农民的生产主动性和积极性，延缓了政策调整与演变的步伐，给农村社会的治理与发展带来了阻碍。

从土地产权来看，这一时期的农村土地政策演变路径为"公社集体所有——生产大队集体所有——生产队集体所有——生产大队集体所有——生产队集体所有"；从利用方式来看，这一时期的农村土地政策演变路径为"集体利用——粗放利用（大量农村土地非农化）——行政干预利用"；从配置方式来看，这一时期的农村土地政策演变路径为"高度计划+集权"；从功能属性来看，这一时期的农村土地政策演变路径为"政治属性"；从执政党意识形态来看，依然是"以阶级斗争为纲，以政治为中心，注重公平"。在土地政策功能上，由农业合作化时期更倾向于政治导向和调控功能演变为人民公社时期更倾向于集体化、公有化、国有化。

按照马克思的分析，社会主义公有制优越于资本主义私有制，因此，党执政后实行土地公有成为必然选择。新中国成立后，我党选择并快速推进农村土地集体化、公有化的主要原因是：1.实现土地等生产资料集体所有，是我党的既定目标，这既是政治决定，也是马克思主义政治经济学理论使然；2.土地改革与互助合作的增产效果明显，是快速推进农村土地集体化、公有化的根本原因（内因）；3.统购统销政策，是快速推进农村土地集体化、公有化的重要外部因素（外因）。

我国人民公社时期的土地政策演变过程出现了以下问题：形而上学地追求公有化，在错误的"大跃进"运动中深受"共产风"和"浮夸风"的危害而片面提高社会主义公有制的程度；秉持着"一大二公"越公越好的理念，对商品经济持消极态度，取缔农产品交易，使得农村土地利用只靠政策命令和计划而缺乏市场调节；阶级斗争作为上层建筑反过来决定经济体制等。这些举措严重违背了马克思社会基本矛盾理论提出的"经济基础决定上层建筑"的基本原理。

人民公社的土地政策失败的原因，一方面在于监督和测定成本太高的问题，另一方面在于排他性受到严格限制的经济体系中，剩余权益（剩余控制和剩余享益）的内容和比例决定着生产组织中剩余要求权的配置，而剩余要求权的配置又直接影响者生产组织的积极性（对生产者的激励程度）。因此，保持土地产权排他性的完整性及其充分地执行会提高土地资源的价值[①]。而且，在当时农村生产力较为落后的情况下，规模农业的发展仍为一个愿景，存在着生产力与生产关系不相匹配的现实困境，这也是当时农业合作化失败的重要历史原因。

人民公社是中国共产党领导中国农民进行社会主义建设的一种制度探索，属于集体所有制下的一种产权安排，是为了实现好、维护好农民更多的土地权益而进行的一个改革试验，但是由于特定的政治因素影响，人民公社脱离本质，实践与理论出现了偏差，并演化为"大跃进""浮夸风"，挫伤农民从事集体生产的积极性，最终导致农村经济发展受阻和农民权益受损。在这一时期，人民公社的探索没有改变农村土地集体所有制的性质，农民作为集体成员依然是土地的主人，并为"家庭承包经营制"的出现奠定了基础。

同时，人民公社时期的农村土地制度在本质上是一种无效率的制度安排。人民公社体制政社合一的组织形态决定了管理制度的不健全，责权利相互脱节。人民公社土地集体所有、集体经营的劳动形态又决定了激励机制缺损。这两方面叠加，就决定了人民公社资源配置的无效率。在国家掌控土地经营权的情况下，虽然土地名义上属于集体所有，但无法进行任何形式的土地流转，而且从产业结构的确定到农作物的播种面积的计划控制权都归属于国家。结果是国家对土地利用享有绝对的决策权，集体却没有经营自主权，至于农民，则既没有所有权，也没有经营权，只是一种劳动的责任和义务的主体。

（二）政策利弊

纵观人民公社时期的农村土地政策执行情况和历史影响，政策调整与演变比较频繁，每一次政策的调整与演变都是对"一大二公、一平二调"人民公社模式的部分否定，在一定程度上纠正着"大跃进"的失误，但其政策制定和实行总的来说是失败的，它带来了农村经济体制一次错误的变革，这种不良影响除了上述的两大政策失误之外，主要表现在以下几个方面：

[①]　陈剑波：《人民公社的产权制度——对排他性受到严格限制的产权体系所进行的制度分析》，《经济研究》，1994 年第 7 期。

1. 人民公社的土地制度无论是组织形态还是资源配置都是无效率的制度安排，强制实行人民公社统领下的土地共有政策，超越了历史发展条件，扭曲了土地这个生产要素的经济关系。人民公社作为政社合一的政治经济组织，通过"一大二公、一平二调"在生产计划上干预生产大队和生产队，甚至采取强制命令，这严重违反了马克思合作化理论的自愿性原则。尽管经过调整从"一大二公、一平二调"已经缩小到"三级所有，队为基础"，一定程度上促进了农业生产的发展，但它的高度集中的"政社合一"的体制仍然保持着，"左"的思想仍然起着主导作用，它未能处理好国家、集体和个人的利益关系，主要农产品产量和农业总产值虽有所增长，但增长的速度比较缓慢，农业经济效益呈下降趋势，人民生活水平没有得到提高。

2. 人民公社的土地制度在所有权和使用权上出现了高度集中化，权责利严重脱节。虽然农村土地是集体所有，但生产队作为基本核算单位却没有生产经营自主权，国家掌握和计划控制土地经营权，对土地利用有绝对的决策权。农民只是作为劳动的责任和义务主体，既没有所有权，也没有经营权，可见这一时期的农村集体土地权责利混乱，严重影响农业生产的有效开展。

3. 无法监督和调动社员劳动积极性，难以真正做到按劳分配。这一阶段的土地政策直接导致了农业经济长期萎靡，扩大后，直接导致国民经济发展迟缓。农民个人纯收入低下，年平均增长不到人民币3元，而且几乎全部来自集体分配收入；另外，农村提供给社会的农产品数量，农产品供给全面短缺，根本无法满足国民经济发展的需要，几乎所有农产品均要凭票证供应，民不聊生。

4. 用人机制不合理，生产队和生产大队存在严重的治理问题。受阶级成分的思想影响，这一阶段的生产队负责人的产生方式，更利于贫下中农中的"政治能人"的成长，而不利于地主和富农中的"经济能人"的成长。同时，生产队的生产经营决策权高度集中，一切生产经营安排都由主要负责人决定，其他社员，即使农业生产技术和经营管理水平再高，也必须听从主要负责人的安排。

5. 在农村人民公社体制下，生产（大）队与社员间的关系是一种典型的雇佣关系，社员不能退社。生产（大）队长是生产队生产经营的决策人，是生产过程的指挥者，社员只是付出自己劳动能力。这种雇佣关系与新中国成立前的雇佣关系没有本质区别，会减低农业劳动效率。

但也有几点可取之处：

1. 农村土地集体所有，统一经营不仅实现了劳动与资本的联合，还为农业和农村自身发展提供了资金积累和劳动积累，减低了国家收购农副产品的交易成本。

2. 在土地经营和管理方式出现的"包产到户"农业生产责任制形式，作为一种自下而上、极其有益的大胆尝试，虽仍存在很多的不足，但对当时完善农村土地制度、恢复发展农业以及后来推动家庭联产承包责任制变革都提供了有利的探索经验和政策启示。

3. 与人民公社相关的农村教育、医疗公益事业与福利、乡镇企业、农村商业、农业科技、民兵组织与国防等方面也取得了一定的进步。

4. 兴修农田水利、改良土壤等农业基础建设，有利于保障农业生产，增强农业抵抗自然灾害能力。

5. 调整国民经济的任务已基本完成，并提出了实现"农业、工业、国防和科技"四个现代化的战略目标。

第四节　改革开放前土地政策演变的原因及特点、问题

一、改革开放前土地政策演变的原因及特点

据初步梳理统计，我国在改革开放前的28年间一共制定近30个各类土地政策文件。其中，文件的数量和规格也比在"文革"前制定和出台得数量更多、规格更高，演变更为频繁。之所以党和国家在新中国成立后的不同历史时期出台不同的土地政策，实行不同的土地制度，发生土地政策演变，其深层原因就在于党和国家在新中国成立后以阶级斗争为纲，对不同时期人地关系的判断发

生了演变。新中国成立初期，为了巩固我党在新解放区的新生政权，团结更广泛的农村阶层，党中央实行"耕者有其田"的土地改革，让农民获得属于自己的土地，真正恢复、解放和发展了农村生产力。广大农民对党和国家的拥护和归属感更强，纷纷主动让自己的子女踊跃报名参军报答党的恩情。随着农民土地所有制的确立，农村土地资源因农户间倒卖土地而重新出现了贫富差距的"两极分化"现象，这便违背了我国建立社会主义制度和开展土地改革的初衷，因而需要把农民手中的土地所有权收回，交给集体统一经营，进而形成新的生产力来动摇私有基础，鼓励通过合作的形式进行土地生产，在实践中践行了马克思土地公有化思想，也确保了我国社会主义制度在农村中经过合作化改造而成功确立。随着我国社会主义三大改造的提前完成，党和国家对当时的"三农"发展势头有了不切实际的激进想法，希望能通过"大跃进"运动来缩短从社会主义社会向共产主义社会的过渡期，最后因严重脱离了当时我国生产力发展实际，导致农业生产力严重倒退。尤其是1960年因缺粮导致不少地方出现饿死人的情况，让党和国家痛定思痛，通过总结教训发现是因为"一大二公，一平二调"的大锅饭平均主义影响了农村人地关系的快速发展。于是，开始逐步针对之前冒进错误的土地政策进行调整和纠偏。在改革开放前，已经捆绑在一起多年的农村人地关系亟待从政社合一的人民公社体制中解放出来，农村农民农业不解放，我们中国人的饭碗就不能捧在自己的手上，农村土地制度的改革开放势在必行。不难发现，改革开放之前，我国土地政策的进展和国家上层建筑以及经济基础的发展紧密相连。只有在政治形势良好、经济快速发展时，土地政策才会朝着科学合理的方向行进。反之就会数量少、质量差。

改革开放前，我国建立了农村集体土地所有制，实现了对个体农业的社会主义改造，农户完全跳出了个体私有制这个牢笼，进入了建设社会主义新农村的历史时期，为我国的工业化、城镇化和农村经济社会的发展创造了条件。但实践证明，以生产队为基本核算单位的生产体制不利于调动农民的生产积极性，不适应农村生产力发展的要求，需要进行改革。

新中国成立初期的土地改革时期，是由新民主主义社会过渡到社会主义社会的独特阶段，土地政策有着显著的非公有性、衔接性、分配性与强行性。合作化和人民公社化时期，土地政策的演变则带有明显的完全集体化、合作化、国有化和反复性特点，"一大二公、一平二调"成为这一时期农村土地政策的主流关键词，尤其是在"文化大革命"时期，经历了"三级所有"核算单位以及自留地制度的反复，土地政策的发展受到较大影响。在改革开放前的徘徊探索时期，土地政策的发展比"文化大革命"时期虽有所好转，但起色不大。新中国成立以来，尽管农村土地产权制度的变迁还没有摆脱农村土地产权公有与私有的博弈循环，但是整个过程显得比较有序，因而积累了许多农村土地产权制度创新的经验。土地改革后期，明确了"耕者有其田"的农村土地政策，建立了农民土地所有制，农民千百年来的平均主义倾向以地权的形式得到了最大限度的实现，同时也开始了新一轮的农村土地产权公有与私有的循环博弈。农业合作化时期，为了克服小农经济分散经营的劣势，从1953年开始在农村地区出现的互助组和合作社等农业合作生产组织形式，逐渐成为新的农村土地制度实施的载体，农村土地制度也因此走向了新的公有产权制度形式。人民公社时期，为了适应国家对工业化原始资本积累的需求以及进一步发挥合作经营的积极作用，农村土地集体公有制度在人民公社体制的支撑下正式产生。在人民公社后期，农村土地集体公有制度出现了越来越明显的弊端，社会各界对于再次回归农村土地私有制度的呼声也越来越高。在土地政策的执政党意识形态演变上，改革开放前尤其是十年"文革"结束后，中国共产党开始总结经验教训，及时将"左"的错误意识和以阶级斗争为纲的错误意识摒弃掉；淡化了阶级意识、革命意识、武装斗争意识等革命党的政党意识，加强对使命意识、信仰意识、合作意识、领导意识、民主政权意识、先进意识、独立自主意识、模范意识、服务意识、全面执政意识、忧患意识等政党意识的发展，这些意识在新的社会环境中也被赋予了新的含义①。

改革开放前的农村土地政策演变历史是新中国坚定不移地走社会主义道路

---

① 黎增梅：《中国共产党政党意识的演变探析》，中南大学，2013年。

的真实写照。由于这是一条全新的道路，它的曲折性和反复性不言而喻。通过回顾和审视这段不平凡的演变史，我们不难发现：

1. 产权制度演变是土地政策演变及土地制度变革的核心。产权制度作为土地制度的决定性因素，决定着土地作为财产的归属及处置。土地政策演变及土地制度变革主要体现在土地产权制度的变迁上。土地改革是封建地主土地所有权转变为农民土地所有权，消灭了封建剥削制度；初级农业合作化是农民土地所有权、农民土地使用权转变为农民土地所有权、集体土地使用权，开始向公有制过渡；高级农业合作化和人民公社化则是农民土地所有权、集体土地使用权转变为集体土地所有权、集体土地使用权，消灭了私有制。

2. 发展农村经济，支援国家工业化建设是土地政策演变的根本目标。土地改革的目标是要废除地主阶级封建剥削的土地所有制，实行农民的土地所有制，借以解放农村生产力，发展农业生产，为新中国的工业化开辟道路。土地改革之后，国家开始大规模有计划的经济建设，农业合作化的目标就是要逐步实行农业的社会主义改造，使农业能够由落后的小规模生产的个体经济变为先进的大规模生产的合作经济，以便能在较短的时间内集中最大力量发展农业生产以支援国家以工业建设为主的经济建设。

3. 农民的生产积极性是农业发展的源泉和土地政策演变成功与否的依据。无论什么时候，都要保护好农民的生产积极性。只有充分调动起农民的生产积极性，才能有效地发展生产力，促进农业生产。改革开放前的农村土地政策演变实践已经证明，凡是重视农民生产积极性，大力提高农民生产积极性的，往往能够推动农业生产的不断增长，土地政策演变就是成功的，相反，无视甚至挫伤农民积极性的，并且破坏农业生产的行为，往往土地政策演变也是失败的。

二、改革开放前土地政策演变存在的问题

改革开放前的农村土地政策都不同程度地推动了当时农业生产的发展，其成就是主要的。其中，土地改革成效最显著，粮食和棉花产量均超过了历史最高水平，其他方面也大幅度增长；初级农业合作化和高级农业合作化时期，农

业生产继续增长，农业基础设施得到大大加强；人民公社时期，农业生产曾有一个短暂的回落，但随后即以较快的速度恢复和发展，与此同时，农业基础设施获得大规模发展。

改革开放前的农村土地政策对促进农村生产发展的作用不容忽视，但其演变过程也出现了不少问题，为后续的农村改革体制创造了突破的诱因：

1. 农业合作化时期，推行土地合作化的时机不对，挫伤了通过土地改革刚获地不久的农民生产积极性。

2. 人民公社时期，"一刀切"式强制施行人民公社领导的土地公有政策，并未考虑当时的具体生产生活状况，没有完全认识到土地作为生产要素的经济关系。社会主义改造过程中存在过急、过猛的现象，以致后来演变成为"大跃进"，给农业生产带来了相当大的不利影响。

3. 人民公社时期，对"一大二公、一平二调"的极度崇拜和追求，没有正视土地的重大价值，无视土地的商品经济关系，故意人为地消除了土地的有偿性。没有全面重视土地政策除粮食生产之外的其他功能。

4. 改革开放前，农村土地所有权不明确，各个耕种主体、管理主体之间的土地权属不明确，大大减少了产量。

可见，经历了土地改革、农业合作化和人民公社时期，我国农村亟待开展一场土地制度的改革突破和政策创新。我国农民在长期的土地生产实践中积累了大量的经验，最懂自己的土地需求，最擅长土地治理，因而，我国的改革开放首先是农村改革取得突破，并从农民自下而上的人地关系摸索开始也就并非偶然了。

第四章　改革开放以来农村土地政策
的演变过程及特点

在"左"倾错误影响下，我国农村的落后面貌长期没有大的改变。贫穷拷问着社会主义、拷问着中国，邓小平认为贫穷不是社会主义，发展太慢也不是社会主义；平均主义不是社会主义，两极分化也不是社会主义。1978年12月召开的中共十一届三中全会，标志着中国特色社会主义建设事业一个新时期的开启，这个新时期最鲜明的特色就是改革开放，最大成果就是开辟了中国特色社会主义道路。1992年南方谈话，邓小平明确指出："社会主义的本质，是解放生产力、发展生产力，消灭剥削，消除两极分化，最终达到共同富裕。"[1]习近平同志指出："只有社会主义才能救中国，只有改革开放才能发展中国、发展社会主义、发展马克思主义。"[2]"改革开放是当代中国最鲜明的特色，是我们党在新的历史时期最鲜明的旗帜。改革开放是决定当代中国命运的关键抉择，是党和人民事业大踏步赶上时代的重要法宝。"[3]

党的十八大以来，中国经济发展进入新常态，已由高速增长阶段转向高质量发展阶段。以习近平同志为核心的党中央审时度势，提出主动适应和引领经济发展新常态，起决定性作用的市场在发挥配置资源作用的同时要与政府一起

---

① 《邓小平文选》（第3卷），人民出版社，1993年，第373页。
② 习近平：《决胜全面建成小康社会夺取新时代中国特色社会主义伟大胜利——在中国共产党第十九次全国代表大会上的报告》，《人民日报》，2017年10月28日，第01版。
③ 习近平：《在庆祝中国共产党成立95周年大会上的讲话》，《人民日报》，2016年7月2日，第02版。

配合，才能共同推动经济的发展。其中，"主动适应、把握、引领经济发展新常态，促进经济持续健康发展"①的总体判断和主体任务作为一体，"使市场在资源配置中起决定性作用和更好发挥政府作用"②的实现路径和政策母体作为两翼。党的十九大报告指出，新时代，我国的主要矛盾已发生了改变。新的时代呼吁并孕育了新的指导思想。

中国特色社会主义进入新时代是改革开放持续推动的结果，没有改革开放新时期就没有中国特色社会主义新时代。我国的改革在党的十八大前后已经进入攻坚期、深水区，全面深化改革、继续全方位对外开放任重而道远。

就改革本身的进程而言，党的十八大之前改革开放新时期和十八大之后的全面深化改革新时代，无论从改革的动力、指导思想还是实际样态而言，都发生了重大变化。就改革的动力而言，"富起来"是邓小平启动改革开放新时期政策的原始动力。而党的十八大以后，不断提升国家治理体系与治理能力的现代化，实现经济与社会的协调发展、人与自然的和谐共生，"强起来"成为全面深化改革新时代政策的新动力。就改革的指导思想而言，解放思想、与时俱进是党的十八大之前改革开放新时期的最强音。改革需要顶层设计，要充分考虑改革的系统性、整体性、协调性成为党的十八大后全面深化改革新时代的关键词。就改革的实际样态而言，相对容易的、皆大欢喜的改革在党的十八大之前已经完成，党的十八大后攻坚克难、矛盾复杂的改革成为全面深化改革新时代的新样态。

2016年4月25日，习近平总书记在安徽小岗村主持召开农村改革座谈会时指出：农村改革"最大的政策，就是必须坚持和完善农村基本经营制度，坚持农村土地集体所有，坚持家庭经营基础性地位，坚持稳定土地承包关系"③。2017年10月18日，习近平总书记在党的十九大报告中指出："农业农村农民问题是关系

---

① 中共中央宣传部：《习近平总书记系列重要讲话读本（2016年）》，学习出版社、人民出版社，2016年，第140页。
② 中共中央宣传部：《习近平总书记系列重要讲话读本（2016年）》，学习出版社、人民出版社，2016年，第147页。
③ 《中华人民共和国大事记》，《人民日报》，2019年9月28日，第09版。

国计民生的根本性问题，必须始终把解决好'三农'问题作为全党工作重中之重。要坚持农业农村优先发展，按照产业兴旺、生态宜居、乡风文明、治理有效、生活富裕的总要求，建立健全城乡融合发展体制机制和政策体系，加快推进农业农村现代化。"[①]2022年10月16日，习近平总书记在党的二十大报告中指出："全面推进乡村振兴。深化农村土地制度改革，赋予农民更加充分的财产权益。保障进城落户农民合法土地权益，鼓励依法自愿有偿转让。"[②]新时代农村土地政策改革也进入了攻坚期和深水区，既要进一步打造改革开放新时期的家庭承包制升级版，又要针对新时代"三农"实际提出创新政策。新时代的家庭承包制存在土地承包经营权承载的社会保障功能和发展农业效率间的不协调，此制度性障碍成为农村经济发展的拦路虎。农村土地集体所有权与土地承包经营权的二元结构，造成现实中农村土地流转法理上的违背和农民心理上的不安。为了解决我国农业发展缺乏内生动力和农业产业生产要素不顺畅的问题，亟须在制度上为农业生产要素的自由流动和土地资源优化配置松绑。

为解决新时代农村出现的新问题和顺应新时代中国特色社会主义新农村全面深化改革的新要求，新时代农村土地政策也相应做出了更符合新时代要求的制度设计，创造性地提出了农村土地产权"三权分置"的政策，该政策是在强制性制度变迁和诱致性制度变迁双重力量的作用下，我国农村土地通过确权、登记和颁证，土地产权制度由"两权分离"过渡为"三权分置"，目的是形成高效配置农业生产要素的权利机制。相较于国外的农村土地私有化或国有化，我国走了一条有中国特色的农村土地集体产权之路，从农村土地私有到土地集体所有，再走到家庭联产承包责任制的"两权分离"，再到新时代的"三权分置"，与时俱进，在发展中改革，在改革中发展。与此同时，家庭承包制的个体经济也不利于集体经济的快速发展，不利于建立现代经营体系。因此，当前的农村

---

① 习近平：《决胜全面建成小康社会夺取新时代中国特色社会主义伟大胜利——在中国共产党第十九次全国代表大会上的报告》，《人民日报》，2017年10月28日，第01版。

② 习近平：《高举中国特色社会主义伟大旗帜为全面建设社会主义现代化国家而团结奋斗——在中国共产党第二十次全国代表大会上的报告》，人民出版社，2022年，第30—31页。

土地产权"三权分置"和建立现代经营体系政策，是适应新时代中国特色社会主义发展的必然要求。

第一节　改革开放新时期：
联产承包责任制的开端、发展与成熟

从1978年12月党的十一届三中全会召开以来，到党的十八大召开前的这一时期为改革开放新时期。党的十一届三中全会深刻指出："总的看来，我国农业近二十年来的发展速度不快，它同人民的需要和四个现代化的需要之间存在着极其尖锐的矛盾"[①]。"政社合一"的人民公社，经营管理过于集中，不利于调动农民的积极性，分配上存在着严重平均主义倾向，在很大程度上抵消了国家对农业的巨大投入，致使农民生活的改善和农业生产的发展缓慢。1978年，还有2.5亿人口没有解决温饱问题。

改革开放的春风吹遍农村大地，与此同时农业发展也飞速向前推进，党在农村的土地政策之所以能够取得成功得益于土地政策的科学制定及其严格落实。经济体制变革的首胜，也是在农村，实际上是农村生产力一直要求突破"左"的农村政策的结果，是历史的必然选择，改革开放以来，对我国农村土地政策的探索同样经历了一条曲折发展之路，其演变经历了家庭联产承包责任制的确立，从15年承包期到30年承包期的转变，从长期稳定政策到长久稳定政策的转变，真正实现了农民与土地的直接结合。改革开放新时期的农村土地政策在土地所有制上实行劳动群众集体所有，在土地经营上实行家庭承包、统分结合双层经营。家庭承包经营有两种形式：一种是按人均包，即按人口均分土地，这种形式最为普遍；另一种是按户（或个人）竞包。在已经实现了农业现代化的

---

① 中共中央文献研究室：《三中全会以来重要文献选编》（上），人民出版社，1982年，第166页。

国家中，无一例外地实行着家庭经营。

一、家庭承包制开端及发展期："双包"向统分经营演变

1978年12月至1996年12月为家庭联产承包责任制确立及发展期，农村土地政策采取两权分离——所有权归集体，经营权归个人。1984年5月16日启动首次全国土地资源调查，1997年底结束。这一时期随着家庭联产承包责任制的确立与发展，开启了我国改革的航程，重新确立了家庭经营的重要地位，促进了农业生产的迅速发展，创造了具有中国特色的合作制新模式，推动了我国传统农业向现代农业的转化。同时，也存在土地经营规模细碎化、土地资源配置福利化、土地经营权调整频繁化等问题。

（一）家庭承包制确立阶段：从生产责任制到家庭承办经营，实现土地承包经营权与所有权两权分离

1978年12月至1984年12月为家庭承包制确立阶段。1978年12月，我国农村改革拉开了改革开放的序幕，到1984年12月界定为家庭承包制确立初期。1979年4月党中央制定了国民经济"调整、改革、整顿、提高"的政策方针，国家陆续制定了一些土地政策，在逐步废止人民公社所有制的同时，逐步推行和完善家庭联产承包责任制，实现了土地承包经营权与土地集体所有权两权分离。其中，最具代表性的政策主要有：

1. 撤社建乡，人民公社制度解体

1980年，四川省广汉县的一个公社在全国首个撤社建乡。1982年9月党的十二大终止了对"包干到户姓'资'还是姓'社'的争议"，明确表示包干到户是社会主义性质的农业生产责任制。十二大之后，我国经济体制改革全面展开，农业丰收，农户逐渐增收，部分高档消费品也慢慢为普通农户所用，农业生产摆脱长期停滞的困境，农村的家庭联产承包责任制迅速推向全国。1982年宪法第十三条在农村的行政区划上恢复了原来的乡、镇、村体制，这是人民公社走向解体的象征。1983年10月，中共中央、国务院发布了《关于实行政社分

开，建立乡政府的通知》。到1984年底，已有99%以上的农村人民公社完成撤社建乡，到1985年6月4日全部完成。全国农村在废除人民公社的同时，取消了原有的生产大队和生产小队，建立了村民委员会和村民小组。到1988年12月，乡政村治的农村基层社会管理模式基本形成。

2. 从"两不许"到"三不许"再到"不许与也不要"

（1）两个"不许"：不许分田单干，不许包产到户

1979年1月11日，党中央下发《关于加快农业发展若干问题的决定（草案）》，尽管依然规定"不许分田单干，不许包产到户"，但是也开始清算农业工作中的"左"的错误，指明必须"强化劳动的有序性，逐步制定科学合理的生产责任制"，提出了三个可以，即可以按定额计工分，可以按时记工分加评议，也可以在生产队统一核算和分配的前提下，包工到作业组，联系产量计算劳动报酬，实行超产奖励。主要内容有："国家法律、政策应当保障人民公社、生产大队和生产队的所有权和自主权，严禁随意将生产队的劳力、土地、牲畜、机械、资金为己用；社员自留地作为中国经济发展的关键一环，任何机关和领导人都不准再搞'一平二调'和瞎指挥；在按劳分配的原则下，如若进行超产奖励，应当由生产队统一核算和分配；继续实行'三级所有、队为基础'的土地制度，稳定不变，决不允许任意改变，搞'穷过渡'"[1]。

（2）三个"不许"：不许包产到户，不许划小核算单位，一律不许分田单干

在《关于加快农业发展若干问题的决定（草案）》发布三个月后，1979年4月，新组建的国家农委发出中央31号文件，这个文件的重点聚焦农业生产责任制，该文件明确提出三个"不许"：不许包产到户，不许划小核算单位，一律不许分田单干。但许可深山、偏僻地区的孤门独户实行包产到户。

（3）"不许与也不要"：不许分田单干，除了某些副业生产的特殊需要和边远山区、交通不便的单家独户外，也不要包产到户

---

[1] 《中国共产党编年史》编委会：《中国共产党编年史》（1966—1977），山西人民出版社、中共党史出版社，2002年，第3043—3044页。

1979年9月，党的十一届四中全会通过《关于加快农业发展若干问题的决定》，《决定》修改了原来两个"不许"的表述——不许分田单干，除了某些副业生产的特殊需要和边远山区、交通不便的单家独户外，也不要包产到户，该表述比之前的《决定（草案）》在语气上有所缓和。"不要"不等于提倡，更不能提倡单干。

3. 部分认可"包产到户、包干到户"

（1）贫困地区可以搞包产到户、包干到户，一般地区不要搞包产到户、包干到户

1980年9月，中央75号文件《关于进一步加强和完善农业生产责任制的几个问题》发布，提出贫困地区可以搞包产到户、包干到户，一般地区不要搞包产到户、包干到户。"生产队领导下实行的包产到户是社会主义性质的经济发展模式，需要坚信并保障其发展"[①]。

（2）贫困地区实行包产到户、包干到户，中间地区实行统一经营、联产到劳，发达地区实行专业承包、联产计酬

1981年3月27日，中央办公厅批转下发杜润生《关于农村经济政策问题的一些意见》，基本内容是贫困地区实行包产到户、包干到户，中间地区实行统一经营、联产到劳[②]，发达地区实行专业承包、联产计酬。这一政策直到1982年中央一号文件发布才废止。

4. 充分认可"包产到户、包干到户（大包干）"

1982年1月1日，中央一号文件批转的《全国农村工作会议纪要》中指出"现在中国施行的各种责任制，其性质都是社会主义的经济发展模式"[③]。

---

① 中共中央文献研究室：《三中全会以来重要文献选编》（上），中央文献出版社，2011年，第 475 页。

② "统一经营，联产到劳"主要是指以河南南阳经验为典型代表的生产责任制，坚持生产队的主体地位，实行"四定"（定产量、定质量、定费用、定奖罚）和"五统一"（统一计划、统一耕种、统一供种子、农药和化肥、统一核算和分配）。

③ 中共中央文献研究室：《三中全会以来重要文献选编》（下），中央文献出版社，2011年，第 362 页。

在中央一号文件的支持和推动下，全国农村实行包产到户、包干到户的生产队迅速由1980年占全国生产队的50%，上升到1982年6月占全国生产队的86.7%[①]。以家庭承包为基础、统分结合的合作经济新体制，代替旧的"三级所有、队为基础"的人民公社体制的趋势，已势不可挡。

1980年前后，安徽省凤阳县小岗村、肥西县山南乡以及浙江省、四川省多地农民大胆突破当时的政策限制，私下偷偷地将集体的土地分到农户，实行家庭联产承包经营。此后，在上级领导的默许和支持下，以"包产到户、包干到户"为主要内容的农村生产经营责任制改革在全国推开。农村土地改革在不改变土地集体所有的前提下，适度分离土地所有权和承包经营权，实现"所有权归集体，经营权归个人"的两权分离，农户是土地经营权的具体支配者，具体耕种的种类、时间、数量、方法都由其自行决定，同时，除了上交国家以及集体的部分，农户享有余量的分配权。农户在逐步"去组织化"中变革生产关系，在自主化经营的过程中发展了生产力，同时，多劳多得的模式也使农户尝到了甜头。

这一阶段以"包产到户、包干到户"为特征的家庭联产承包责任制替代了原来的"三级所有，队为基础"的人民公社运营体制。而"包产到户、包干到户"最初并不是为了推行各种生产责任制，而是为了稳定人民公社体制提出的。包产到户是对产量承包，即在生产队统一经营的前提下，按农户的意愿和专长承包粮食生产或畜牧生产，然后按承包的产量作为劳动量的计量标准，取得既定的劳动报酬。而包干到户则是将农民付出的劳动和报酬直接挂钩，农户按照合同规定，除向集体上缴土地承包费，完成国家税收和农产品交售任务外，其他产品和收入全归自己。"包产到户、包干到户"政策按照农民的通俗表达就是"交够国家的、留够集体的、剩下的都是自己的"。

1978年12月,《中共中央关于加快农业发展若干问题的决定（草案）》对"包工到组，按产量分配"的责任制进行充分认可，不过基于社会主义体制，也表

---

① 周太和:《当代中国的经济体制改革》，中国社会科学出版社，1984年，第273、274页。

明"严禁包产到户以及分田单干"。1979年9月，发布《中共中央关于加快农业发展若干问题的决定》，该文件将"不许包产到户，不许分田单干"改为"不许分田单干"，意味着首次认可了"包产到户"的形式。1980年2月国家农委主办的《农村工作通讯》第二期发表题为《分田单干必须纠正》的文章，提出要坚决纠正和防止"分田单干和包产到户的错误做法"。在"双包"责任制受到责难的关键时刻，1980年5月31日，邓小平在《关于农村政策问题》的谈话中明确表示"农村政策放宽以后，一些适宜搞包产到户的地方搞了包产到户，效果很好，变化很快。关于这样搞会不会影响集体经济的担心是不必要的，这些地方只要生产发展了，农村的社会分工和商品经济发展了，低水平的集体化就会发展到高水平的集体化，集体经济不巩固的也会巩固起来"[①]。该规定大大肯定了农村集体土地政策改革。1980年9月，中央下发了《关于进一步加强和完善农业生产责任制的几个问题》，明确规定集体经济是中国农村经济的基石，并且也认可了按产分配的模式以及包产到户的形式。自此，该模式被快速推广开来。一直到次年的金秋十月，中国农村已建立该模式的生产队占97.8%，其中有一半都建立了"双包"责任制。

1982年1月，中央一号文件《全国农村工作会议纪要》第一次充分认可了"包产到户、包干到户"责任制，提出："包产到户、包干到户或大包干不同于合作化以前的小私有的个体经济，而是社会主义农业经济的组成部分。目前实行的各种责任制，包括小段包工定额计酬（属于不联产责任制），专业承包联产计酬，联产到劳，联产到户，包产到户、到组等等，都是社会主义集体经济的生产责任制。不论采取什么形式，只要群众不要求改变，就不要变动。要对农民进行'两不变'、'三兼顾'的宣传教育：我国农业必须坚持社会主义农业集体化的道路，公有制长期不变，生产责任制长期不变；要国家、集体、个人三

---

① 国家经济体制改革委员会：《中国经济体制改革十年》，经济管理出版社、改革出版社，1988年，第157页。

方面兼顾，不能只顾一头。"①该文件解决了联产承包制的性质问题，疑惑得以解答，极大地激发了农户耕种的主动性，推进了包产到户的迅猛进展。1982年，"双包"责任制被概括为"家庭联产承包责任制"并固定下来。依照1982年11月的数据，施行家庭承包的生产队占据生产队总数的78.8%。

1983年1月，中央一号文件《当前农村经济政策的若干问题》解决了人民公社体制改革问题，明确规定："当前农村工作的主要任务，仍然是稳定和完善农业生产责任制；而完善联产承包责任制的关键，是通过承包处理好统与分的关系。从两方面改革人民公社的体制，一是实行生产责任制，特别是联产承包制；二是实行政社分设。以包产到户、包干到户为主要形式的联产承包制是在党的领导下我国农民的伟大创造，是马克思主义农业合作化理论在我国实践中的新发展，要求凡是群众要求实行这种办法的地方，都应当积极支。"②自此，双包责任制在全国得到了飞速推广以及迅猛发展，当然这不包括极度贫瘠的地域。1982年至1986年，连续五个中央一号文件都明确规定：该模式"属于社会主义集体经济的生产责任制"，故而创建了我国农村土地家庭承包责任制的基本框架。

1983年11月28日—12月15日，中共中央召开全国农村工作会议，指出1984年的工作应该是进一步完善责任制，稳定土地承包关系，以鼓励农民更合理有效地利用土地提高生产效益。强调联产承包制对建设具有中国特色的社会主义事业有着不可估量的意义。

到1983年末，全国实行家庭承包的生产队已占到总队数的97.8%。此后，家庭承包经营进入稳定完善阶段。

综上可见，国家从"不认可"到"部分认可"再到"充分认可"包产到户、包干到户（大包干）政策的演变过程实际上是发挥集体经济优越性和调动农民积极性之间关系博弈的过程。实践证明，农民积极性才是根本性和第一位的，

---

① 中共中央文献研究室：《三中全会以来重要文献选编》（下），中央文献出版社，2011年，第362页。

② 中共中央文献研究室：《十二大以来重要文献选编》（上），中央文献出版社，2011年，第218页。

离开了农民的积极性，集体经济优越性就成了无源之水、无本之木。搞好农村，最重要的是领会农民的智慧和创造性，尊重农民的选择权。

5. 15年土地承包期与"大稳定、小调整"政策

1984年1月1日，中共中央发出《关于1984年农村工作的通知》，该通知首次提出"土地使用权"概念，更深入地阐述了土地承包政策——"稳固、充实联产承包责任制，土地承包期普遍超过15年，且严禁缩短；鼓励认可专业人才来耕种土地；对投资土地的农户给予适当经济补偿；严禁买卖以及出租自留地以及承包地，严禁将其变为宅基地或者非农业用地；旨在使统一和分散经营有机结合的模式更加充实，必须确立以土地公有为基石的区域性合作经济单位；农村政策更加科学合理，山区、水域、草原开发要继续保持，积极奖励种草种树，改善草原，肯定水产养殖，保护自然资源"[①]。同时规定，如群众有土地调整要求的，可以在延长承包期之前，本着"大稳定、小调整"的原则，经过充分协商，由集体统一调整土地。从实际执行情况看，多数地方将"大稳定、小调整"的原则，同时用于延包前和延包后。

15年土地承包策略变化激发了农户的生产积极性，发展了农村的生产力，使得中国的农业发展迅速扭转了长期徘徊不前的局面。随着经济改革的全面展开，农业生产虽然受到经济波动的影响，但是也实现了较快速度的增长。1991年农业总产值达到8157亿元，按可比价格计算，比1985年增长30.8%，6年年均增长4.6%，主要农产品在20世纪90年代初期都达到了历史最高产量。1991年的粮食产量比1985年增长了14.8%，平均每年产量增加936.3万吨[②]。

（二）双层经营体制确立阶段：承包经营权界定为财产权，开展规模经营

1985年1月至1991年12月为双层经营体制确立阶段。这一阶段以1985年中央

① 中共中央文献研究室：《十二大以来重要文献选编》（上），中央文献出版社，2011年，第362—374页。

② 数据出自《中国统计年鉴（1992）》，中国统计出版社，1992年，第47页。

一号文件为标志，在贯彻落实上一阶段的土地政策的同时，进一步提出"家庭联产承包责任制和农户家庭经营长期不变"政策，逐步废除农村人民公社集体统一运营体制，创设统分结合的双层经营体制，并加以完善，使得经济体制改革向纵深发展，向计划经济时期"统购统销制度"发起冲击，全面转入农产品和农业生产资料的流通领域。1984年，全国性"卖粮难"——生产过剩现象的首次出现，象征着该模式取得的骄人成绩。同年召开的党的十二届三中全会审议通过了《中共中央关于经济体制改革的决定》，指出社会主义经济是有计划的商品经济，宣告我国的经济体制从计划经济模式开始逐步向市场经济转变。

1985年1月1日，中央一号文件《关于进一步活跃农村经济的十项政策》指明，改革农产品统购派购模式，自1985年开始，施行合同定购和市场收购的模式。明确规定"该合作制度，促进了农村劳力、资金、技术的交易以及合理结合。家庭联产承包责任制和农户家庭经营长期不变。从消灭集体经济中的'大锅饭'开始，农村经济管理体制将逐步完善，在国家统一领导下，加强市场的自主权，促进农业生产匹配市场需要，推动农村产业结构往更加合理的方向发展，活跃农村经济。改革农产品统购派购制度"①。从此以后，我国农村开启了第二次农村改革——改革农产品统购派购模式、优化产业结构。1986年1月1日，中央一号文件《关于一九八六年农村工作的部署》明确规定了进一步摆正农业在国民经济中的地位等问题，并首次提出"双层经营体制"概念，指出："把粮食统购改为合同订购。农业和农村工业必须协调发展，既不可以工挤农，也不可以农挤工。农村商品生产的发展，要求生产服务社会化，因此，完善合作制要从服务入手。地区性合作经济组织，应当进一步完善统一经营与分散经营相结合的双层经营体制。家庭承包是党的长期政策，决不可背离群众要求，随意改变。应当坚持统分结合，切实做好技术服务、经营服务和必要的管理工作。

---

① 《中共中央、国务院关于进一步活跃农村经济的十项政策》，《中华人民共和国国务院公报》，1985年第9期。

一定要允许一部分人先富起来，也一定要注意发展合作制度"[1]。

1986年4月12日，第六届全国人大第四次会议修订通过的《中华人民共和国民法通则》首次提出"农民的承包经营权"并界定为"财产权"。1986年6月25日，第六届全国人大常委会第十六次会议通过并颁发我国第一部专门调整土地关系的大法——《中华人民共和国土地管理法》，首次在法律上确立了家庭承包责任制。1987年1月22日，中共中央发布《把农村改革引向深入》，该文件明确规定："要完善分散经营和统一经营相结合的双层经营体制，稳定家庭联产承包制；发展多种形式的经济联合；对农村各类自营专业户、个体经营者实行长期稳定的方针；调整产业结构，促进农业劳动力的转移。"[2]1991年1月4日，国务院发布了于1991年2月10日起施行的《中华人民共和国土地管理法实施条例》，其指明应当依法依规利用和保护土地。1991年5月24日，决定将《土地管理法》颁布的日期——6月25日确定为全国土地日。

到1987年，全国98%的农户实行了家庭联产承包责任制，但该责任制也受到了一些人的责难和质疑。1985至1988年间，我国一些农村没有考虑农户需求，强制剥夺其承包地，随意改动承包合同等"动摇"承包政策的现象，给农民的生产积极性予以重击。面对上述问题，中共中央、国务院先后在1990年、1991年发布了2个文件：1990年12月1日，《关于一九九一年农业和农村工作的通知》要求各级党委和政府继续把做好农业和农村工作摆在首位，认真抓好"稳定完善以家庭联产承包为主的责任制，建立健全农业社会化服务体系"[3]等工作。1991年11月25日，中共十三届八中全会下发《关于进一步加强农业和农村工作的决定》，首次明确指出："把以家庭联产承包为主的责任制、统分结合的双层经营体制，作为我国乡村集体经济组织的一项基本制度长期稳定下来，并不断

---

[1] 《中共中央、国务院关于一九八六年农村工作的部署》，《中华人民共和国国务院公报》，1986年第5期。

[2] 中共中央文献研究室：《十二大以来重要文献选编》（下），中央文献出版社，2011年，第169—183页。

[3] 《就一九九一年农业和农村工作中共中央、国务院发出通知》，《人民日报》，1990年12月5日，第01版。

加以完善。"①

要完善以家庭分散经营为基础的统分结合的双层经营体制，首先要坚持统分结合中的"六个统一"：1.在宏观调控上，把大农业与小生产相统一；2.在生产服务上，把服务的社会化与经营分散化相统一；3.在利益分配上，把国家、集体和个人利益相统一；4.在承包与被承包上，把权利与义务相统一；5.在经营对象上，把集体经营与家庭承包经营相统一；6.在土地所有权和使用权分离上，把所有权与使用权相统一。其次是要因地制宜发挥农民的主观能动性和创造性，走出统分结合的双层经营新路子。事实证明，统分结合的双层经营体制适合我国农村生产力的发展，符合社会主义初级阶段农村经济社会发展的客观实际。

（三）家庭承包制快速发展阶段：增人不增地，减人不减地

1992年1月至1996年12月为家庭承包制快速发展阶段，这一阶段以1992年1月邓小平南方谈话为标志，尤其是1992年10月党的十四大正式开启了我国社会主义市场经济体制改革。这一阶段的土地政策主要有30年承包期、"增人不增地，减人不减地"、探索土地经营流转等政策。

1. 1993年：30年土地承包期政策

1993年4月，第八届全国人大进一步修正了1988年《宪法》，首次将"家庭联产承包责任制"写入《宪法》，使其成为一项国家基本经济制度，从而解决了多年来对家庭联产承包责任制的责难和质疑问题。1993年11月5日，中共中央、国务院发布了《关于当前农业和农村经济发展的若干政策措施》，明确提出："以家庭联产承包为主的责任制和统分结合的双层经营体制，是中国农村经济的一项基本制度，要长期坚持，并不断完善。在原定的耕地承包期到期之后，再延长30年不变"②。根据中央的政策精神，1993年全国各地区先后开始了第二轮土地承包，落实土地承包期"再延长30年不变"的政策。1995年3月28日，国务院批转原农业部《关于稳定和完善土地承包关系意见的通知》。该通知要求"切实维

---

① 《中共十三届中央委员会召开第八次全会》，《人民日报》，1991年11月30日，第01版。
② 《中华人民共和国大事记》，《人民日报》，2019年9月28日，第06版。

护农业承包合同的严肃性，积极、稳妥地做好延长土地承包期工作，提倡在承包期内实行增人不增地、减人不减地，建立土地承包经营权流转机制，保护继承人的合法权益，加强对延长土地承包期工作的领导"[①]。1997年8月27日，为进一步稳定和完善土地承包政策，中共中央、国务院两办联合下发了《关于进一步稳定和完善农村土地承包关系的通知》，该通知对土地使用权的流转制度作出了具体规定。

2. 1993年："增人不增地，减人不减地"政策

为了稳定土地承包关系，鼓励农民增加投入，提高土地的生产率，1993年11月，根据中共中央、国务院下发的《关于当前农业和农村经济发展的若干政策与措施》文件精神，在原定的耕地承包期到期之后，再延长三十年不变，并提倡在承包期内实行"增人不增地、减人不减地"的办法。

"增人不增地、减人不减地"政策可以避免农民承包耕地的频繁变动，防止土地经常调整导致的细碎化；允许土地使用权依法有偿转让，实际上为土地专业大户制集中经营流转创造了前提，为土地在更大范围实现劳动、技术、资本资源的优化配置提供了契机；在第二、三产业发达，非农就业机会相对较多，农民同意的前提下，可以实行适度规模经营。

3. 1995年：明确农民土地所有权和使用权

1995年3月11日，国家土地管理局发布了《确定土地所有权和使用权的若干规定》，规定土地所有权和使用权由县级以上人民政府确定，土地管理部门具体承办。土地改革时分给农民并颁发了土地所有证的土地，属于农民集体所有；实施《六十条》时确定为集体所有的土地，属农民集体所有。

4. 1996年：探索土地经营权流转

在1995年国家土地管理局下发《确定土地所有权和使用权的若干规定》的基础上，农村土地确权使土地流转成为可能。在1996年1月30日至2月2日召开的全国农业工作会议上，时任农业部部长刘江曾指出，要进一步深化农村改革，

---

① 《稳定承包体制强化合同管理》，《人民日报》，1995年4月29日，第02版。

在有条件的地方可以考虑探索土地、水面使用权流转和适度规模经营的新形式，自此开启了我国对土地经营权流转的探索与实践。

二、家庭承包制成熟期：承包经营向流转经营演变

1997年1月至2012年11月为家庭联产承包责任制成熟期。这个时期，家庭联产承包责任制日臻完备。改革开放伊始，中国农村基本上进行了第二轮土地承包，同时转向现代化市场主导经济的新型农业，30年土地承包期政策、土地承包政策、土地用益物权政策法律化的成果显著。2003年1月8日，胡锦涛在中央农村工作会议上提出"多予、少取、放活"的"三农"工作方针，发挥城市对农村带动作用，实现城乡经济社会一体化发展。2007年7月1日全面启动第二次全国土地资源调查，2009年完成。这一阶段的主要土地政策有：农户承包地使用权流转、长久稳定、集体林权制度改革、占用耕地与开发复垦挂钩、农业"三补一免"等政策。

（一）土地承包地使用权流转及"三补一免"

1. 1997年：占用耕地与开发复垦挂钩政策

1996年6月19日至21日，时任国务院副总理邹家华在全国土地管理厅（局）长会议上指出：我国人均耕地仅为世界人均数的四分之一，全国已有三分之一的省份人均耕地不足一亩。保持耕地动态平衡涉及国民经济可持续发展的全局，各地要严格控制城乡建设用地规模。1997年5月18日，党中央、国务院发出《关于进一步加强土地管理切实保护耕地的通知》，通知指出：必须认真贯彻"十分珍惜和合理利用每寸土地，切实保护耕地"的基本国策，实行占用耕地与开发、复垦挂钩政策，加强农村集体土地的管理，划定基本农田保护区。

2. 1997年：整顿"两田制"

二十世纪80年代中期以来，一些地方为了解决负担不均和完成农产品定购任务难等问题，把土地分成"口粮田"和"责任田"搞"两田制"。但在实际执行过程中由于操作不规范，存在许多弊端，引发了"权力承包"、承包关

系不稳定、以地谋私等问题，农民利益容易受到侵害。"两田制""反租倒包"、土地规模化集中经营等形式成为收回农民承包地、变相增加农民负担和强制推行规模经营的一种依靠行政来配置土地资源的手段，一般表现为乡村组织向土地承包户收取租金。因而，1997年6月24日，中共中央办公厅、国务院办公厅发布了《关于进一步稳定和完善农村土地承包关系的通知》，指出"集体土地实行家庭联产承包制度，是一项长期不变的政策。中央不提倡实行'两田制'，没有实行'两田制'的地方不要再搞，已经实行的必须按中央的土地承包政策认真进行整顿"①。

3. 1998年：农业产业化经营

为解决1996年农产品相对过剩问题，中央及时提出科学合理战略调整农业结构，促进农业更加商品化、专业化、现代化。1998年10月，党的十五届三中全会通过《关于农业和农村工作若干问题的决定》，该决定明确规定农业和农村实现跨世纪发展的目标和任务，强调："农村出现的产业化经营，能够有效解决农业经济效益和市场化程度，是我国农业逐步走向现代化的现实途径之一。"②

4. 2001年：农户承包地使用权流转

2001年3月15日，第九届全国人民代表大会第四次会议通过了《国民经济和社会发展第十个五年计划纲要》，该文件明确指出，"加快农村土地制度法治化建设，长期稳定以家庭联产承包经营为基础、统分结合的双层经营体制。在长期稳定土地承包关系的基础上，鼓励有条件的地区积极探索土地经营权流转制度改革"③。自此，开启了国内有条件地区探索土地经营权流转制度改革。

2001年12月30日，中共中央下发《关于做好农户承包地使用权流转工作的通知》，规定"农户承包地使用权流转要在长期稳定家庭承包经营制度的前提下

---

① 《中共中央办公厅、国务院办公厅关于进一步稳定和完善农村土地承包关系的通知》，中国共产党新闻网，http://cpc.people.com.cn/n/2013/0530/c364581-21670340.html
② 中共中央文献研究室：《十五大以来重要文献选编》（上），中央文献出版社，2011年，第490—491页。
③ 《中华人民共和国国民经济和社会发展第十个五年计划纲要》，《人民日报》，2001年3月18日，第01版。

进行"，并提出"农户承包地使用权流转必须坚持依法、自愿、有偿的原则"。2002年8月29日，第九届全国人民代表大会常务委员会第二十九次会议通过《农村土地承包法》，以法律形式对农村土地承包的重要问题进行明确和规范。该法于2003年3月1日正式实施。自此，农户承包地使用权流转有了法律保障。

5. 2003年：集体林权制度改革政策

2003年中央启动集体林权制度改革试点，把林木所有权和林地承包经营权落实到农户。这是继农村土地家庭承包经营制度确立后的又一重大制度创新。2008年6月，中共中央、国务院发布《关于全面推进集体林权制度改革的意见》，推动集体林权制度改革扎实展开。在林权制度改革的过程中，25亿多亩集体林地承包到户，数万亿林木资产落实到户。到2012年，集体林权制度改革所规定的"明晰产权，确权到户"这一主要任务基本完成。

6. 2005：建设社会主义新农村

2005年10月，党的十六届五中全会明确提出建设社会主义新农村建设的重大战略任务。同年12月，中共中央、国务院印发《关于推进社会主义新农村建设的若干意见》，对贯彻落实科学发展观，推动社会主义新农村建设起了重要作用。国家还积极构建我国农村社会保障制度基本框架，推进农村综合改革。

7. 2006年：农业"三补一免"政策

早在1993年7月22日，中共中央办公厅、国务院办公厅下发的《关于涉及农民负担项目审核处理意见的通知》将包括农村宅基地有偿使用收费、超占费、土地登记费在农村收取的部分等在内的37项涉及农民负担项目取消，切实为农民减负。1996年5月，中共中央办公厅、国务院办公厅转发的原农业部、监察部、财政部等部委《关于当前减轻农民负担的情况和今后工作的意见》中强调："减轻农民负担绝不只是单纯的经济问题，而是关系农村改革、发展，关系农村大局稳定，关系正确对待农民、密切党和政府同农民联系的重大政治问题"[①]。

---

① 《中国共产党编年史》编委会：《中国共产党编年史》（1996—1997），山西人民出版社、中共党史出版社，2002年，第4445页。

2001年1月4日至5日，中央农村工作会议指出，推动农村税费改革的进程，是继实行家庭承包经营之后农村的又一项重大改革。更为引人注目的是2005年12月29日，十届全国人大常委会第19次会议通过了关于自2006年1月1日起废止《农业税征收条例》的决定，这意味着从2006年起，涉及农业税、牧业税、农业特产税、牲畜屠宰税全部取消，9亿农民彻底告别了从古代自有国家以来延续至今的"皇粮国税"，农民每年减负达1250亿元[1]，并实施对农民种粮、良种、大型农机具购置的"三补贴"政策。这一举措极大地激发了农民的种地积极性，有效推进了农业现代化、农村城市化以及社会主义新农村建设。

（二）土地承包关系稳定长久不变及用益物权法定

1. 1998年：30年土地承包期政策法律化

1997年9月12日，党的十五大报告指出，"长期稳定以家庭联产承包为主的责任制，完善统分结合的双层经营体制，逐步壮大集体经济。"[2]1998年8月29日，第九届全国人大第十次会议把土地承包经营期限改为30年并上升为法律层面的规定。

2. 1998年：家庭承包制定名并法律化

1998年10月14日，党的十五届三中全会议通过《中共中央关于农业和农村工作若干重大问题的决定》，正式将"联产"和"责任"几个字取消，将制度定名为：家庭承包制。并强调："坚定不移地贯彻土地承包期再延长30年的政策。农村出现的产业化经营，能够有效解决千家万户的农民进入市场、运用现代科技和扩大经营规模等问题，提高农业经济效益和市场化程度，是中国农业逐步走向现代化的现实途径之一"[3]。"联产"和"责任"之前对应的是为了完成国家

---

① 中共中央党史研究室：《中国共产党的九十年》，中共党史出版社、党建读物出版社，2016年，第911页。

② 中共中央文献研究室：《十五大以来重要文献选编》（上），中央文献出版社，2011年，第20页。

③ 中共中央文献研究室：《十五大以来重要文献选编》（上），中央文献出版社，2011年，第493页。

统购统销任务对农户提出的集体合作化和责任制要求，但随着1984年统购统销退出历史舞台以及"三农"市场化改革进程的发展，已失去了实际意义，因此，正式删去"联产"和"责任"这两个关键词。1999年3月通过的《中华人民共和国宪法》修正案正式确立以家庭承包经营为基础、统分结合的双层经营体制的法律地位。

2003年3月1日起施行的《中华人民共和国农村土地承包法》明确了国家在农村实施土地承包经营制度；男女平等享有土地承包经营权并依法受保护；自愿原则是土地承包经营权的流转必须遵循的；承包期内发包方不得收回承包地。2010年1月1日，《农村土地承包经营纠纷调解仲裁法》正式实施，标志着农村土地承包法律体系的进一步健全和完善。

3. 2007年：土地用益物权政策法律化

2007年10月1日起施行的《中华人民共和国物权法》，在法律上进一步明确了土地承包经营权具有财产权的性质，称其为用益物权，其所有权人有权行使占有、使用和收益的对于其所依法承包耕地、林地等承包经营权的权利。通过《物权法》第五十九条和第六十条规定，代表农民集体成员行使集体土地所有权的主体是集体经济组织、村民委员会、村民小组。

4. 2008年："长久稳定"政策

"长久稳定"政策的提出体现在2008年10月党的十七届三中全会通过的《中共中央关于推进农村改革发展若干重大问题的决定》指出，以家庭承包经营为基础、统分结合的双层经营体制，是适应社会主义市场经济体制、符合农业生产特点的农村基本经营制度，是农村政策的基石，必须毫不动摇地坚持，要赋予农民更加充分而有保障的土地承包经营权，现有土地承包经营关系要保持稳定并长久不变。搞好农村土地确权、登记、颁证工作。完善土地承包经营权权能，依法保障农民对承包土地的占有、使用、收益等权利。允许农民以转包、出租、互换、转让、股份合作等形式流转土地承包经营权，发展多种形式的适度规模经营[①]。

虽然"长久稳定"和以往的"长期稳定"只存在"久"和"期"的差别，但是正因为这个差别可以看到中国共产党对于农村土地政策上的态度和坚持的不同，即从"长期稳定"政策向"长久稳定"政策的过渡是逐步实现的，而其实现的前提是需要坚持家庭承包经营为主的土地政策，让农民吃上更久的"定心丸"。

三、改革开放新时期的农村土地政策演变特点及利弊

改革开放新时期的农村土地政策在政策制定实施过程方面，和改革开放前的政策相比，体现出渐进性和法律化的演变特点。渐进性体现家庭承包责任制在确立的过程中是有步骤和顺序的。首先是进行分业、联产计酬是在集体内部进行的，其次才实施"双包"责任制，家庭经营可以分配最后的利益是最后一个步骤，正是因为这种缓缓有序进行的政策演变形成了和谐与匹配的人地关系，在形成土地经济要素与商品经济、市场波动性同步发展的前提下解决了历史上多次因急于求成的土地政策演变所产生的各种矛盾纠纷和震荡。法律化体现在《土地管理法》的修订和《农村土地承包法》《物权法》《农村土地承包经营纠纷调解仲裁法》的制定上，比如：从1984年将土地承包期明确规定为延长15年不变，到1993年又提出再延长30年不变，到1998年更明确地提出赋予农民长期而有保障的土地使用权，并通过2003年的《农村土地承包法》以法律的形式确定下来，这对于稳定农民的经济预期和土地经营的积极性，增加对土地的投入，最大限度地提高土地生产率发挥了重要作用。

（一）改革开放新时期的农村土地政策演变特点

从土地产权来看，这一时期的农村土地政策演变路径为"两权分离"；从利用方式来看，这一农村土地政策演变路径为"行政干预利用——集约化、规模

---

① 中共中央文献研究室：《十七大以来重要文献选编》（上），中央文献出版社，2009年，第673页。

化、可持续利用"；从配置方式来看，这一时期的农村土地政策演变路径为"市场+计划——市场化"；从功能属性来看，这一时期农村土地政策演变路径为"商品+资本属性——物权属性"；从执政党意识形态来看，这一时期农村土地政策演变路径为"以经济建设为中心，注重效率——以人为本，注重和谐"。在土地政策功能上，更倾向于市场化。

这一时期农村土地政策演变的最大特点就是政策法律化，尤其将涉及"三农"的中央一号文件精神写入法律法规，把党和国家的土地治理上升到法理基础。从"包产到户，包干到户"到家庭联产承包责任制转变的政策演变原因在于农民群众对于改变旧有土地经营模式的强烈要求，原有的人民公社体制存在管理体制与当时现实的生产力水平不相适应；高度集中的计划管理，不利于发挥生产者的积极性和创造性；同时劳动效率低下、分配上平均主义等弊端，促使了家庭联产承包责任制的确立和发展。

从家庭联产承包责任制到统分结合的双层经营体制转变的政策演变原因在于对"包产到户"的肯定使得家庭联产承包责任制迅速发展。

从双层经营体制的完善到以法律形式确认延长土地承包期转变的政策演变原因在于土地承包期过短导致农业生产中的短期行为，以法律形式延长土地承包期有利于农业生产的长期稳定发展。

从家庭联产承包责任制到统分结合的双层经营体制再到家庭承包制，这一演变过程体现出农村土地制度从国家主导向乡村组织主导再到农户主导的演变。

在土地政策制定和执行中采取了允许和鼓励各地因地制宜的差别化和试点化方略，在家庭承包制的基本制度框架下，在土地使用权上衍生出不同的制度创新，并提倡试验推广的制度变迁方式。比如：1993年的"增人不增地、减人不减地"的政策，以及实现规模经营的制度安排或股份制的农村土地制度创新等，都是在总结局部的试点经验后经完善才逐步面向全国推广的。

农业生产效率提高和家庭承包制的普遍推行，农村中涌现出一大批农业专业户、重点户，标志着我国农村朝专业化、商品化、社会化生产方向转变。农村改革在推进中没有搞"一刀切"，而是因地制宜，尊重人民群众的选择，允许多种形式责任制并存。我国农村土地基本经营制度在不同的地区具有不同的特点，经梳理总结，主要有集体经营型、统一服务型、合作经营型和承包经营型这四种基本类型。

集体经营型指的是在村级集体成员共同拥有土地等生产资料的情况下实现高度的集体化，实行"集体所有、集体经营、强统一服务"，不实行承包经营，没有分田到户，基层治理典型代表有：江苏省江阴市华西村、河南省新乡县刘庄村等。

统一服务型指的是以村集体、龙头企业和农业合作社等为主体的家庭在"土地承包、分散经营、强统一服务"的前提下分散经营，实施强化和完善社会化统一服务，基层治理典型代表有：山西省昔阳县大寨村、天津蓟县毛家峪等。

合作经营型指的是在实施"土地共有、合作经营、强统一服务"的前提下，通过合作制及股份制等方式，吸纳各类农业生产经营组织在土地集体所有、家庭承包的基础上进行的经营形式，基层治理典型代表有：四川省崇州市、浙江省宁波市湾底村等。

承包经营型指的是在家庭承包责任制和统分结合的双层经营体制的前提下，实施"土地承包、分散经营、弱统一服务"的经营方式，是1978年以来最常用的一种农村经营形式。

（二）改革开放新时期的农村土地政策演变利弊

土地家庭承包政策，结束了合作化和人民公社化时期的极端平均主义，使农民获得了农业生产自主权。这一政策实现了权、责、利的有机结合，从而极大地调动了农民的生产积极性，充分发挥了集体的优越性，使农民与土地直接结合，构成了"土地是财富之母，劳动是财富之父"的合理结合。通过有效实施土地家庭承包政策不仅调动了农民积极性，同时还降低了劳动的监督成本。究其原因正如我国经济学家林毅夫所指出的那样："一个在家庭责任制下的劳动者劳动的激励最高，这不仅是因他获取了他努力的边际报酬率的全部份额，而且还因为他节约了监督费用。"[1]包产到户使"1980—1984年中国农业总要素生产率提高了20%，占同期种植业增长38%的一半以上"[2]。可见，农村家庭联产承包责任制对中国农业增长的贡献是巨大的。

以变革农村土地经营方式为主的农村家庭联产承包责任制，确立了农民集体财产的"公有私用"模式，但在制定政策和执行实施上都存在一定的不足：

1. 政策规定的土地产权关系混乱、产权结构严重扭曲化、缺乏法律保障保护制度。土地的所有权、占有权和使用权在家庭承包制中被模糊，依照我国法律，农民集体主要有以下三种：一是乡镇集体经济组织；二是行政村集体经济组织；三是村民小组（一般由自然村构成）。《中华人民共和国民法通则》规定土地归村行政组织所有；而《土地管理法》又规定农村土地归村或乡镇集体经济组织所有，后来的文件上又提出土地归社区性集体经济组织所有。将于2021年1月1日起施行的我国首部《民法典》第二百六十二条指出，"对于集体所有的土地和森林、山岭、草原、荒地、滩涂等，依照下列规定行使所有权：属于村农民集体所有的，由村集体经济组织或者村民委员会依法代表集体行使所有权；分别属于村内两个以上农民集体所有的，由村内各该集体经济组织或者村民小组依法代表集体行使所有权；属于乡镇农民集体所有的，由乡镇集体经济组织代表集体行使所有权"[3]，这也符合最新修改的《土地管理法》相关规定。农民在土地处置权上又受到国家和集体的干预，缺乏自主性，严重影响了农户对土地的投入、资源要素流动和优化配置机制的形成。最终的表现结果就是法律所有者的集体和农户等多重主体成为我国农村土地产权上实际履行土地所有权职能和占有并使用土地的主体。混乱的土地所有权关系，造成产权结构的严重扭曲，表现在：弱化了土地的所有权；膨胀化了土地使用权；虚化了土地所有权与使用权的经济关系，进而产生了家庭经营活跃与集体经营薄弱的矛盾。

2. 土地政策与土地法律法规、土地制度三个层次的关系严重失衡，导致土

---

① 林毅夫：《制度、技术与中国农业发展》，三联书店、上海人民出版社，1992年，第55页。
② 陈方南：《新中国农村土地政策评析》，《学习与探索》，2006年第4期。
③ 《中华人民共和国民法典》，人民日报，2020年6月2日，第10版。

地经济关系规范化和资源配置高效化难以实现。目前有效的农村土地政策的作用超过了土地制度与土地法律法规的规定范围，使土地制度与土地法律法规也受制于土地政策的左右，以土地政策为核心的法律制度由此形成。受政策不稳定性的影响，土地制度和法律法规的稳定性也受到影响，进而导致农民的安全感受到影响。长久的土地有形投资潜力可能出现断档，土地短期化投机掠夺行为上涨势头无法有效抑制。

3. 家庭承包制与小规模土地的零散细碎化经营有关，更侧重平均福利性，限制了农业机械的广泛应用，影响土地规模经营效益和土地生产效率。土地承包频繁不符合农民对长久稳定承包期的客观预期，尚未建立起完善的农民保障体系。农业投入不足，生产上的短期化，打乱了人地关系，导致耕地面积减少，土地肥力下降。把广大农民长期封闭在单一的土地经营活动中，约束农业剩余劳动力的离土转移，不利于社会专业分工和农业的一体化、现代化发展。

4. 土地流转缺乏有效机制，流转和配置效率不高，导致其市场发展缓慢，其保养和保护也就得不到切实的加强，土地就会处于"只用不管，只用不养"的状态，导致了土地资源的浪费和破坏。

5. 土地承包缺乏建立与之相配套的农民自治组织，缺乏第三方监督和约束力，突然不承包和随意的调换承包经营主体等现象时常发生，因此导致了土地生产者的安全感和稳定感不强。农民组织、土地产权和市场流转制度三者共同组成了土地制度体系。但因为缺乏与土地承包相应配套的第三方的监督，导致了国家、集体、农民之间相互侵权的现象时有发生。非法倒卖、出租、转让等土地交易的方式大量出现，农用地非法转为非农用地，侵犯了农民的利益。

6. 集体经济长期缺乏资金投入，尤其是农业生产必备的基础设施建设得不到配套和改善，农业基本条件改变不大，阻碍和限制了生产力的发展。

通过以上探索可以发现，根本问题是：土地集体产权关系模糊、管理混乱，人地协同的优势没有发挥出来。

第二节 新时代："三权分置"改革下构建现代经营体系

2012年11月党的十八大的召开，标志着我国由改革开放新时期进入新时代。党的十八大以来，党中央把"三农"问题放在重要的位置并致力于解决它，同时贯彻创新、协调、绿色、开放、共享的新发展理念，勇于推动"三农"工作的理论创新、实践创新、制度创新，改革农村集体产权制度进展稳定，"三权分置"的农村土地承包和"三块地改革"试点取得重大进展，为全面开创党和国家事业新局面提供了有力支撑。家家包地、户户务农，是农村基本经营制度的基本实现形式。家庭承包，专业大户经营、家庭农场经营、集体经营、合作经营、企业经营是农村基本经营制度新的实现形式，也是现代经营体系的主要形式。

2013年11月，党的十八届三中全会通过了《中共中央关于全面深化改革若干重大问题的决定》，该文件提出了经济体制改革是改革的重点，政府和市场关系的处理是核心，再次强调了政府和市场如何共同发挥作用的重要性。2015年1月下发《关于农村土地征收、集体经营性建设用地入市、宅基地制度改革试点工作的意见》，提出要建立完善和改革土地征收、农村集体经营性建设用地入市及农村宅基地制度；制定土地增值收益分配机制，提高个体及集体收益。2017年党的十九大报告提出：贯彻新发展理念，建设现代化经济体系。实施乡村振兴战略。2022年党的二十大报告提出：加快构建新发展格局，着力推动高质量发展。全面推进乡村振兴。全面建设社会主义现代化国家，最艰巨最繁重的任务仍然在农村。

"三农"问题的解决不仅是根本性的国计民生问题，而且是全党工作的重中之重。产业兴旺、生态宜居等要求是优先发展农业农村现代化建设的总体要求，城乡融合发展体制机制和政策体系的建立，有利于推动现代化农业、农村的建设。深化农村土地制度改革，完成承包地"三权"分置制度，对于农村基本经营制度的巩固具有良好的作用。在保持现有的土地承包关系不改变的基础上延长承包期。农村集体产权制度改革，关系到农民的财产权益，因此，改革并壮大集体经济及产权制度是目前要坚持做好的事情。粮食安全对于确保我国人民的饭碗牢牢端在自己手里具有重要作用。小农户和现代农业发展有机衔接需要在建立现代农业产业、生产及经营体系的前提下完善农业支持保护制度，培养和发展多样化的适度经营模式，引导并鼓励新型农业经营主体的发展壮大，逐步健全农业社会化服务体系。为保障农民收入的增加，出台多种政策和文件支持农村一、二、三产业融合发展，对于创业的农民多鼓励及支持①。这些改革标志着通过土地流转和建立城乡统一的建设用地市场以增加土地收益成为农村土地制度改革的重要任务。

2018年12月，十三届全国人大常委会第七次会议正式将农村土地实行"三权分置"制度法治化。2018年中央农村工作会议强调："走中国特色社会主义乡村振兴道路，必须巩固和完善农村基本经营制度，走共同富裕之路。要坚持农村土地集体所有，坚持家庭经营基础性地位，坚持稳定土地承包关系，壮大集体经济，建立符合市场经济要求的集体经济运行机制，确保集体资产保值增值，确保农民受益。实施乡村振兴战略，必须落实农村土地承包关系稳定并长久不变政策，衔接落实好第二轮土地承包到期后再延长30年的政策，完善承包地'三权分置'制度，完善农民闲置宅基地和闲置农房政策，深入推进农村集体产权制度改革，深化农产品收储制度和价格形成机制改革。"②2019年中央农村工作会议强调：要全面深化农村改革，进一步深化农村土地制度改革，创新农业经营方式，完善农业支持保护制度。

深化农村综合改革的重中之重是进一步扩展农村土地改革制度。党的十八大以来，中央关于农村土地政策的最新改革思路主要有：1.集体资产"股改"试

① 习近平：《决胜全面建成小康社会夺取新时代中国特色社会主义伟大胜利——在中国共产党第十九次全国代表大会上的报告》，《人民日报》，2017年10月28日，第01版。
② 习近平：《论坚持全面深化改革》，中央文献出版社，2018年，第355—357页。

点；2.推行农村土地"三权分置"改革；3.进行农村土地征收、农村集体经营性建设用地入市、农村宅基地"三块地"制度改革试点，建立健全土地增值收益分配机制。需要强调的是：新时代提出的加快构建新型农业经营体系并不是对原来的家庭承包经营为基础、统分结合的双层经营体制的否定和彻底变革，而是在其基础上的完善和扬弃，这是由农业生产受自然力作用的自然生产过程的特点决定的。创新农业经营方式，并不意味着对承包制的动摇。但是以往的承包制的实践表明承包制有不完善之处，主要是承包经营权的权能不够充分。主要是在流转方面有许多限制或者对有些问题不够明确，例如承包经营权入股的问题、大户承包的规模问题、资本下乡经营农业的问题。另一个问题是不允许土地承包经营权抵押。

一、家庭承包制改革完善期："两权分离"向"三权分置"演变

（一）"三权分置"：明确所有权、稳定承包权、搞活经营权

自2012年12月以来为家庭承包制改革完善期。2013年，党的十八届三中全会通过了《中共中央关于全面深化改革若干重大问题的决定》，该决定明确了在土地承包关系不变的情况下，农民拥有占有、使用等与承包地相关的权利[①]。

改革开放以来，我国农村土地承包经营权的发展经历了"从统一经营到包产到户""从有偿种田到无偿甚至补贴种田""从债权到物权"，从"两权分离（土地经营权、土地所有权）"到"三权（土地集体所有权、农户承包权、土地经营权）分置"的过程。最早提出农村土地"三权分离"概念并开展研究的是1992年华南农业大学农经系博士冯玉华和硕士张文方发表的《论农村土地的"三权分离"》一文。

2013年12月23日，习近平在中央农村工作第一次会议上首次提出把承包权

---

① 《中共中央关于全面深化改革若干重大问题的决定》，《人民日报》，2013年11月16日，第01版。

和经营权分置并行，同时指出："农村基本经营制度是党的农村政策的基石。坚持党的农村政策，首要的就是坚持农村基本经营制度。坚持农村基本经营制度，不是一句空口号，而是有实实在在的政策要求。具体讲，有三方面要求。第一，坚持农村土地农民集体所有，这是坚持农村基本经营制度的'魂'……第二，坚持家庭经营基础性地位……第三，坚持稳定土地承包关系。现有农村土地承包关系保持稳定并长久不变，这是维护农民土地承包权的关键。"①

"三权分置"这一政策创新是2014年9月29日习近平同志在中央全面深化改革领导小组第五次会议上首次正式提出的，会议还审议通过了《关于引导农村土地经营权有序流转发展农业适度规模经营的意见》，提出坚持农村土地集体所有权，稳定农户承包权，放活土地经营权，以家庭承包经营为基础，推进多种经营。

2016年10月，《关于完善农村土地所有权承包权经营权分置办法的意见》对农村土地"三权分置"的重要意义、指导思想、土地集体所有权根本地位、保护农户承包权、完善"三权"关系等作出了具体规定。新时代"三权分置"政策作为家庭联产承包责任制"两权分离"之后的又一重大的制度创新，延续农村土地产权变迁的制度逻辑，对占有、使用等权能进行清晰的界定，合理配置市场土地资源才能规范市场，具有权责明确、归属清晰、流转顺畅、保护严格的特点。其本质就在于重构集体所有制下涵盖产权主体结构、产权形态及其权能结构、物权结构在内的农村土地产权结构。该项政策的创新之处在于：

1. 赋予了承包农户的土地承包权与土地经营权双重权利。承包农户既有承包和经营土地的权利，也有承包并流转土地的权利。据《物权法》第125条规定，土地承包经营权是一种以从事生产经营为目标而设立的所有权人享有占有、使用等用益物权。从权利角度分析，土地承包经营权具有用益物权性质，而土地经营权具有权利用益物权效力。

2. 促进了土地的流转及规模化经营，赋予各方相应的收益权能，强化了土

---

① 习近平：《论坚持全面深化改革》，中央文献出版社，2018年，第70—71页。

地使用权能。承包人有实现或退出土地承包的权利，集体经济组织拥有土地处分权能，即通过土地发包、调整、收回、监督等手段，控制和约束农户承包权和经营权的不规范使用。在土地经营权流转的情况下，土地经营权具有权利用益物权权能，即作为土地经营权人在土地上的自主经营权、自主处置经营成果、收取收益、获得地上附着物和青苗的补偿等经营收益权能。

2017年10月，习近平总书记在党的十九大报告中提到："保持土地承包关系稳定并长久不变，第二轮土地承包到期后再延长三十年"[①]。

2018年《中共中央、国务院关于实施乡村振兴战略的意见》中明确指出：延长第二轮承包期的前提是土地承包关系的不变和稳定，让农民吃上长效"定心丸"。2018年12月29日，第十三届全国人大常委会第七次会议通过了《农村土地承包法》，农村土地的"三权分置"与承包到期后再延长了30年、进城农民和农村妇女的土地承包经营权等作了规范。

2019年11月26日，中共中央、国务院印发《关于保持土地承包关系稳定并长久不变的意见》，提出在农村土地第二轮承包到期后再延长三十年，以充分保障农民土地承包权益，进一步明确了保持土地承包关系稳定并长久不变原则，基本保持二轮承包人地关系不变，除了特殊情况外不得将承包地打乱重分。

解放和发展生产力的本质是为了解放和发展生产者，因此，新时代完善农村基本经营制度的关键在于解决好农民土地承包权和经营权分离问题。2013年7月下旬，习近平同志到武汉农村综合产权交易所调研时就提出，"深化农村改革，完善农村基本经营制度，要好好研究农村土地所有权、承包权、经营权三者之间的关系……要把握好土地经营权流转、集中、规模经营的度，要与城镇化进程和农村劳动力转移规模相适应，与农业科技进步和生产手段改进程度相适应，与农业社会化服务水平提高相适应，不能片面追求快和大，不能单纯为了追求土地经营规模强制农民流转土地，更不能人为垒大户。"[②]

---

① 习近平：《决胜全面建成小康社会夺取新时代中国特色社会主义伟大胜利——在中国共产党第十九次全国代表大会上的报告》，《人民日报》，2017年10月28日，第01版。

② 习近平：《论坚持全面深化改革》，中央文献出版社，2018年，第72、74页。

（二）家庭承包与新型经营方式相结合的现代经营体系

随着我国农业生产力的发展，家庭联产承包责任制的弊端逐渐凸显，对农业生产力和现代化农业发展产生了阻碍作用。为此，我国积极探索通过土地流转的方式来发展与完善家庭联产承包责任制。把土地的经营权转让给种粮大户或新型农业合作组织，对土地进行集中耕种，开展农业的规模化生产。据统计，到2018年底，全国有5.39亿亩耕地在不同主体间实现流转。

实现农村基本经营制度的形式表现为家家包地、户户务农。家庭承包可以和专业大户经营、家庭农场经营、农民专业合作社经营、农业产业化龙头企业经营等多种经营形式相结合形成新型经营方式。总而言之，不变的农村土地集体所有、家庭经营基础性地位、现有土地承包关系是应对千变万化的土地经营权流转及农业经营方式，以此推动农业生产经营集约化、专业化及组织化等，才能让农村基本经营制度迸发出生机与活力。

近年来，随着我国市场经济的全面发展和城镇化的全面推进，农村出现"空心村"现象，进城务工农民增加，愿意继续务农的农二代越来越少，农业劳动力青黄不接，加上"增人不增地、减人不减地"政策限制，导致农村土地资源大量闲置，传统家庭承包制已无法适应农村经济发展需要，因此，我国推出了土地专业大户制流转经营政策。通过将多年搁置土地资源流转到爱种地、会种地的专业大户手上，既盘活土地资源，又增加了农民收入，降低了单一种地的风险，还保障了国家粮食供应。同时鼓励多种农业混合经营，开办新时代农民合作社，加速农业现代化步伐。2014年11月下发的《关于引导农村土地经营权有序流转发展农业适度规模经营的意见》明确要抓紧研究探索集体所有权、承包权和经营权之间的关系和具体实现形式。2018年12月29日，我国基于改革发展新时代的要求和总结地方实践、探索创新的经验以及党的政策制度上升为法律层面的需要，对《农村土地承包法》进行了新的修正。

二、新时代农村土地政策演变及利弊

学术界深入研究了新时代我国农村土地政策实施过程中存在的问题及对策。

王景新在《中国农村土地制度变迁30年：回顾与瞻望》一文中提出应继续深化土地制度改革，并对当前改革的问题提出了相关建议；涂振凯的《论农村土地制度的突出矛盾与改革》一文中指出，根据当前改革中所出现的因土地流转障碍产生的无法集约化生产的矛盾，提出了如何实现土地规模经营的建议。陈学法在《土地制度变革是新农村建设的关键》一文中对土地适度规模经营的问题进行了研究，认为当前土地政策束缚了规模化经营，需要进一步地改革和完善当前制度。张凌云在《我国土地制度改革模式及其方向》一文中认为现行的土地制度因为造成了土地闲置会导致我国农村土地利用效率低下的问题。

学者们还关注新时代农村土地政策的演变。刘守英（2017）认为以集体地权制度和宅基地制度为核心的农村土地改革是我国农村土地改革的下半程的主要任务；杨璐璐等（2017）认为农村土地"三权分置"可以让农民更有获得感与幸福感；李力东（2017）分析了我国土地确权过程中的问题与矛盾，探讨了实现农村土地制度公平的路径；熊金武（2018）从历史的角度梳理了我国农村土地三权分置理论逻辑与历史逻辑；张建刚（2018）认为土地"三权分置"改革是继家庭联产承包责任制后我国农村改革又一重大制度创新；贾国磊（2018）根据我国农村土地制度改革的历程和经验，认为"三权分置"改革是我国农村土地改革的关键；陈小君（2019）从法律的角度研究土地"三权分置"改革入法的障碍解除；张斌（2019）总结了习近平总书记关于农村土地制度改革的重要论述，指出当前解决"三农"问题的关键是推进习近平农村土地改革思想。

从土地产权来看，新时代的农村土地政策演变路径为"两权分离——三权分置"；从利用方式来看，新时代的农村土地政策演变路径为"集约化、规模化、可持续利用——城乡一体化合理利用"；从配置方式来看，新时代的农村土地政策演变路径为"市场化——城乡一体化"；从功能属性来看，新时代的农村土地政策演变路径为"物权属性——社会属性"；从执政党意识形态来看，新时代的农村土地政策演变路径为"全面深化改革，注重同步——实现共同富裕，注重自我实现"。

新时代我国农村土地实行所有权、承包权、经营权"三权"分置，不仅要坚持集体所有权，又放活了土地经营权，同时也稳定了农户承包权，为发展农业适度规模经营，引导土地经营权有序流转，推动现代化农业发展奠定了制度基础。

（一）政策的积极意义

1. 提高土地资源利用效率

土地经营权在土地流转市场，通过市场谈判和双向选择，在双方价格都满意的情况下会配置到最有经营效率和经营意愿的新型农业经营主体手中；新型农业经营主体会有计划地形成规模经营，并在规模经营的基础上，采用先进农业生产技术和经营模式，这在一定程度上解决了中国土地细碎化的问题和农业生产技术落后的问题，这相较于流转之前的一家一户的小农经营，无疑整体上会提高土地利用效率和农业生产效率，从而实现土地资源的优化配置。

2. 拓宽农民增收渠道

农户作为农村集体经济组织的成员从而拥有土地承包权，由此可获得国家的各种农业补贴，成为农民收入来源之一；农户将经营权流转出去，可以获得租金收入；"三权分置"之后稳定了土地承包权，农民们可安心到第二、三产业去就业或创业，从而可获得可观的非农收入；新型农业经营主体通过流转规模化经营土地，经营效益和收入同步增长；新型农业经营主体，进行农业产业化经营，会优先雇佣当地农民，帮助农民在当地就业和增加收入。

3. 优化农产品供给结构

在土地经营权放活和流转的基础上形成的专业大户、家庭农场、农业合作社及农业龙头企业等新型农业经营主体，他们的市场地位会更突出，市场经营意识会更强，同时也更有财力、技术、信息和企业家能力进行市场化农业生产经营。为追求农产品市场的扩大和利润的增加，在对市场需求进行科学分析与预测的基础上，会主动生产高精端农产品和生态农产品，走质量增长型和可持续发展型农业道路，实现农业供给侧改革所要求的农产品供需匹配目标。

4. 实现土地产权的资本化

土地经营权可以以出租、转包或土地信用合作社等方式而实现土地经营权生息型资本化、以抵押或担保等方式而实现土地经营权借贷型资本化、以入股合作社或龙头企业而实现土地经营权要素型资本化和以土地信托或农村土地证券化而实现土地经营权金融型资本化；土地经营权资本化盘活了农业生产要素，引入了农村发展急需的资金，助力乡村振兴战略的实施，增强农业供给侧对需求侧反应的灵敏性。

5. 降低农业生产物质与服务费用

土地流转形成土地规模经营，随之出现并形成服务于农业生产的农业科技咨询、农机租赁服务、订单代耕、代收、代销、托管与外包等农业生产服务业的发展壮大，农业生产服务业达到规模经济，从而降低农业生产物质与服务费用的购买成本。土地流转基础上的规模经营可以促进农业经营的横向分工和纵向分工，农业分工的深化可以提高农业生产物质与服务费用的使用效率，减少单位农产品物质与服务费用的使用量。

（二）政策的消极影响

1. 土地流转的非必然性

曾有农户抽样调查结果发现：农村土地确权并未明显促进土地流转，反而可能会导致土地流转抑制与农户权益保护的失衡矛盾。其原因在于，农村土地确权激发了农民对具体土地地块的感情映射，由土地的人格化财产特征而强化了资源禀赋。新型农业经营主体为实现规模经营就需要与众多的小农户进行谈判与签署协议，交易成本很高，整块流转入土地很难，且各农户的流转时间很难统一。总之，这些造成潜在规模经营主体的土地转入的意愿和土地转入的能力弱化。

2. 降本增效的不确定性

农业生命节律及其生物信息不规则要求农业生产相机决策与灵活处理，而家庭经营所内生的灵活决策机制、行为响应的自觉性以及激励相容的自我执行机制正好符合了农业生产的这种要求，使家庭经营在农业生产中具有了天然的合理性与得天独厚的组织优势，从而在家庭联产承包责任制下，我国农业出现了土地生产率非常之高而劳动生产率非常之低的现象。"三权分置"变革蕴含着"经营权流转实现规模经营，规模经营提高效益"的逻辑，但实则经营权流转形成规模经营并不必然实现单位土地上产出的最大化。农业经营规模经济的出现，在土地规模经营的基础上，还需要农业资金、农业科技、现代化农业机械和农业人力资本的协调投入。

3.增加农村土地纠纷

农村土地确权强化了农户的土地承包权和土地经营权，再加上在承包期内实行"增人不增地，减人不减地"的政策，这样村组就无法再根据成年人口的增减动态调整土地的分配，造成农村人口无承包地的现象，引起不满情绪。农村土地确权强化了农民们的土地收益预期，再加上农业税取消和农业补贴的发放，土地的经济价值逐渐凸显，许多离农务工的农民工回乡要地，从而引发纷争。土地转入方要进行连片规模经营，就会毁损或取消原各地块之间的田埂等地界标识；当流转期结束后，要把土地经营权回归原承包户时，无法分割耕地和还原耕地原貌，从而引发矛盾冲突。

4.造成农村土地过度资本化

当前我国农村土地"三权分置"制度改革的核心是通过放活土地经营权实现土地资本化。但近年来在快速推进农村土地资本化的同时，土地租金也随之迅速上涨，部分地区已经存在农村土地资源脱离了农业用途的资本化即农村土地过度资本化现象。造成该现象的内生动力在于农村土地的"非农化"需求、"非粮化"需求和投资性需求，外生动力则是与生产挂钩的农业补贴[1]。

---

[1] 全世文、胡历芳、曾寅初、朱勇：《论中国农村土地的过度资本化》，《中国农村经济》，2018 年第 7 期。

第三节　改革开放以来土地政策演变的成效及特点

一、改革开放以来土地政策演变的成效

党的十一届三中全会后，农村土地政策经历了改革开放新时期开始的家庭联产承包责任制，鼓励广大农民直接使用经营土地，真正实现了农村土地所有权与经营权"两权分离"；再到党的十八大以来新时代农村土地所有权、承包权、经营权"三权分置"的政策飞跃。这些政策的演变提高，使我国"三农"从富起来到强起来，这是中国共产党人代表最先进生产力的前进方向、代表最广大人民根本利益的真实体现。

通过回顾农村土地政策的演变史不难发现，我国农村土地政策的制定和农村生产力发展要求的改革都是相互顺应、相互影响的关系，改革开放以来的农村土地政策演变成效主要体现在：土地政策的内容越来越全面和细化；土地政策的制定越来越接地气和成熟；健全的土地政策的执行和监督体系对于有效发挥其作用具有重要帮助；有利于土地政策的适当衔接。政策的前期小范围试点论证越来越充分越有耐心，在"大稳定"中进行"小调整"，在合理继承中不断推进政策创新；土地政策的数量和质量都大幅提高，体系越来越完善；这些成效对提高土地的产出率，增加土地税收，促进土地流转，改革和完善土地所有权制度及土地管理制度，开展农业适度规模经营发挥了重要作用。改革开放以来的土地政策符合了我国国情实际，解决了亿万农民的温饱问题，承认了农民的主体地位，稳定了土地长期承包关系，推动了农业现代化进程，促进了农村社会的稳定和城乡一体化发展，彰显了"四个自信"。改革开放以来，以家庭联产承包责任制为典型代表的土地政策演变呈现出两大特点：一是自发性的政策创新代替了国家强制性的政策安排，二是自发性政策创新释放了农村巨大的生

产力。

二、改革开放以来土地政策演变的特点

总的来看，改革开放之后农村土地政策的制定尊重了农民的首创精神，遵循了市场经济规律，政策制定及完善具有渐进性、延续性和继承性，土地政策的演变主要有五个方面的特点：

（一）自下而上勇于创新突破性。如为了解决农民的生存温饱问题，1978年安徽凤阳小岗村村民自发创造性地实行"包产到户"责任制的本土政策，当年就解决了吃饭问题，但"包产到户"本土政策还只是局部区域性的，无法大规模传播以及取得法律保护，有关政策文件的规范作用还需要重视。随后，1982—1984年连续三年的中央1号文件对"包产到户"责任制的本土政策进行了优化与升华，发展为家庭联产承包责任制政策。

（二）循序渐进试点探索性。如"包产到户"政策：1979年9月，党中央初步肯定"包产到户"。到1980年9月基本肯定"包产到户"。再到1981年1月正式肯定了"包产到户"的社会主义性质。至此，才算被真正明确下来。在第一轮承包期内，1983年末才开始实施"包产到户"。1993年11月，第二轮承包期可在第一轮十五年到期后延长三十年。从1994年初实施开始到1998年6月完成了70%的比例，直到2000年才算基本完成。第一轮和第二轮承包期的规定和衔接得到了农民的好评并取得了良好的效果。固定期限的方式反而不容易让人接受。

（三）先试点再推广有益经验性。如先在部分地方试点土地登记政策等，取得良好效果之后推广至全国。"包产到户"也没有在全国搞"一刀切"式的推广，而是先在安徽等地试点开展。在深圳等发达地区试点土地有偿使用政策后总结经验推广至全国通行的政策文件。有关集体土地方面的规定也是借鉴城市成熟经验来制定的。

（四）土地治理的辐射带动性。随着进一步推进家庭联产承包政策的落实，与土地保护、发展和流转等相关的政策得到了充分的发展，社会政策发展有了

真正的本源力量。

（五）政策入法的刚性。如土地基本国策、登记政策及土地承包政策、土地有偿使用政策等都是典型的政策法律化例证，贯彻了依法治国的政策理念。

第五章　新时代农村土地政策热点问题聚焦

通过分析改革开放以来历年的中央一号文件，不难发现宏观的土地政策较多而微观的较少。基于城乡二元经济互动的视角，改革开放以来的农村土地政策大体可以分为以农村为导向的二元松动阶段（1978—1986年）、以城市为导向的二元松动阶段（1987—2003年）、城乡互动日益频繁（2004—至今）阶段，而且不同阶段农村土地政策变迁的实质在于每一阶段的农村土地制度改革背后都隐含着支持城市经济增长的目的，最终塑造并维持了一种非对称的城乡互惠关系。农村"三块地"制度改革的启动正是城乡非对称互惠关系的重要印证①。

步入新时代，土地政策主要存在如下现实亟待解决的热点问题：一是土地确权政策问题，土地产权政策过于原则性，缺乏操作性。在具体实践中，尚存在集体产权界定模糊的权属问题。二是土地流转政策问题，集体土地流转政策不完整不规范。三是新型土地经营主体的政策引导问题，抵押政策尚不完整，多种经营并存各有利弊。四是农村"三块地"改革试点政策问题，被征地农民的利益保障仍有待重视。五是特殊土地政策治理问题，尤其是自留地、自留山、"四荒"地、森林草原等治理问题需做好统筹考虑。

---

① 于晓华、钟晓萍、张越杰:《农村土地政策改革与城乡融合发展——基于中央"一号文件"的政策分析》,《吉林大学社会科学学报》, 2019 年第 5 期。

第一节　土地确权政策演变问题

土地确权问题一直是农村土地政策的核心问题。通过自2008年明确提出农村土地确权以来的农村土地确权政策梳理（详见表3），不难看出我国农村土地确权政策的演变过程。

表3　2008—2023年我国农村土地确权政策演变一览表

农村土地确权政策演变	相关政策及执行情况
2008年：明确提出农村土地确权	2008年10月，《中共中央关于推进农村改革发展若干重大问题的决定》对确权、登记等工作进行了规定，同时明确了保障用益物权①。
2009年：稳步开展土地承包经营权登记试点	2009年中央一号文件指出："物权保护是农村土地承包权、所有权的重要法律保障。加强权属的落实和各种政策的试点工作，杜绝各种侵害土地权益和农民权利的违法行为。"②原农业部从2009年开始开展土地确权试点，在2009至2010年间以8个村为试点，探索整村推进。
2010年：土地确权工作经费纳入财政预算	2011年力争2012年底完成农村集体土地确权工作。
2012年：稳步扩大农村土地承包经营权登记试点	2012年中央一号文件提出："继续坚持已颁布文件落实的登记、确权等试点工作，加大财政的支持力度。"③2013年，土地确权试点扩大到50个县。

---

① 《中共中央关于推进农村改革发展若干重大问题的决定》，《光明日报》，2008年10月20日，第01版。

② 《中共中央、国务院关于2009年促进农业稳定发展农民持续增收的若干意见》，《人民日报》，2009年2月2日，第01版。

③ 《中共中央、国务院关于加快推进农业科技创新持续增强农产品供给保障能力的若干意见》，《人民日报》，2012年2月2日，第01版。

农村土地确权政策演变	相关政策及执行情况
2013年：用5年时间完成土地确权工作	2013年中央一号文件要求："耕地、林地等全面登记确权制度的展开。并规定五年之内完成这项工作，清晰界定与此有关的各种权属问题。此项费用由中央财政补助，地方财政做预算。深化集体林权制度改革，提高林权证发证率和到户率。牧区草原的确权试点工作也要同步进行。"①该文件明要全面开展土地确权工作，并定出了具体的时间表。在这一年，土地确权试点扩展至105个县，奠定农村土地承包经营权确权登记颁证工作的基础。
2014年：可确权确地也可确权确股不确地	2014年中央一号文件提出："抓紧抓实农村土地承包经营权确权登记颁证工作，充分依靠农民群众自主协商解决工作中遇到的矛盾和问题，可以确权确地，也可以确权确股不确地，确权登记颁证工作经费纳入地方财政预算，中央财政给予补助。稳定和完善草原承包经营制度，2015年基本完成草原确权承包和基本草原划定工作。切实维护妇女的土地承包权益。"②它就农村承包土地确权可能遇到的具体问题，提出了确权的两种模式："确权确地"和"确权确股不确地"③。在已有试点基础上，2014年原农业部选择了山东、安徽、四川3个省进行整省推进试点。

① 《中共中央、国务院关于加快发展现代农业 进一步增强农村发展活力的若干意见》，《人民日报》，2013年2月1日，第01版。

② 《中共中央、国务院关于全面深化农村改革加快推进农业现代化的若干意见》，《人民日报》，2014年1月20日，第01版。

③ 所谓确权确股不确地，是指在珠海、深圳等珠三角地区实施的农民承包地确权登记模式，这一模式下，农民不再拥有数量确切、四至清楚的土地，而是获得由集体土地资源、资产等量化计算出的股份，通过拥有的股份获得相应收益。确权确地和确权确股不确地本是两个平行的选择项，但有些地方政府不愿实测土地而直接设置股权，行政推动"确权确股不确地"模式，使得部分农民担心出现失地状况。针对这种情况，党中央在2015年对这一确权政策做了微调。

农村土地确权政策演变	相关政策及执行情况
2015年：要确地到户，掌握确权确股不确地的范围	2015年中央一号文件明确："在落实确权颁证工作后及时总结经验推广，争取达到确地到户，把握确权确股不确地的界限"①。它将农村土地确权的两种模式调整为主次关系，要求总体上要确地到户。2015年1月27日，《关于认真做好农村土地承包经营权确权登记颁证工作的意见》规定："对农村土地已经承包到户的，都要确权到户到地。实行确权确股不确地的条件和程序，由省级人民政府有关部门作出规定，切实保障农民土地承包权益。不得违背农民意愿，行政推动确权确股不确地，也不得简单地以少数服从多数的名义，强迫不愿确股的农民确股"②。据此，各省市对"确权确股不确地"的范围相继做了严格要求。2015年继续扩大试点范围，在2014年3个试点省和27个试点县的基础上，再选择江苏、江西、湖北、湖南、甘肃、宁夏、吉林、贵州、河南等9个省（区）开展整省试点。其他省（区、市）根据本地情况，扩大开展以县为单位的整体试点。
2016年：继续扩大农村承包地确权登记颁证整省推进试点	2016年中央一号文件指出："对农村集体资源性资产确权登记颁证等工作提出了完成时间即2020年，统一规范非经营性资产的管理制度。承包关系、集体所有权等政策和制度的实施要坚持合法和激活市场的原则，长期坚持农村土地承包经营权关系不能改变。相关试点工作要扩大推广试行"③。
2017年：明确28个省份整省试点土地确权登记颁证	2017年中央一号文件明确："推进确权登记颁证工作的顺利进行并扩大试点范围。农村土地征收、集体经营性建设用地入市和宅基地制度改革试点工作要同步推进。"④农业部发布了《关于推进农业供给侧结构性改革的实施意见》提出，"落实农村承包地'三权分置'意见，加快推进农村承包地确权登记颁证工作，再选择北京、天津、重庆、福建、广西、青海6个省份推进整省试点，推动有条件的地方年底基本完成。"⑤这意味着农村承包地确权登记颁证整省试点省份达到28个。

---

① 《中共中央、国务院关于加大改革创新力度加快农业现代化建设的若干意见》，《人民日报》，2015年2月2日，第01版。

② 《关于认真做好农村土地承包经营权确权登记颁证工作的意见》，中华人民共和国农业农村部网站，http://www.moa.gov.cn/nybgb/2015/san/201711/t20171129_5923385.htm.

③ 《中共中央、国务院关于落实发展新理念加快农业现代化 实现全面小康目标的若干意见》，《人民日报》，2016年1月28日，第01版。

④ 《中共中央、国务院关于深入推进农业供给侧结构性改革加快培育农业农村发展新动能的若干意见》，《人民日报》，2017年2月6日，第01版。

⑤ 《农业部关于推进农业供给侧结构性改革的实施意见》，中华人民共和国原农业部网站，http://jiuban.moa.gov.cn/zwllm/zcfg/nybgz/201702/t20170206_5468139.htm.

续表

农村土地确权政策演变	相关政策及执行情况
2018年：颁证范围已明确并开展相关工作，加速推进农村地籍调查工作；把农村集体土地所有权确认到每个具有所有权的农民集体	2018年中央一号文件指出："扎实推进房地一体的农村集体建设用地和宅基地使用权确权登记颁证。完善农民闲置宅基地和闲置农房政策，探索宅基地所有权、资格权、使用权'三权分置'，落实宅基地集体所有权，保障宅基地农户资格权和农民房屋财产权，适度放活宅基地和农民房屋使用权。全面开展农村集体资产清产核资、集体成员身份确认，加快推进集体经营性资产股份合作制改革。推动资源变资产、资金变股金、农民变股东，探索农村集体经济新的实现形式和运行机制。"①
2019年：在基本完成承包地确权登记颁证工作基础上，开展"回头看"，做好收尾工作，妥善化解遗留问题，将土地承包经营权证书发放至农户手中	2019年中央一号文件指出："将土地承包经营权证书发放至农户手中。健全土地流转规范管理制度，发展多种形式农业适度规模经营，允许承包土地的经营权担保融资。总结好农村土地制度三项改革试点经验，巩固改革成果。坚持农村土地集体所有、不搞私有化，坚持农地农用、防止非农化，坚持保障农民土地权益、不得以退出承包地和宅基地作为农民进城落户条件，进一步深化农村土地制度改革。加快推进宅基地使用权确权登记颁证工作，力争2020年基本完成。稳慎推进农村宅基地制度改革，拓展改革试点，丰富试点内容，完善制度设计。抓紧制定加强农村宅基地管理指导意见。研究起草农村宅基地使用条例。开展闲置宅基地复垦试点。"②
2020年：宅基地使用权确权登记颁证工作要稳步推进。改革试点农村宅基地工作的同时坚持宅基地所有权、资格权、使用权"三权分置"的同步推进。集体成员身份确认、集体资产折股量化及股份合作制改革等试点工作要展开工作	2020年中央一号文件指出："严格农村宅基地管理，加强对乡镇审批宅基地监管，防止土地占用失控。扎实推进宅基地使用权确权登记颁证。以探索宅基地所有权、资格权、使用权'三权分置'为重点，进一步深化农村宅基地制度改革试点。全面推开农村集体产权制度改革试点，有序开展集体成员身份确认、集体资产折股量化、股份合作制改革、集体经济组织登记赋码等工作。"③

① 《中共中央、国务院关于实施乡村振兴战略的意见》，《人民日报》，2018年2月5日，第01版。

② 《中共中央、国务院关于坚持农业农村优先发展做好"三农"工作的若干意见》，《人民日报》，2019年2月20日，第01版。

③ 《中共中央、国务院关于抓好"三农"领域重点工作确保如期实现全面小康的意见》，《人民日报》，2020年2月6日，第01版。

续表

农村土地确权政策演变	相关政策及执行情况
2021年：继续保持农村土地承包关系稳定并长久不变，探索宅基地所有权、资格权、使用权分置有效实现形式。规范开展房地一体宅基地日常登记颁证工作	2021年中央一号文件指出："完善农村产权制度和要素市场化配置机制，充分激发农村发展内生动力。坚持农村土地农民集体所有制不动摇，坚持家庭承包经营基础性地位不动摇，有序开展第二轮土地承包到期后再延长30年试点，保持农村土地承包关系稳定并长久不变，积极探索实施农村集体经营性建设用地入市制度。加强宅基地管理，稳慎推进农村宅基地制度改革试点，探索宅基地所有权、资格权、使用权分置有效实现形式。规范开展房地一体宅基地日常登记颁证工作。2021年基本完成农村集体产权制度改革阶段性任务，发展壮大新型农村集体经济。保障进城落户农民土地承包权、宅基地使用权、集体收益分配权，研究制定依法自愿有偿转让的具体办法。"①
2022年：将稳慎推进农村宅基地制度改革试点，规范开展房地一体宅基地确权登记工作作为农村改革的重点任务之一来落实	2022年中央一号文件指出："巩固提升农村集体产权制度改革成果，探索建立农村集体资产监督管理服务体系，探索新型农村集体经济发展路径。稳慎推进农村宅基地制度改革试点，规范开展房地一体宅基地确权登记。稳妥有序推进农村集体经营性建设用地入市。推动开展集体经营性建设用地使用权抵押融资。"②
2023年：赋予农民更加充分的财产权益。深化农村土地制度改革，扎实搞好确权，稳步推进赋权，有序实现活权，让农民更多分享改革红利。研究制定第二轮土地承包到期后再延长30年试点工作指导意见	2023年中央一号文件指出："稳慎推进农村宅基地制度改革试点，切实摸清底数，加快房地一体宅基地确权登记颁证，加强规范管理，妥善化解历史遗留问题，探索宅基地"三权分置"有效实现形式。深化农村集体经营性建设用地入市试点，探索建立兼顾国家、农村集体经济组织和农民利益的土地增值收益有效调节机制。保障进城落户农民合法土地权益，鼓励依法自愿有偿转让。巩固提升农村集体产权制度改革成果，构建产权关系明晰、治理架构科学、经营方式稳健、收益分配合理的运行机制，探索资源发包、物业出租、居间服务、资产参股等多样化途径发展新型农村集体经济。健全农村集体资产监管体系。保障妇女在农村集体经济组织中的合法权益。继续深化集体林权制度改革。"③

① 《中共中央、国务院关于全面推进乡村振兴加快农业农村现代化的意见》，《人民日报》，2021年2月22日，第01版。
② 《中共中央、国务院关于做好2022年全面推进乡村振兴重点工作的意见》，《人民日报》，2022年2月23日，第01版。
③ 《中共中央、国务院关于做好2023年全面推进乡村振兴重点工作的意见》，《人民日报》，2023年2月14日，第01版。

一、农村土地确权的政策意义与矛盾

农村土地确权指的是农村的土地所有权、使用权或者是其他权利的确认与确定。

（一）政策意义

1. 历史意义

加快农村集体土地权利确权登记颁证，是夯实"三农"发展基础、促进城乡统筹一体化发展的迫切需要，对于保护耕地和节约用地制度的严格实施是土地管理和利用水平提升的要求，是维护农民权益、激励农民兴业发展、促进农村社会和谐稳定的现实需要，是对农村土地集体所有制的继承与创新发展。

2. 经济意义

有利于强化对农村土地承包经营权的物权保护，增加农民的财产性收入，稳定农民土地经营的预期；有利于保持土地承包关系稳定，促进土地经营权流转，激发农村生产要素的内在活力，发展农业适度规模经营。

3. 政治意义

政治力量和政治制度决定产权的具体安排方式；产权需要国家强制力的保护；有利于完善农村社会治理，妥善解决土地承包和流转中出现的突出问题，促进农村社会和谐稳定，推进城乡发展一体化。

（二）政策矛盾

1. 大农业与劳动力出路的矛盾

相对落后的小农经济生产方式与现代化大农业的市场经济之间的矛盾是我国"三农"问题的根源。当前，小农经济采用以"农户"为基本单位的极度分散式生产经营组织制度和细碎分割、参差不齐的耕地已无法适应现代化大农业的发展需要。与此同时，随着专业大户、农民专业合作社、家庭农场等新型规模农业经营主体的出现，对农村土地的治理、资源整合和人财物的管理日趋规范，极大促进了技术进步和资本有机构成的提高，加速了农业管理现代化的进程，农业所需劳动力将呈下降态势，剩余的农业劳动力将转移到大中城市或农村集镇进入非农产业领域务工，这将进一步加速我国城镇化发展进程。

2. 土地承包长期不变与家庭人口变动的矛盾

长期存在的人地关系矛盾是农村土地制度创新必须解决的根本性矛盾，容易导致土地进一步分散，加重土地资源对农户的束缚，不利于农村土地产生规模经济效益，影响农业规模化、集约化经营和城镇化、工业化进程。该矛盾的解决直接关系着农村的稳定、农村社会经济的发展和社会主义新农村建设。该矛盾主要体现在：（1）在农村，因承包地刚性不变和家庭人口不断变动进而形成了"家庭人口多、承包地少"和"人口少、承包地多"两类不同的家庭；（2）土地承包法一方面规定"增人不增地、减人不减地"，土地承包权30年不变；另一方面又规定农户作为土地承包权的主体，有依法平等地行使及自愿放弃承包土地的权利，这又赋予了农户可以"增人增地、减人减地"的权利诉求，在农村实际工作中容易造成相互矛盾。

二、农村土地所有权实现的政策痛点

据统计，我国自2014年起全面推开了农村承包地确权登记颁证工作，目前发证率超过94%。但农村土地所有权的实现仍存在如下政策痛点。

（一）农村土地所有权主体多元复杂

我国农村经过长期发展实践，目前土地所有制存在农村土地国有化、农村土地集体所有制、土地股份所有制和农村土地复合所有制四类，目前学界对这四类的所有权主体也尚未达成统一的共识。

农村土地集体所有权具有占有权、使用权、处置权、收益权等权能。目前我国相关法律主要有《宪法》《农业法》《土地管理法》《农村土地承包法》《物权法》等。其中《土地管理法》规定，农民集体拥有除法律法规规定属于国家所有之外的农村和城市郊区的土地及宅基地和自留地、自留山。由此可见，农民集体是农村土地的法定所有权人。

尽管 2011 年 11 月 2 日，原自然资源部、中央农村工作领导小组办公室、财政部、农业部联合发布《关于农村集体土地确权登记发证的若干意见》中对农村集体所有权的主体类别进行了确认，指出："确定农村集体土地所有权主体遵循'主体平等'和'村民自治'的原则，按照乡（镇）、村和村民小组农民集体三类所有权主体，将农村集体土地所有权确认到每个具有所有权的农民集体。属于村农民集体所有的，由村集体经济组织或者村民委员会受本农民集体成员的委托行使所有权；分别属于村内两个以上农民集体所有的，由村内各该集体经济组织或者村民小组代表集体行使所有权；属于乡镇农民集体所有的，由乡镇集体经济组织代表集体行使所有权；没有乡（镇）农民集体经济组织的，乡（镇）集体土地所有权由乡（镇）政府代管"①。但实际上，乡（镇）、村和村民小组农民集体三类所有权主体仍然无法确权到农民个人，因为主体的多元化带来了利益和决策的多元化，也导致了在农民个体利益保障上的不明晰。另外，由国家来确定农村土地承包期本身也表明国家以土地所有者的身份来规定农民集体这个实际的法定所有权人的经营使用期限。这也在一定程度上导致农村土地集体所有权主体多元而复杂。

（二）使用（经营）权主体边界不清

由于现有农村土地产权主体间多元复杂的责权利关系缺失，农村土地的所有权、使用权、收益权、处分权等权能自然也缺乏清晰的界定。农民集体组织在土地政策执行过程中存在随意干预土地经营权、侵犯土地使用（经营）主体利益的行为。不少农民集体组织索性直接采取抽签抓阄的土办法来决定土地使用（经营）主体在下一轮承办地的规模，然而在一轮承包期内，随着农业人口及劳动力在数量及质量上的变化，也带来了农村土地承包权的经常调整，进而

---

① 《国土资源部、中央农村工作领导小组办公室、财政部、农业部关于农村集体土地确权登记发证的若干意见》，中华人民共和国自然资源部网站，http://f.mnr.gov.cn/201702/t20170206_1437097.html

又会导致承包经营权主体长期处于不稳定状态。因此，承包权经营（使用）权主体一般对土地投资的长期收益缺乏稳定预期，对未来的投资信心不足，对土地进行掠夺式经营，造成其忽视土地力的长期投入和提升等短视行为。

1. 农村土地治理混乱，耕地破坏和闲置抛荒严重

农村土地治理混乱主要体现在农村土地的数量与质量管理失衡，农村宅基地在使用上无序不规范，农业生产用地配置机制不健全，严重影响村容村貌，耕地保护政策落实不到位，耕地破坏和土地资源浪费严重，一些复耕复垦的耕地难以形成产能。乡镇企业用地划而未用的土地资源浪费现象比比皆是，大量"空心村"造成了土地的抛荒闲置。

2. 土地征用行为操作不规范，农民权益受到侵害

多样化且复杂的农村土地集体产权主体，所有权主体制约作用未全面发挥，所以在土地征用过程中大量侵害农民权益的行为屡见不鲜。

2013年12月12日，习近平同志在中央城镇化工作会议上也曾强调：目前，各地区都在积极推进的农村土地承包经营权流转的试点工作，对于农村土地过于分散的问题有缓解作用，有利于提高农业生产效率。在土地流转过程中，要尊重农民意愿和保障农民权益，防止土地过度集中到少数人手里，防止土地用途发生根本性变化，造成农村贫富差距过大。也不要以土地改革、城乡一体化之名，行增加城镇建设用地之实，这种挂羊头卖狗肉的事不能干。解决建设用地粗放利用问题，关键还是要靠制度。土地制度改革牵一发而动全身，要按照守住底线、试点先行的原则稳步推进。土地公有制性质不能变，耕地红线不能动，农民利益不能损，在此基础上可以有序进行探索。

三、农村土地所有权实现的政策路径

（一）完善以村民小组为主要主体的农村土地集体所有权

我国农村土地的所有权归农民集体所有。确保每一个农民和集体的权利依法登记。乡（镇）、村和村民小组农民集体等主体要按照"主体平等"和"村民

自治"的原则依法落实。因此，完善农村土地集体所有权制度的主要方向是在进一步明确集体所有权的主要主体、划清集体所有权边界的基础上，建立乡镇、村、村民小组农民集体等多层次的公有权制度。

我国社会主义制度性质和现行的农村土地集体所有制决定了土地每一户农民私有是不可行的。目前，农民除了土地上的种植所得外，不能在土地的利益增值中得到充分回报，也不能最终管理与处置土地，这决定了农民并不是土地的集体所有权主体。为了不出现农村土地集体所有权主体空置的现象，要控制把其划给村、乡镇或更大范围主体，但是如果其权利主体划给了村民小组农民集体，那么会出现农民合作团体而非农户个体参与土地市场博弈的情况，这不仅可以降低受侵害风险，增强主体地位，而且可以将土地作为资本来发展农民集体经济。村民自治在经济上的重要体现在于不能团体化的农民将在土地市场博弈中处于弱势地位。

在实际的土地治理过程中，除了以村民小组为土地集体所有权的主要主体之外，还要以村、乡（镇）为土地集体所有权的辅助主体，建立主辅分明的多元农村土地集体所有权的公有权制度。而辅助主体可由民主决定的基层村、乡镇组织来代表。其功能主要在于协助村民小组作为主要主体抵抗市场风险，调节变化中的土地集体所有权关系。

（二）促进农村土地集体使用权、收益权以及处分权的实现

在市场经济条件下，要真正实现农村土地集体所有权需依赖于土地的使用权、收益权以及处分权的实现。实现农村土地集体使用权、收益权及处分权有重要作用：

1. 农村土地集体使用权是农村土地集体所有权的基础。农村土地集体所有权是由农村集体所有成员土地所有权的集合而成，会随农村集体成员状况和使用权的变化而随之发生变化。我国现行农村土地政策规定在二轮承包期可再延长30年不变，也就是土地二轮承包到期后可以再延长使用30年。当实际的土地承包期延长非常长时，土地所有权的实现实质上就直接靠使用权来体现。

2. 农村土地集体所有权根本利益的实现是农村土地集体所有收益权。农村土地集体所有制实质上体现的是一种农村集体经济制度、关系、权利和利益。我国现行的土地承包政策长久不变，确保了土地集体所有权在经济利益上得以实现，保证了农民集体的经营权和收益权实现的时间条件。农民集体作为现行法定的农村土地所有者，有权享有公有土地的增值收益。

3. 农村土地集体处分权是农村土地集体所有权主体意志的表达以及收益权实现的延续。农村土地集体处分权主要由土地转包、抵押、转让、出租、互换、入股、继承等权益所构成。但需要注意的是土地承包经营权流转时要合法合规，农民土地权益的保障要求维护农村土地集体所有权制度，不得改变土地用途，这实际上已涉及处分权与所有权的关系。

（三）将农村土地确权登记颁证落到实处

自从2008年中央明确提出农村土地确权以来，直到2018年《中共中央、国务院关于实施乡村振兴战略的意见》正式规定农村集体土地确权登记发证的对象即农村集体土地所有权和使用权（宅基地和集体建设用地使用权）等土地权利。要实现农村范围内的集体土地（属于农民集体所有的建设用地、农用地和未利用地）全覆盖，防止遗漏[①]。

农村土地用途管制制度的完善，有利于土地确权登记工作的完善并保证确权登记成果的准确及时，切实保护好农民的集体土地权益。

扎实做好农村土地确权登记颁证工作，要建立并完善承包合同网签的相关系统和机制。农村土地承包合同权利的取得、登记和证明等权利要尽快完善落实。以合同鉴证、交易鉴证等多样化方式确认土地经营权，充分发挥其功能。

（四）要进一步明晰农村土地赋权内涵，完善"三权分置"

新时代农村土地制度改革需进一步强化土地权能，发挥土地多重功能，明

---

① 《中共中央、国务院关于实施乡村振兴战略的意见》，《人民日报》，2018年2月5日，第01版。

确经营主体、承包农户、农民集体三方的权属关系，明确农村土地经营权、承包权、所有权的法律意蕴、产权主体、权能边界以及经济法律责任，构建完善的流转顺畅、保护严格、归属清晰、权能完整的农村集体产权制度。

2016年10月，我国政府出台了关于农村土地"三权分置"的重要文件，其中明确表明："三权分置是农村基本经营制度的自我完善，符合生产关系适应生产力发展的客观规律，展现了农村基本经营制度的持久活力，有利于明晰土地产权关系，更好地维护农民集体、承包农户、经营主体的权益；有利于促进土地资源合理利用，构建新型农业经营体系，发展多种形式适度规模经营，提高土地产出率、劳动生产率和资源利用率，推动现代农业发展。农村土地农民集体所有，是农村基本经营制度的根本，必须得到充分体现和保障，不能虚置。农户享有土地承包权是农村基本经营制度的基础，要稳定现有土地承包关系并保持长久不变。赋予经营主体更有保障的土地经营权，是完善农村基本经营制度的关键。农村土地集体所有权是土地承包权的前提，农户享有承包经营权是集体所有的具体实现形式，在土地流转中，农户承包经营权派生出土地经营权。"①

就目前承包经营权流转的农村家庭日益增多的情况来看，土地承包权主体同经营权主体分离的新趋势，农村土地制度的创新要将农村承包地三权分置的制度进行完善，将土地集体所有权落到实处，维持土地农户承包权，放宽土地经营权。在当今农业逐渐现代化、农村日益城镇化的大环境下，对那些想走出农村进入城镇的农民，在自愿退出和合理经济补偿的前提保障下，完善土地承包权退出机制，提高土地利用率，盘活存量土地资源，增强土地利用效益。在保护农户承包权益，搞活经营权的同时，赋予经营主体更多土地权能，保障经营权人享有占有、使用、收益、抵押、担保、入股等权利，允许经营权人在法律允许的范围内对经营权再细分为经营决策权、经营管理权、经营监督权等权能。

---

① 《中共中央办公厅、国务院办公厅关于完善农村土地所有权承包权经营权分置办法的意见》，《人民日报》，2016年10月31日，第01版。

第二节　土地流转政策演变问题

在商品经济条件下，农村土地是有价值的基本生产资料，其商品属性在客观上也要求和别的生产要素一样，能够自由流动，逐步形成土地交易市场。如果不能正常合理流动，土地资源就不可能得到优化配置和充分利用，也不可能通过经济机制形成有效的农业规模。

20世纪后叶，随着中国农村人口的流动、城市化进程的发展、农业生产结构的变化，在农村土地经营能力和承包量之间产生了矛盾，造成了某些耕地荒废无人耕作的情况，许多撂荒抛荒的问题出现。这就导致农村开始主动地将土地使用权转让出去，这是农村土地流转最早的形式。为了与中国农业生产发展情况相适应，紧随土地流转的浪潮，2001年12月30日，中共中央下发的《关于做好农户承包地使用权流转工作的通知》指出"农村土地流转必须要以长期稳定的家庭承包经营制度为基础，必须坚持依法、自愿、有偿的原则"[①]。2002年，我国出台了《农村土地承包法》，第一次以法律的形式确认：国家保护承包方依法、自愿、有偿地进行土地承包经营权流转，使农村土地改革拥有了法律上的保障。在党的十七届三中全会上指出：建立健全土地承包经营权流转市场，按照依法自愿有偿原则，允许农民以转包、出租、互换、转让、股份合作等形式流转土地承包经营权，发展多种形式的适度规模经营，使农村土地流转向前迈了一大步。

为了使农村产权流转交易能够有序进行，激活农村多种多样的生产要素，武汉市于2009年正式建立了农村综合产权交易所，同时也是原农业部农村土地流转价格监督点。2013年7月，习近平对武汉农村综合产权交易所进行了实地考察，对以土地流转交易状况为代表的涉农产权进行了深入的了解，他指出："这

---

① 《关于做好农户承包地使用权流转工作的通知》，《人民日报》，2002年11月5日，第01版。

样的探索是有好处的。如何在坚持农村土地集体所有性质的前提下完善联产承包责任制，既保障基本农田和粮食安全，又通过合乎规范的流转增加农民收入？在接下来的改革中要对这些问题进行深入研究。想要使农村基本经营制度得以完善，农村改革深化推进，就要深入研究农村土地经营权、承包权、所有权三者之间的关系，土地流转要尊重农民意愿、保障基本农田和粮食安全，要有利于增加农民收入。"①

2015年5月，习近平总书记对耕地保护工作作出重要指示："要实行最严格的耕地保护制度，依法依规做好耕地占补平衡，规范有序推进农村土地流转，像保护大熊猫一样保护耕地。"②2021年1月26日，农业农村部发布《农村土地经营权流转管理办法》，自2021年3月1日起施行，进一步放活经营权，更有效合理利用土地资源，防止流转土地"非粮化"，进一步保障流转双方合法权益，并对工商资本流转耕地加以规范，促进农村土地经营权规范有序流转。

可见，做好新时代农村土地流转工作，离不开长期稳定的家庭承包经营制度作为基础，同时必须坚持农民依法、自愿、有偿进行土地流转的原则，也不能影响耕地保护，要做好耕地占补平衡。土地流转和规模经营的形式多样化，是现代化农业发展不可或缺的途径，也为农村改革指明了前进方向。通过梳理有关研究成果可以发现，对于农村土地流转的研究可划分为政策体制、市场发育和个体禀赋，宏观、中观、微观三个层面。主要集中在土地产权制度安排、政府惠农政策，农户保障组合、劳动力市场发育，交易费用和农户个体禀赋等方面。而城镇化背景下，非农就业比较收益水平是农村土地流转的重要参考，因此劳动力市场完善程度对农户农村土地流转决策的影响值得进一步关注③。我国自2001年首次提出农村土地流转政策以来，政策也在实践中不断优化和演变，现将截至2023年历年我国农村土地流转政策要点梳理如下（详见表4）：

---

① 习近平：《坚定不移全面深化改革开放脚踏实地推动经济社会发展》，《人民日报》，2013年7月24日，第01版。
② 习近平：《就做好耕地保护和农村土地流转工作作出的指示》，《人民日报》，2015年5月27日，第01版。
③ 崔惠斌、陈海文、钟建威：《我国农村土地流转影响因素的研究综述》，《农业经济与管理》，2015年第1期。

表4　2001—2023我国农村土地流转政策一览表

文件依据	相关政策
2001年：出台的《中共中央关于做好农户承包地使用权流转工作的通知》	1.在家庭承包经营制度稳定推行的前提下，可进行农户承包地使用权的流转，且要基于依法、有偿和自愿的原则。 2.农户间可进行农村土地流转。禁止通过土地流转的方式变更土地的农业用途与所有权，禁止用农户承包地来抵扣借款，禁止回收农户承包地用来招标承包。任何个人或组织无权强制进行土地流转，也无权阻止农户的合法土地流转行为。禁止镇、乡级政府以及村组织租赁农户土地后再发包或者转租。 3.对事业单位、企业和城镇居民对农户土地的租赁进行规范。企事业不能代替农户进行产业化经营，而要正确地引导农户。不鼓励工业企业和商业企业大规模、长期地经营或租赁农户土地，不鼓励地方政府组织与动员城镇居民租赁农户土地[①]。
2002年：8月29日通过的《中华人民共和国农村土地承包法》	第一次在法律层面规定了国家要保障土地承包者依法、有偿、自愿地流转土地承包经营权[②]。
2003年：3月1日实施的《中华人民共和国农村土地承包法》	土地流转相关条例： 第五节　土地承包经营权的流转 第32条　基于家庭联产承包责任制获得的承包地，可依法通过转让、互换、出租、转包等方式进行流转。 第33条　土地承包经营权的流转要基于以下原则： （一）有偿、自愿、平等协商原则，所有的个人或组织禁止强迫和阻止承包方依法流转土地承包经营权； （二）流转期限不能高于承包期剩余期限；（三）土地所有权的性质与农业用途不得变更；（四）本集体经济组织中的成员拥有优先流转权；（五）流转双方都要具备一定的农业经营能力。 第34条　承包方是土地承包经营权流转的主体。承包方有根据相关规定选择是否流转土地承包经营权以及流转形式的权利。

① 《中共中央关于做好农户承包地使用权流转工作的通知》，《人民日报》，2002年11月5日，第01版。

② 《中华人民共和国农村土地承包法》，《人民日报》，2002年8月30日，第07版。

续表

文件依据	相关政策
2003年：3月1日实施的《中华人民共和国农村土地承包法》	第35条　在承包期限内，发包方无权强制解除承包关系；禁止将承包地作为借款抵押；禁止以少数服从多数为理由强制承包方改变或放弃承包经营权。 第36条　受让双方经协商共同决定土地承包经营权流转的转让费、租金和转包费等。承包方享受土地流转的收益，个人或组织无权克扣和截留。 第37条　土地承包经营权经转让、互换、出租、转包等形式进行流转，受让双方需签署书面协议。 土地承包经营权流转合同应包含下列内容：（一）受让双方的姓名、居住地；（二）流转土地的名称、质量等级、面积大小、位置；（三）流转土地的用途；（四）流转的起始时间与期限；（五）流转价格和支付方式；（六）受让双方的义务与权利；（七）违约责任。 第38条　土地承包经营权以转让、互换形式进行流转的，受让双方要向县级及县级以上的政府进行登记①。
2004年：中共中央、国务院出台的《关于促进农民增加收入的若干意见》	完善土地承包经营权流转机制，并坚持合法、有偿、自愿原则，地方可以根据自身实际情况发展多元化的适度规模经营②。
2005年：中共中央、国务院出台的《关于进一步加强农村工作提高农业综合生产能力若干政策的意见》	地方政府应全面地了解土地二轮承包政策的实施与落实情况，对于强制要求农户流转土地、随意回收农户土地等行为要采取有效措施及时制止，并作出相应惩处。对于出现的土地承包纠纷要及时、合理地处置，保护农户的权益不受损害。必须坚持合法、有偿和自愿的原则，促进适度规模经营发展以及承包经营权的流转，避免出现片面追求土地集中的情况③。

①　《中华人民共和国农村土地承包法》，《人民日报》，2002年8月30日，第07版。
②　《中共中央、国务院关于促进农民增加收入若干政策的意见》，《中华人民共和国国务院公报》，2004年第9期。
③　《中共中央、国务院关于进一步加强农村工作提高农业综合生产能力若干政策的意见》，《中华人民共和国国务院公报》，2005年第9期。

续表

文件依据	相关政策
2006年：中共中央、国务院出台的《关于推进社会主义新农村建设的若干意见》	健全基于统分结合与家庭承包经营的双层经营体制，坚持土地承包经营权流转制度的合法、有偿与自愿的原则，地方可以根据自身实际情况发展多元化的适度规模经营①。
2007年：中共中央、国务院出台的《关于积极发展现代农业扎实推进社会主义新农村建设的若干意见》	基于农村基本经营制度，维持土地承包关系的稳定，对土地承包经营权的流转形式作出规范，进一步改革征地制度②。
2008年：中共中央、国务院出台的《关于切实加强农业基础设施建设进一步促进农业发展农民增收的若干意见》	坚持合法、有偿、资源的原则，对土地承包经营权流转进行规范。针对变更土地农业用途、强制农户流转承包地等行为，要予以坚决地制止，并给予严厉惩罚，杜绝乡级与村级组织以"反租倒包"等为由损害农民的土地承包经营权③。
十七届三中全会通过的《中共中央关于推进农村改革发展若干重大问题的决定》	完善土地承包经营权流转市场，坚持合法、有偿、自愿的原则，支持农民通过股份合作、转让、互换、出租、转包等方式进行土地承包经营权的流转，促进多元化适度规模经营的发展④。
2009年：中共中央、国务院出台的《关于2009年促进农业稳定发展农民持续增收的若干意见》	在土地承包经营权的流转过程中，禁止变更土地的农业用途，禁止变更土地的集体所有性，要保护农户的合法承包权。保证农户在土地流转行为中的主体地位，个人或组织无权强制农户流转，也无权阻止农户的流转行为⑤。
2010年：中共中央、国务院出台的《关于加大统筹城乡发展力度进一步夯实农业农村发展基础的若干意见》	完善土地承包经营权流转的相关服务与管理，逐步改善市场环境，基于合法、有偿与自愿的原则，根据地方实际情况促进适度规模经营的多元化发展⑥。

① 《中共中央、国务院关于推进社会主义新农村建设的若干意见》，《人民日报》，2006年2月22日，第01版。
② 《中共中央、国务院关于积极发展现代农业扎实推进社会主义新农村建设的若干意见》，《人民日报》，2007年1月30日，第01版。
③ 《中共中央、国务院关于切实加强农业基础设施建设 进一步促进农业发展农民增收的若干意见》，《人民日报》，2008年1月31日，第01版。
④ 《中共十七届三中全会在京举行》，《人民日报》，2008年10月13日，第01版。
⑤ 《中共中央、国务院关于2009年促进农业稳定发展农民持续增收的若干意见》，《人民日报》，2009年2月2日，第01版。
⑥ 《中共中央、国务院关于加大统筹城乡发展力度进一步夯实农业农村发展基础的若干意见》，《人民日报》，2010年2月1日，第01版。

续表

文件依据	相关政策
2012年：中共中央、国务院出台的《关于加快推进农业科技创新持续增强农产品供给保障能力的若干意见》	基于合法、有偿与自愿的原则，对土地承包经营权的流转活动作出规范指导，促进适度规模经营的多元化发展，积极引进新型的农业生产经营理念与模式；完善土地承包经营权流转的相关服务与管理，建立完善的土地承包经营纠纷调解仲裁体系[1]。
2013年：中共中央、国务院出台的《关于加快发展现代农业进一步增强农村发展活力的若干意见》	为农村土地承包经营权的流转行为提供指导，积极引导承包地向农民合作社、家庭农场、专业大户的流转，促进适度规模经营的多元化发展[2]。
十八届三中全会通过的《中共中央关于全面深化改革若干重大问题的决定》	支持土地承包经营权流转向农业企业，鼓励农户通过承包经营权入股农业企业，给予土地承包经营权担保、抵押权能，合作社管护或持有通过政府财政补贴形成的资产[3]。
2014年：中共中央、国务院出台的《关于全面深化农村改革加快推进农业现代化的若干意见》	基于农村土地集体所有权的落实，保持农民土地承包权的稳定与经营权的活放，金融机构可接受以土地承包经营权作为抵押[4]。
全面深化改革领导小组第五次会议通过的《关于引导农村土地承包经营权有序流转发展农业适度规模经营的意见》	支持土地流转的创新形式。支持农民根据相关规定以入股、转让、互换、出租、转包等形式进行土地流转。地方政府可根据自身实际情况采取合理的帮扶措施，帮助农民转移就业以及承包地的长期流转。对土地流转行为进行规范，支持农户自愿以并地互换的形式来降低土地的细碎化[5]。

---

[1] 《中共中央、国务院关于加快推进农业科技创新持续增强农产品供给保障能力的若干意见》，《人民日报》，2012年2月2日，第01版。

[2] 《中共中央、国务院关于加快发展现代农业进一步增强农村发展活力的若干意见》，《人民日报》，2013年2月1日，第01版。

[3] 《中共十八届三中全会在京举行》，《人民日报》，2013年11月13日，第01版。

[4] 《中共中央、国务院关于全面深化农村改革加快推进农业现代化的若干意见》，《人民日报》，2014年1月20日，第01版。

[5] 《中共中央办公厅、国务院办公厅关于引导农村土地承包经营权有序流转发展农业适度规模经营的意见》，人民日报，2014年11月21日，第01版。

续表

文件依据	相关政策
2015年：中共中央、国务院出台的《加大改革创新力度加快农业现代化建设的若干意见》	维持土地经营权流转市场的正常秩序，积极引进新型的规模经营与土地流转模式，促进适度规模经营的多元化发展。支持家庭农场的适度发展①
2016年：中共中央、国务院出台的《关于落实发展新理念加快农业现代化实现全面小康目标的若干意见》	建立完善的县、乡级农村经营管理制度，提高规模经营与土地流转的服务与管理水平。从立法层面维持土地经营权流转市场的正常秩序，支持农民自愿进行承包地互换，使承包地连片化。建立健全集体林权制度，维持林权流转的秩序，大力支持股份合作林场和家庭林场的发展②
2017年：中共中央、国务院出台的《关于深入推进农业供给侧结构性改革加快培育农业农村发展新动能的若干意见》	积极引进创新的农业经营与服务主体，发展经营权流转、土地托管、代耕代种、股份合作等多元化形式，促进服务带动型、土地流转型等多元化规模经营的发展③
2018年：中共中央、国务院出台的《关于实施乡村振兴战略的意见》	健全农村承包地"三权分置"，基于对农户承包权与集体土地所有权的维护，保障土地经营权的平等。建立健全的农户闲置农房与宅基地政策，促进农房与宅基地使用权的适度活放，为农房财产权与宅基地资格权提供保障，落实土地用途管理制度，禁止非法交易宅基地，严厉打击购买农房和宅基地用以建设私人会馆、别墅大院等行为④
2019年：中共中央、国务院出台的《关于坚持农业农村优先发展做好"三农"工作的若干意见》	进一步完善土地流转管理规范制度，促进适度规模经营的多元化发展，支持承包地经营权的担保融资。维持农村产权流转的市场秩序，保障各项产权流转交易的规范性、公开性⑤

---

① 《中共中央、国务院关于加大改革创新力度加快农业现代化建设的若干意见》，《人民日报》，2015 年 2 月 2 日，第 01 版。

② 《中共中央、国务院关于落实发展新理念加快农业现代化实现全面小康目标的若干意见》，《人民日报》，2016 年 1 月 28 日，第 01 版。

③ 《中共中央、国务院关于深入推进农业供给侧结构性改革 加快培育农业农村发展新动能的若干意见》，《人民日报》，2017 年 2 月 6 日，第 01 版。

④ 《中共中央、国务院关于实施乡村振兴战略的意见》，《人民日报》，2018 年 2 月 5 日，第 01 版。

⑤ 《中共中央、国务院关于坚持农业农村优先发展做好"三农"工作的若干意见》，《人民日报》，2019 年 2 月 20 日，第 01 版。

续表

文件依据	相关政策
2020年：中共中央、国务院出台的《关于抓好"三农"领域重点工作确保如期实现全面小康的意见》	支持鼓励创新农业经营主体的形成与发展，促进农业产业化联合体的形成，借助托管服务、入股分红、订单农业等形式，在农业产业链中融入更多的小农户。促进农村基本经营制度的进一步完善，推进第二轮土地承包到期后延期30年的试点工作，并制定相关的配套政策与措施。促进适度规模经营形式的多元化发展，建立完善的促进小农户发展的农业社会化服务制度①。
2021年：中共中央、国务院出台的《关于全面推进乡村振兴加快农业农村现代化的意见》	明确耕地和永久基本农田不同的管制目标和管制强度，严格控制耕地转为林地、园地等其他类型农用地，强化土地流转用途监管，确保耕地数量不减少、质量有提高。健全土地经营权流转服务体系。加强农村产权流转交易和管理信息网络平台建设，提供综合性交易服务②。
我国农业农村部发布《农村土地经营权流转管理办法》（自2021年3月1日起施行。原农业部2005年1月19日发布的《农村土地承包经营权流转管理办法》同时废止）	明确承包方可以采取出租（转包）、入股或者其他符合有关法律和国家政策规定的方式流转土地经营权。承包方依法采取出租（转包）、入股或者其他方式将土地经营权部分或者全部流转的，承包方与发包方的承包关系不变，双方享有的权利和承担的义务不变。承包方自愿将土地经营权入股公司发展农业产业化经营的，可以采取优先股等方式降低承包方风险。公司解散时入股土地应当退回原承包方③。明确了对工商企业等社会资本通过流转取得土地经营权的审查审核具体规定，以及建立风险保障制度的要求，以更好地保障流转双方合法权益。鼓励各地建立土地经营权流转市场或农村产权交易市场，建立健全运行规则，开展土地经营权流转政策咨询、信息发布、合同签订、交易鉴证、权益评估、融资担保、档案管理等服务，引导和促进土地经营权规范、有序流转。

---

① 《中共中央、国务院关于抓好"三农"领域重点工作确保如期实现全面小康的意见》，《人民日报》，2020年2月6日，第01版。

② 《中共中央、国务院关于全面推进乡村振兴加快农业农村现代化的意见》，《人民日报》，2021年2月22日，第01版。

③ 《农村土地经营权流转管理办法》，中华人民共和国中央人民政府网站，http://www.gov.cn/zhengce/zhengceku/2021-02/04/content_5584785.htm.

续表

文件依据	相关政策
2022年：中共中央、国务院出台的《关于做好2022年全面推进乡村振兴重点工作的意见》	落实工商资本流转农村土地审查审核和风险防范制度。开展农村产权流转交易市场规范化建设试点[①]。
2023年：中共中央、国务院出台的《关于做好2023年全面推进乡村振兴重点工作的意见》	引导土地经营权有序流转，发展农业适度规模经营。总结地方"小田并大田"等经验，探索在农民自愿前提下，结合农田建设、土地整治逐步解决细碎化问题。完善社会资本投资农业农村指引，加强资本下乡引入、使用、退出的全过程监管。健全社会资本通过流转取得土地经营权的资格审查、项目审核和风险防范制度，切实保障农民利益。[②]

一、土地流转的政策意义

基于土地经营权、承包权和所有权三者相互独立的现状，农民能够将土地的经营权借助出租、入股、转让、转包的方式转让给新型合作组织或其他农民，这个过程被称为土地流转。因此，农村土地的所有权属于集体是进行土地流转的基础，土地流转只是流转土地的经营权，并没有改变农民对土地的承包权，这是对土地集体所有实现形式的又一次创新，是对"家庭承包经营+土地公有"的改进和发展，促进了适度规模运营模式的发展，使"规模化经营+土地公有"的实现成为可能。

（一）实现我国社会主义农业的"第二次飞跃"需要进行土地流转

关于我国社会主义农业的发展问题，邓小平曾指出："中国特色社会主义农业的改革和发展，从长远的观点看，要有两个飞跃。第一个飞跃，是废除人民公社，实行家庭联产承包为主的责任制。这是一个很大的前进，要长期坚持不

---

① 《中共中央、国务院关于做好2022年全面推进乡村振兴重点工作的意见》，《人民日报》，2022年2月23日，第01版。

② 《中共中央、国务院关于做好2023年全面推进乡村振兴重点工作的意见》，《人民日报》，2023年2月14日，第01版。

变。第二个飞跃，是适应科学种田和生产社会化的需要，发展适度规模经营，发展集体经济。这又是一个很大的前进，当然这是很长的过程。"[①]

改革开放政策的施行加快了中国经济的发展，为了适应经济的发展，在政策体制方面，农村由原来的人民公社制度逐步转变为"家庭承包经营+土地共有"制度，相比于原有的人民公社制度，后者显然具有更大的优势，不仅提高了农民开展生产活动的积极性，促进了农业经济的发展和进步，而且使人民的温饱需求基本得到满足，使"第一个飞跃"得以顺利完成。然而，农业生产力水平正在逐步提高，家庭联产承包责任制却依旧处于自给自足的分散状态，是以家庭为单位进行生产经营的小农经济，缺乏有效的分工和协作，仍然依靠传统的生产技术与经验进行以手工劳动为主的生产，致使有限的耕地没有得到合理地利用，限制了农田水利等设施的建设与使用、先进农业科学技术的推广和大型农业机械的运用，导致农产品在市场竞争中处于弱势地位，已经难以适应我国现阶段的农业生产力水平和市场化要求，更难以实现农业现代化，因此，要实现我国社会主义农业的改革和发展的"第二个飞跃"势在必行。然而，如何使相互独立的家庭集中起来积极参与市场竞争，是市场经济条件下解决农业生产力发展问题、加大土地制度改革力度所必须解决的问题。通过对我国经济发展现状的分析，发现可以借助土地流转的方法来解决这一问题，土地流转能够改善之前相互独立的小农家庭运营模式的不足，集中土地实现规模化生产，增强农民专业合作社、家庭农场、专业大户等生产主体预防和规避风险的能力，从而使集体经济得到进一步的发展。这也为加快实现"第二个飞跃"提供了条件。

（二）土地流转提供了"土地公有+规模化经营"的实现条件

农民合作社经营集体所有土地和农业工人合作社经营国有土地是马克思、恩格斯提出的土地经营模式，二者的本质为"规模化经营+土地公有"，但由于家庭联产承包责任制的限制，"规模化经营+土地公有"难以实现，因此完善和

---

① 《邓小平文选》（第3卷），人民出版社，1993年，第355页。

改革家庭联产承包责任制迫在眉睫。农业生产水平的提高使规模较小的家庭式分散经营逐步转变为适度的规模化经营，同样的，土地流转也从自发流转逐步转变为有序合理地推行。基于农村出现的撂荒抛荒现象，20世纪末国家制定了相关政策，政策规定农村土地可以转让和转包。2016年3月，我国《国民经济和社会发展第十三个五年规划纲要》明确提出，"稳定农村土地承包关系，完善土地所有权、承包权、经营权分置办法，依法推进土地经营权有序流转，通过代耕代种、联耕联种、土地托管、股份合作等方式，推动实现多种形式的农业适度规模经营。"①从中可以看出，进行土地流转的前提是稳定土地承包关系和坚持土地所有权属于集体，必须稳定农村土地承包关系，经营权可以被转让。一方面，土地流转使实现"规模化经营+公有制"成为可能；另一方面，土地流转促进了规模化经营的发展。

对土地集体所有形式进行改革和创新，必须坚持农村土地所有权属于集体，土地流转的前提是土地归集体所有，保证农民利益不受侵害；将农村耕地用于生产粮食使粮食安全得到保障，不可以将农村土地变作他用；不允许借助土地流转将集体所有土地转变为私人占有土地。

促进土地流转有序发展的基础是稳定土地承包关系。以往进行土地流转时，由于缺乏规范的法律法规和相关实践经验，导致部分农民的利益受到损害。因而，我们必须及时反思、汲取经验和教训，借助推进土地流转有序发展的方式将家庭分散独立管理的土地集中起来，使"规模化经营+土地公有"模式的实现成为可能，增加土地使用的频率，加快农业经济发展的速度。除此之外，农民能够脱离土地从事服务性和生产性的工作，农民获得收入的途径增多，获得的收入增多。

二、土地流转的政策痛点与模式

农民拥有土地的经营权和承包权，在不违背家庭承包经营基本制度的基础

---

① 《中华人民共和国国民经济和社会发展第十三个五年规划纲要》，《人民日报》，2016年3月18日，第11版。

上，农民保留承包权，转让经营权，让经济组织或其他农民拥有该土地的经营权。这个转让的过程就是土地流转。土地流转的是集体土地使用权，在制定土地制度时引入股份制，构建核心为土地的股份合作体系，将土地由实物形式转变为价值形式，使部分农民能够拥有股权继而从事其他工作，其他农民可以通过增大土地管理面积，将传统市郊农业转变为现代市郊农业。农村集体建设用地可通过土地使用权的转换、联营、入股以及合作等方法实现土地流转，将集体建设用地集中于工业园区和城镇。

（一）农村土地流转的政策痛点

世界银行的一份研究报告曾指出：当人均GDP小于500美元时，农民以分散的自给自足式经营土地为主；当人均GDP超过1000美元时，农村土地的商业运作和市场价值才能体现出来，表现在土地拥有者有转移土地的强烈愿望，而土地经营者又有扩张规模的迫切要求，从而形成土地使用权进行流转的根本动力。2019年，我国人均GDP已经突破1万美元，农民实现了从最初不愿意土地流转到观望流转再到主动流转转变。国内学者徐美银（2019）基于江苏、浙江、湖北、四川调查数据的实证分析结果表明，市民化程度越高的农民工，土地流转行为发生的可能性越大；对农村土地生产性收益权、抵押权偏好程度越强的农民工，发生土地流转行为的可能性越小；对农村土地流转性收益权偏好程度越强的农民工，发生土地流转行为的可能性越大；农民工土地占有权、增值性收益权、剩余性收益权偏好程度对其土地流转行为没有显著影响[1]。

我国农村土地流转主要存在如下政策痛点：

1. 长期以来，由于大量农村宅基地小产权房及城中村棚户区改造规模巨大，其合法化、正式化已成为农村集体土地流转政策制定的难点和人们关注的焦点。

2. 乡村存在大量闲置沉睡土地可以被重新利用。通过对统计数据进行调查分析可以发现，全国范围内，农村地区存在的闲置房屋的数量超过7000万套，

---

[1] 徐美银：《农民工市民化、产权结构偏好与农村土地流转——基于江苏、浙江、湖北、四川调查数据的分析》，《社会科学》，2019年第6期。

居住区的闲置和空闲土地面积有大约3000万亩，具体闲置沉睡的土地数据还会随着农村人口向城市转移而不断增长。为了盘活这些闲置沉睡土地资源，在2018年中共中央、国务院出台的《关于实施乡村振兴战略的意见》中提出，探索宅基地所有权、资格权、使用权"三权分置"，落实宅基地集体所有权，保障宅基地农户资格权和农民房屋财产权①。

3.农村土地流转需要解决好流转的目的、规律、对象、主导力量、经营方向、流转模式以及农民的权益保护等现实问题。

4.传统土地流转模式存在流转信息不对称不透明、程序复杂烦琐，交易难、纠纷多、风险高。

（二）农村土地流转的模式比较

随着我国城镇化和农民市民化进程的加快，各地农村充分发挥农民在实践中因地制宜，不断开拓创新的首创精神，大致形成了土地转包、互换、出租、宅基地换住房+承包地换社保、入股、土地银行和股份合作社等七种农村集体土地流转模式：

1.土地转包模式

土地转包模式是指农村集体组织的内部土地承包方转让部分或全部的经营权，使同一组织内的其他农民能够拥有土地经营权从而开展相关生产活动的土地流转模式，也是国内土地流转面积最大、比例最高的模式。土地转包不会使原来的土地承包关系发生改变，也就是说，土地承包合同依然具有法律效力，土地承包依然按照原有的规定来享有权利和履行义务。该模式基层治理的典型代表有浙江温州和重庆忠县。

（1）浙江温州。土地流转主要有以下几种实现方式：第一种方式是社会化有偿服务。借助粮食或农场合作社、专业农业合作的方式为粮食生产提供某个重要环节或所有环节的服务，需要注意的是，该服务是有偿的；第二种方式是

---

① 《中共中央、国务院关于实施乡村振兴战略的意见》，《人民日报》，2018年2月5日，第01版。

种粮大户承包，拥有土地经营权和承包权的农户通过有偿转让的方式将经营权转移给种粮大户，借助中介机构合同转包、中转站转包、招标等途径使土地能够有序流转，从而使荒芜的土地面积下降，土地的使用频率上升；第三种方式是农村集体组织主导，农户只负责粮食收割和田间管理，土地交由村级经济合作社或村委会在遵守相关准则的基础上收取农户部分费用，而后帮助农户进行代耕代种，或者交由村集体将土地直接转包出去，让其他人经营管理。

（2）重庆忠县。政府鼓励、支持和引导经营能手从农户手中获得土地的经营权来建立具有产业化和农业化特征的企业，按照土壤的肥沃程度和土地的地理方位来支付相应的租金，将土地的经营权转移出去并获得租金的农民还可以在企业工作从而获得更高的收入。

2. 土地互换模式

土地互换模式是指为了实现规模化种植和提高耕种效率，村集体组织内部的农民将自己的土地经营权与其他农民的经营权进行交换的土地流转模式。土地互换可以促进农村规模化、产业化、集约化的发展。家庭联产承包责任制的施行使农民拥有了土地的使用权。但农民获得的土地在位置、面积和肥沃程度上均有所不同，完整的一块土地被分成许多大小不一的土地块，阻碍了生产水平的提升和生产力的发展。因此，农民通过互换土地的流转交易方式来实现集约化经营和规模化经营，使土地能够集中起来。

该模式基层治理的典型代表有新疆沙湾和重庆江津。

（1）新疆沙湾。从2004年开始，位于新疆沙湾县四道河子镇的下八户村开始实行土地互换政策，原本位于不同位置的土地被集中到两处进行统一管理，从而使农作物的种植变得集约化、标准化和相对集中化，让土地不再过于分散，以便于耕种、铺设滴灌管道，采用滴灌的方式进行灌溉，降低种植成本，使种植效率得到有效提升。

（2）重庆江津。为实现建设用地的市场化，在2007年9月，重庆市江津区制定实施了《农村集体建设用地置换管理工作试行意见》，到2008年8月开始开展包括建设用地置换试点在内的多个实践项目，在市场的主导和政府的引导下，土地跨区流转得以顺利实施，城市建设用地增加和农村建设用地减少的问题基本被解决，提高了农民将废弃、闲置的宅基地转变为耕地的积极性，将宅基地转变为耕地后，政府可以获得与耕地面积和建设用地指标相关的政绩；农民可以获得价格优惠的城镇住房、耕地的经营权以及政府按照征地价格计算的宅基地补偿金。

3. 土地出租模式

土地出租模式是指在政府的引导和市场利益的驱使下，农民将自己拥有的部分或全部土地租赁给农业产业化龙头企业、农民专业合作社和专业大户等新型农业规模经营主体从事农业生产，签订租赁合同，并且一次性支付一年的租金，支付方式可以是实物支付，也可以是现金支付的土地流转模式，出租模式主要有农业公司租赁型、农业大户租赁型和"反租倒包"型。该种模式不会使原有的土地承包关系发生改变，也就是说，原有的土地承包合同依然具有法律效力，原来拥有土地经营权的农民依然能够享受权利、依然需要履行义务。土地的租赁者需要遵守合同的相关规定及时支付相应的租金，并且不能私自改变土地的用途。

位于安徽省凤阳县的小岗村是该模式基层治理的代表。"反包倒租"是小岗村第一次开展的土地流转，具体指的是政府鼓励种田能手和大户从农民手中租借土地，使规模经营的实现成为可能，社会主义新农村政策的施行使土地得以有序流转，促进了中心村的形成和发展。政府加大了对农业的投入，减少了农民的撂荒弃地率，提高了农民素质，并让农民集中于中心村，从而提高农民收入，加快农村电商、快递物流等第三产业的发展。

4. 宅基地换住房+承包地换社保模式

"承包地换社保+宅基地换住房"模式是指农民放弃土地承包权和宅基地，将宅基地转换为工业化、城市化发展用地，从中获得与城市居民一样的养老保障和医疗保障以及一套与宅基地面积相等的城市住房，从而促进城乡公共服务系统的形成和发展的土地流转模式。

该模式基层治理的典型代表有重庆九龙坡区。2007年6月7日，重庆市经由国家改革和发展委员会批准成立了城乡配套改革试验区，将九龙坡设为首个试点区，对土地使用制度进行了改革，通过"承包地换社保+宅基地换住房"模式的施行来降低土地对劳动力的限制性，提高土地使用频率，使土地可以集中起来被利用。

5. 土地入股模式

土地入股模式是指农村集体组织中拥有土地经营权的农民将经营权转变为股权，将土地承包权作为股份建立农业生产合作社或股份有限公司，促进农业产业化的发展，使农业产业化生产能够顺利施行的流转模式。农民将土地作为股份进行参股之后，可以选择不再经营土地，也可以选择继续经营土地，实行农村土地经营的双向选择。借助土地承包权，农民能够进行参股和分红，农民不仅是利益的获得者，也是公司运营的管理者。入股模式的特点主要包括受益直接、产权清晰，使农户的土地承包经营权以价值形态的形式长期确定下来。

上海奉贤区农民专业合作社是该模式基层治理的典型代表。该合作社的特征主要包括：（1）营销类、农家乐、花卉、果蔬以及粮食等多种经营类型齐全，发展迅速；（2）合作社实行民主管理，社务公开，运行质量逐年稳固提升。承包户在用工方面对合作社负责，合作社按照就近优先原则给社员分配工作，有着较高的产业化经营水平；（3）合作社采用组织形式多元化，包括"合作社+农户+龙头企业""合作社+基地+农户""合作社+农户"等。

6. 土地银行模式

土地银行模式有别于一般的政策性金融机构以货币作为标的物，以农村土地作为标的物，以集约土地资源配置为目的，开展的业务为土地的储备、开发及后续矛盾纠纷化解、服务保障和金融服务等业务，实现土地适度规模经营的流转模式。土地银行作用一方面规范农村土地流转程序，使土地流转朝着规范化、集约化发展，另一方面为经营主体提供土地抵押贷款、信托等金融服务，使其经营主体能更好地从事农业生产经营工作。世界上不少国家也采用了土地银行模式来发展农业，如法国"土地信贷银行"、韩国"土地开发社"、德国"土地抵押信用合作社"、南非"土地银行"等。

该模式基层治理的典型代表有陕西杨凌示范区和河南信阳江湾。

（1）陕西杨凌示范区。陕西杨凌示范区土地银行属于非营利性组织，实行政府主导下的区、镇、村三级层级管理模式。土地银行与农户签订土地流转委托协议书将零散土地集中到村集体，然后与租地方或者用地单位签订土地流转使用协议书，租地方或者用地单位分为本乡农户、外乡农户、合作社与企业，分别采取自愿互换、合并调整、反租倒包、企业租赁四种流转形式，之后租地方必须先行支付一年的地租，土地银行再向农户发放地租后方可向租地方交地，租地方通过改造土地生产条件，提高土地利用率和土地质量，使土地在流转中实现保值增值。

（2）河南信阳江湾。江湾农村土地信用合作社以合作制为基本形式，实行"三权"分离，即村集体拥有土地所有权、农民拥有土地承包权、合作社拥有土地经营权。农村土地信用合作社，农户自愿以土地流转面积存入合作社，从合作社获取存地利息，通过借用金融业存贷款机制促进农村土地流转和规模经营的"土地银行"模式。作为土地承包经营权流转的中介组织，吸收"存入"土地（经营权），并经整理形成连片，再"贷出"土地（经营权），以存贷差价获取收益。合作社的收益一部分用于合作社的日常运营开支，一部分作为集体的公共基金用于村内公益项目支出或扩大再生产。

7. 股份合作社模式

在遵守"利益保障、收益分红、集约经营、土地入股、群众自愿"原则的基础上，村集体组织引导农民将土地经营权转变为股份，农户以土地经营权为股份共同组建合作社的流转模式，是当前农村比较普遍的土地流转模式之一，也代表了我国农村土地流转的未来创新方向，比单一的土地入股模式更加市场化。在相关领域龙头企业的帮助指导下，土地股份合作社顺利运营，将获得的收益扣除成本后以利益分红和土地保底为标准实行按比例分配，在进行收益分配时，应首先支付农民每股700元的土地保底收益，将一部分收益作为风险金和公积金，剩下的钱按照股份的多少进行第二次分配。

该模式基层治理的典型代表有山东徐庄和广东南海。

（1）山东徐庄。在2008年9月，位于山东枣庄山亭区的徐庄镇建立了国内第一家土地产权交易所，为参与徐庄土地合作社的农户颁发了280份农村土地使用权证，该交易所拥有三个"首次"，分别是：首次建立了经由工商注册批准的土地流转合作社，首次获得了颁发者为区政府的土地使用产权证，首次创立了土地使用产权交易所，这意味着农民能够借助产权证向信用联社申请借款，用于采购工具、耕种土地。

（2）广东南海。在20世纪90年代，位于广东佛山的南海区制定实施了土地股份合作制度，股份合作主体通过修建厂房出租土地或直接将土地的经营权转让出去，农民凭资参股，将非农化土地获得的收益按照股份的多少进行分配，从而保障农民能够获得额外的收益，缓解工业化、城市化建设用地紧张的现状。

实行农村土地股份合作制以土地资本化为典型特征，第一步是规划区域，以土地定位和功能为划分准则，将土地划分为基本农田保护区域、经济发展区域以及商业居住区域，使有限的土地能够被集中起来进行管理经营；第二步是明确股份范围和份额，将农村集体组织的共有财产、农民的土地经营权、农村土地转变为股份，按公司章程的相关规定来办理股东权利管理、股东红利分配以及股东权利范围。

家庭联产承包责任制被农村土地股份合作制所取代，随之而来的是农村的土地权逐渐从自然状态转变到资本状态，农户参与的积极性也开始有所好转，转移了农村的剩余劳动力以及合理开发利用了农村土地资源，避免了很多土地流转可能带来的利益矛盾，加快了农村土地资源的有效流转，带动了农村第二、第三产业的发展。

三、土地流转的政策演变历程

（一）谨慎试行阶段（1978年—2000年）

这一阶段又细分成四个时期：

第一个时期1978—1983年为农村土地流转禁止时期。1982年颁布的《宪法》

提出，任何个人或者组织不得以出租、买卖、侵占等形式非法转让土地。土地多数权利为国家所有，农村还没有出现土地流转现象。

第二个时期1984—1992年为农村土地流转民间探索期。由于农村集体经济逐渐发展，田地划分过小和土地经营的过度分散化等问题开始暴露，农村开始逐渐出现农户间自发形成的私下土地流转，出现"两田制"、股份制等经营方式。1984年出台的中央一号文件提出，"鼓励土地逐步向种田能手集中。社员在承包期内，因无力耕种或转营他业而要求不包或少包土地的，可以将土地交给集体统一安排，也可以经集体同意，由社员自找对象协商转包，但自由地、承包地均不准买卖，不准出租，不准转作宅基地和其他非农业用地"①，国家在有关土地权利的政策层面首次对土地流转的默许。1988年修订的《宪法》提出，"土地的使用权可以依照法律的规定转让"，但此时只允许土地承包经营权进行转包，而禁止转让、出租等。同年七届全国人民代表大会常务委员会第五次会议出台的《关于修改〈中华人民共和国土地管理法〉的决定》中第二条指出，"任何单位和个人不得侵占、买卖或者以其他形式非法转让土地。国有土地和集体所有的土地的使用权可以依法转让。"表明农村土地流转在国家根本大法和专门法方面都拥有了法律依据。

第三个时期1993—1996年为农村土地流转转型期。1993年《关于当前农业和农村经济发展的若干意见和措施》中提出"在坚持土地集体所有和不改变土地用途的前提下，经发包方同意，允许土地的使用权依法有偿转让"。八届全国人大通过的《宪法》修正案增加了"家庭联产承包责任制"，注重解决当时由于农村人口的不断变化所引起的人地关系矛盾。其特征是传统意义上的农村经济体系转入现代社会主义市场经济体系的轨道。

第四个时期1997—2002年为农村土地流转承包高潮期。此时，土地承包争取走向具有现代化特征的农业发展之路。《土地管理法》的修订，首次对"土地

---

① 中共中央文献研究室：《十二大以来重要文献选编》（上），中央文献出版社，2011年，第362—374页。

承包经营期限为30年"的土地政策做出了明确的法律规定，从而消除了人们对土地承包期限存在的争议。2001年出台的《中共中央关于做好农户承包地使用权流转工作的通知》确立了以农民为主体的土地承包使用权流转工作。

（二）规范流转阶段（2003年—2006年）

2003年3月1日开始施行的《农村土地承包法》中明确规定了通过家庭承包取得的土地承包经营权可依法采取转让、互换、出租、转包等方式流转，从原则上约束土地流转行为，标志着我国农村土地承包经营流转制度的法律化和正式确立。中共中央、国务院从2004年开始，已连续16年以中央一号文件的形式对农业的经济发展和相应的土地政策做出规范性调整。土地如同其他生产要素，如果受到政策的限制而不能随市场进行自行调节，其效率必定会受到影响。2005年3月，农业部出台了《农村土地承包经营权流转管理办法》，该办法明确、详细地规定了农村土地流转管理、流转合同的签订和流转方式等内容，标志着我国土地承包经营流转制度进一步规范化和标准化。

（三）引导创新阶段（2007年—至今）

2007年的中央一号文件强调要"稳定土地承包关系，规范土地承包经营权流转，加快征地制度改革"[①]。2008年受全球金融危机的影响，国内的土地流转在农村开始出现"人为加速"的恐慌，当时土地流转在全国范围内面积首次突破1亿亩，占全国耕地面积的8.9%。

2015年3月，《农村土地承包经营权流转管理办法》正式实施。2016年10月，中央出台了《关于完善农村土地所有权、承包权、经营权分置办法的意见》，该文件提出，"建立健全土地流转规范管理制度。规范土地经营权流转交易，因地制宜加强农村产权交易市场建设，逐步实现涉农县（市、区、旗）全覆盖。健全市场运行规范，提高服务水平，为流转双方提供信息发布、产权交易、法律

---

① 《中共中央、国务院关于积极发展现代农业扎实推进社会主义新农村建设的若干意见》，《中华人民共和国国务院公报》，2007年第8期。

咨询、权益评估、抵押融资等服务。加强流转合同管理，引导流转双方使用合同示范文本。完善工商资本租赁农村土地监管和风险防范机制，严格准入门槛，确保土地经营权规范有序流转，更好地与城镇化进程和农村劳动力转移规模相适应，与农业科技进步和生产手段改进程度相适应，与农业社会化服务水平相适应。"[1]

2019年9月26日，为进一步落实"三权分置"，农业部再次修订了《农村土地承包经营权流转管理办法》，修订后的管理办法明确界定了土地经营权流转、土地承包经营权的互换与转让的内容与范围。相关工商企业以及社会资本在获取土地经营权的有关过程需要加大监管力度以及提高风险防范意识。除此之外，为了避免出现农民面临土地风险的可能，在实践中开始出现了各种方法，比如：回购、先租后股、优先股。鉴于在公司法中优先股已经有着相对成熟的理论体系，所以倡导在失地风险进行入股过程中用此方法来防止意外发生。

将于2021年1月1日起施行的我国首部《民法典》物权篇进一步明确流转期限为五年以上的土地承包经营权自土地承包经营权合同生效时设立，并删除耕地使用权不得抵押的规定，以适应"三权分置"后土地经营权入市的需要。登记机构应当向土地承包经营权人发放权属证书，确认土地承包经营权。土地承包经营权人将土地承包经营权互换、转让或者出让土地经营权，当事人可以向登记机构申请登记；未经登记，不得对抗善意第三人。土地经营权人有权根据合同约定在一定期限内占有农村土地，自主开展农业生产经营并取得收益。土地承包经营权人可以自主决定依法采取出租、入股或者其他方式向他人流转土地经营权[2]。

四、土地流转的政策规制

改革开放以来，我国农村集体所有土地流转政策经历了"宽松—收紧—逐

---

① 《中共中央办公厅、国务院办公厅关于完善农村土地所有权承包权经营权分置办法的意见》，《人民日报》，2016 年 10 月 31 日，第 01 版
② 《中华人民共和国民法典》，《人民日报》，2020 年 6 月 2 日，第 10 版。

步放开—规范流转"的政策变化过程。地方政府在转让农村土地经营使用权时，会涉及如何配置农村土地资源以及经营主体和承包农户在土地经营使用权转让过程中的权利边界及相互权利关系、国家粮食安全、农村人口红利释放、农业现代化发展等诸多问题，利益关系相对复杂，急需从理论与实践结合上深入研究，构建流转双方利益均衡的农村土地流转机制，迫切需要增强农村土地制度改革的系统性、整体性、协调性。创新农村土地流转形式的总体思路是：守住"保证农村土地集体所有，实现所有权、承包权、经营权三权分置，坚持稳定和完善农村基本经营制度"①底线、坚持"依法、自愿、有偿和规模适度"②原则，抓住"加强法律法规建设、加强农村土地流转中介服务、加强农村土地用途管制"③关键。为了使农村土地流转收到预期成效，必须处理好农村农业用地流转与农村建设用地流转之间的关系，无期限的农村土地承包经营权与流转农村土地产权有期限之间的关系，农村土地流转地的城市化、工业化、农业现代化与农村土地流转绩效之间的关系，农村土地流转收益在不同主体之间的分配关系，农村土地流转与规模经营之间的关系，农村建设用地与城市国有土地的"同地、同价、同权、同责"之间的关系，农村建设用地流转的划拨方式与出让方式之间的关系，农村土地流转与整理之间的关系，农村土地流转收益与流转风险之间的关系，农村土地流转与农民集中居住的关系④。我国农村土地流转应遵循"流转自愿、权证到户、规模适度、规范有序、用途管制、形式创新"的路径来进一步深化农村土地制度改革和创新农村土地经营流转机制，具体的政策规制如下：

---

① 《中共中央办公厅、国务院办公厅关于引导农村土地经营权有序流转发展农业适度规模经营的意见》，《人民日报》，2014 年 11 月 21 日，第 01 版。

② 《中共中央办公厅、国务院办公厅关于引导农村土地经营权有序流转发展农业适度规模经营的意见》，《人民日报》，2014 年 11 月 21 日，第 01 版。

③ 《中共中央办公厅、国务院办公厅关于引导农村土地经营权有序流转发展农业适度规模经营的意见》，《人民日报》，2014 年 11 月 21 日，第 01 版。

④ 杨继瑞：《正确处理农村土地流转中的十大关系》，《马克思主义研究》，2010 年第 5 期。

（一）进一步深化农村土地制度改革

我国农村土地制度是指与农村土地有关的使用制度、产权制度、流转制度、治理制度和经营制度等所构成的政策制度体系，其核心是农村土地产权制度。在农村土地流转规模持续扩大的趋势下，农村土地流转去农业"内卷化"[①]目标未能实现，其自身却陷入"内卷化"困境，表现在流转增速放缓、农村土地流转导致"小农复制"[②]和农村土地流转对农业生产效率作用递减等方面。农村土地的客观属性、农户主体效应、流转市场缺陷和政府推动流转的阶段性、运动性是农村土地流转进入"内卷化"陷阱的原因。可见，坚持集体所有权，稳定承包权，放活经营权是完善我国农村土地制度的基本方向。

1.巩固集体所有制，将集体所有权坚持到底

习近平总书记曾多次强调"不管怎么改，都不能把农村土地集体所有制改垮了"[③]，这为我国农村土地制度改革提供了原则性的指导。在社会主义初级阶段，集体所有制作为社会主义制度本质的体现，它的经济体制能最大化对共享改革发展的成果、农民共同参与提供保障，也能最大化保证农民权益。想要实现全面共同富裕以及全面建成小康，那么必须通过发展集体经济以缩小贫富距离的手段。农村经济会因为家庭承包经营而得到快速发展，同时能在一定方面巩固集体经济。能够在农村进行土地制度改革的底线和前提便是坚持农村土地所有权。

确保土地流转在农村能够顺利推行的前提是权责分明、产权明晰。目前在我国农村集体土地所有权主体有乡（镇）、村和村民小组农民集体三类，多元权利主体给集体公共利益的分配问题和农村土地流转的相关纠纷都不断存在隐患。经过这么多年，集体的公共利益和权利主体等问题在我国农村一直没有得到很

---

① "内卷化"指没有发展的增长。
② "小农复制"指土地耕种权利在小农之间的转移，户均耕地规模仍然偏小，农业分散化经营格局固化。
③ 习近平：《加大推进新形势下农村改革力度促进农业基础稳固农民安居乐业》，《人民日报》，2016年4月29日，第01版。

好的解决。确保集体利益能够被合理分配的前提是明确权利主体，确权颁证土地承包经营权能够利于集体利益主体的明确，避免在对农村土进行流转时出现纠纷。例如，建立农民专业合作社就是为了让农业能手负责专业经营，农户通过合作社联合形成共同发展体，那么他们将会共同面临市场挑战，共同解决难以处理的基础设施工程，由此让经营模式变为产供销一体化。

2. 升级家庭承包责任制，完全承包经营权的物权性质

城市土地与农村土地之间"同权同地不同价"的现象这么多年都没有改变。由于"空心村"农村土地资源被长期搁置、浪费严重，城乡收入差距明显。农村土地资源因为土地的流转而重新拥有生机，使农村开始实现"资源变资本，资金变股金，农民变股民"的三大转变。家庭承包制的升级就是使经营权放活，承包权变得更加明确，承包经营权的物权性质更加完全。土地承包经营权在2007年通过的《物权法》中被确定为用益物权，但是原本受限的抵押权利并没有改变。2013年出台的《中央中央关于全面深化改革若干重大问题的决定》中明确指出，"在坚持和完善最严格的耕地保护制度前提下，赋予农民对承包地占有、使用、收益、流转及承包经营权抵押、担保权能，允许农民以承包经营权入股发展农业产业化经营。"[①]全国农村承包土地的经营权和农民住房财产权"两权"抵押贷款试点工作是2013年在党的十八届三中全会上确定的，从2015年开始试点的重点改革任务，土地开始从资源向资本方向转变，土地承包经营权同时发生了本质上的变化。国家征地的补偿价格一直以来被认作是我国土地流转价格的标准，土地流转价格一直被压低，导致农民利益受损，由此可以看出，作为决策作用的农民权利主体根本没有体现其功能。承包权的确定，就是为了确保农民有决定流转价格的权利。我国农村土地权利结构的演变从"单一产权"到"两权分离"，再到现在的"三权分置"，仍需进一步明确承包权，放活经营权，完全承包经营权的物权性质。

---

① 《中央中央关于全面深化改革若干重大问题的决定》，《人民日报》，2013年11月16日，第01版。

3. 稳定农村土地承包关系长久不变，放活经营权

农民之本是土地。我国农村深化改革以及土地制度改革的主线是如何处理好土地与农民的关系，其直接决定了"三农"问题能否有效解决。使农村土地承包关系趋于稳定，是保证农村土地流转有序推行的重要前提，也是农民参与农村土地流转利益分配的必要条件。在中国共产党第十七届中央委员会第三次全体会议上确定了《关于推进农村改革发展若干重大问题的决定》，该文件明确指出要维护现有的土地承包关系长久不变。2018年12月29日，第十三届全国人大第七次会议通过的《全国人民代表大会常务委员会关于修改〈中华人民共和国农村土地承包法〉的决定》将第一条修改为："为了巩固和完善以家庭承包经营为基础、统分结合的双层经营体制，保持农村土地承包关系稳定并长久不变，维护农村土地承包经营当事人的合法权益，促进农业、农村经济发展和农村社会和谐稳定，根据宪法，制定本法。"①至此，将土地承包关系"长久不变"的政策上升为法律层面。2019年，中共出台了《关于保持土地承包关系稳定并长久不变的意见》，指明即便在第二轮承包中到期农村土地仍然可有三十年的延长期，以便能够保证农民土地承包长期权益。新时代下，为了能让政策高效顺利进行以及农村土地关系稳定发展受到法律保护，政府需要加快立法突破以及顶层设计。

（二）创新农村土地经营流转机制

"谁来种地？种什么？怎么种？"是未来农村土地经营值得思考的三大问题。农村土地在土地中实现价值提升，农民会因此制度而增加收益，集体经济会因此制度而有所增长。具体来说，创新农村土地经营流转机制的作用便是对政府土地治理一体化机制以及城乡一体化、农村土地流转市场机制加以改善。

1. 完善农村土地流转市场机制，推动农村土地市场化经营

在《资本论》中马克思曾经提到地租收益的根据是土地所有权，但是土地

---

① 《全国人民代表大会常务委员会关于修改〈中华人民共和国农村土地承包法〉的决定》，《人民日报》，2018 年 12 月 30 日，第 05 版。

的拥有者却不能决定收益剩余价值的占比大小，只能由市场竞争来决定。随着我国城乡一体化经济的发展，农村土地市场化的脚步已不可阻挡，想要保障各方参与农村土地流转的权益，甚至是保障农户手中的承包经营权益，那么必须要对农村土地流转市场机制进行完善。

（1）健全农村土地流转价格市场评估机制。农村土地流转价格评估机制的完善核心是在初次分配中坚持突出效率的原则，发挥市场配置对有限农村土地资源的决定性作用。市场的供求关系与土地流转的流转价格在我国其实一直都没有直接的关系，土地流转价格在全国内的水平基本都是保持在每亩每年700～900元之间，而多半是由于不完全性的土地承包经营权，在农村土地流转价格中土地承包经营权并不能起到决定作用，参考国家的征地价格其实更具有意义。征地价格通常是补偿价格。2019年第三次修正的《中华人民共和国土地管理法》在农村土地征收方面提出："灵活地根据不同地区片综合地价来确定，且要求至少每三年调整或者重新公布一次，这样做实现土地征收标准动态调整，充分尊重被征收土地的市场价值，让补偿标准更接近被征农民的心理预期。"[①]所以，有关市场价格评估机制的建立要合理，让新型农业经营主体对农业投资充满信心，尽力发挥资源受市场的绝对配置，农村土地承包经营权的市场流转的外部环境要加以完善，鼓励没有种地意愿的有地农户积极参加农村土地流转确保自身的土地收益。

（2）完善培养农村土地流转中介服务组织。一方面，虽然农业部已在2016年6月开始试行《农村土地经营权流转交易市场规范》，然而土地流转交易市场在许多农村地方仍然没有得到完善，在农村的土地流转中许多中介服务组织还主要是由村委会承担的，村委会干部的整体素质和治理水平的高低将直接决定农村土地流转能否规范、公开、公平、公正地进行，能否为农民的合法权益提供保护。对于农村基层干部的培养和监督要有所加强，防止他们以权谋私，侵

---

① 《中华人民共和国土地管理法》（2019年修订），《人民日报》，2019年8月27日，第02版。

害农户的权益。同时，中介作用在村集体中也只是一时的，土地流转过程中中介组织的作用无法取代。要在各地设置农村土地流转交易所，将土地流转中介服务覆盖到村，形成县、乡、村农村土地流转交易市场网。

（3）完善农村土地流转金融交易市场。鉴于其特点是：回收慢、风险大、农业投资大，新型农业经营主体因为大片面积的承包土地去进行机械化、规模化、集约化的生产活动，他们进行周转时需要大量资金。首先，政府会对土地流转金融机制进行改革，通过对农村商业银行、农村金融信用社的改革，在农村专门设定土地金融专项政策，完善土地承包经营权抵押贷款的具体实现形式，多向"三农"倾斜，解决了政策落实的最后一公里，真正做到惠民。其次，农村经营主体应充分发挥首创精神和集体的优势，不断提高抵抗自然风险的经营能力，注重增强自身的创新造血功能。

2. 完善农村土地流转城乡一体化社会保障机制，满足农民多元化需求

因为受农业信息化、城市工业化、城镇化的影响，我国的农村土地流转情况是喜忧参半的。为了确保高效率地进行社会财富的首次分配，推动生产发展，市场的竞争机制要加以完善。但是对于社会保障机制的完善而言第二次的公平分配却是至关重要的，因为它影响着社会的稳定。想要确保社会保障机制在农村土地流转中的作用地位，那么需要兼顾效率和公平，满足各层次利益主体的需求，建立健全城乡一体化的社会保障机制，在保证农村土地流转有序推行的同时，并推动农村社会的稳定发展，维护农民的切身利益。

（1）降低农村土地对农民的社会保障能力，加快城乡一体化相关社会保障机制的完善步伐。我国农村现在出现很多人地关系矛盾，即"农民无法离开土地，却又被逼不得不离开土地"，一方面农民对土地的依赖心理没有丝毫动摇，另一方面土地对于农民的社会保障功能依旧明显。即便现在我国农村普遍推行医疗保险以及农村养老保险制度，但是仍然存在保障能力不够高，保险额度过低、保险范围过小的问题，普通农民在遇到大灾大病时，保险也只是杯水车薪，农村土地依然是农户实际上和心理上可靠的养老依赖；农村土地为外出务工者提供因进城失败而返乡种地的失业保障，即便没有失业，很多人仍然能够依靠

土地进行半工半农，土地能够为家庭带来收益的本质也不会有任何变化。由此能够看出，农民对土地的过分依赖必然成为推进农村土地流转的一大阻碍。想要极大提高农村土地的流转率，那就必须消减农户对土地在社会保障功能上的过分依赖，最好的办法便是健全和完善农村的社会保障体系，使农村的卫生、教育、就业、养老等社会保障功能得到全面强化，从而使农民在生存、生活等方面真正有保障。

（2）为了能够减少土地流转带来的相关风险，相关的土地金融以及农业保险制度要不断深入探索并对其加以完善。为了推动农村土地流转的有序运行，健全完善的城乡一体化社会保障机制，还要保障土地经营者的利益。首先，政府要建立健全农业经营社会化服务体系，对农业经营项目进行严格的审核并给予技术上、信息上和金融上的大力支持，为经营者降低投资风险，打通农产品的销路渠道，避免盲目投资。其次，政府要出台农村土地流转风险扶持政策，使土地流转中可能出现的风险概率降到最低，优化农业发展的经济环境。最后，政府除了提供灌溉、运输、机械、公路等必需的基础设施维护保养以及投资建设之外，还要能合理通过保险对因自然因素而产生的粮食跌价以及减产所导致的损失进行补贴。

3.完善农村土地流转治理一体化联动机制，形成县乡村三级治理服务网络

中央一号文件在乡村治理机制的完善意见中，对建立健全县、乡、村三级服务网络进行了多次强调。2005年3月出台的《农村土地承包经营权流转管理办法》中，确定了以明确县、乡、村三级来划分地方农村土地流转管理部门与服务部门。2016年又在有关文件中再次强调，要进一步建立完善的县、乡、村三级综合治理中心，并对各级管理部门的职责作出明确规定和说明，基于基层管理工作者的综合能力不足以及宣传力度不够，很多政策实施以后没有达到预期的效果，未来还有很多方面有待加强。

（1）在全国范围内完全建立起县、乡（镇）、村三级土地综合治理服务网络。针对有些地方没有建立以及形成三级治理综合服务网络的，就需要当地政府的有关部门对其加以监督和指导，完善相关治理机制。三级管理部门内部要做到互相监督、职权分明、协同合作、大公无私，补位不越位，紧密结合当地

的"三农"实际来优化相关治理服务制度，接受人民的监督和上级的指导，通过提高服务和管理水平来保障农村土地流转的正常进行。

（2）做好农村土地政策的宣传工作，真正做到惠民政策宣传到人、落实到人。农村基层组织可以充分利用报纸、广播、自媒体、集体会议、公告、海报、横幅、文化墙等方式来给农民普及地方以及国家治理土地的政策，使其充分认识到实行土地流转的优越性，从而主动、积极地投入土地流转的工作中去，同时，也要使管理农村土地流转的政策被广大农民所熟知，只有农民了解了相关政策，比如说土地流转双方的责权利的说明、土地流转合同的签订、土地流转材料的准备等，从而才能助推土地流转工作高效有序地进行。

（3）加大农村基层管理和服务人才的培养力度，提高其对政策的诠释解读力和执行力。农村基层干部是各项土地政策的最终诠释者和宣讲者。基层干部对土地政策的理解程度和熟练度将对最后执行人员的工作效果产生最直接的影响。因此，各级土地管理部门、党校和行政学院、涉农高校要注重对农村基层干部进行相关土地政策、专业知识、管理沟通、工作方法与艺术等的教育培训，以提高其对政策的理解能力、沟通能力和管理能力，充分发挥其工作的主动性、先进性和创造性。

第三节　新型经营主体的政策引导问题

农村土地经营是指农民把土地作为劳动手段和劳动对象，通过开发和利用土地肥力来获取农业产品的生产方式。新型农业经营主体代表了现代农业的发展方向，它是以市场化为导向，以从事专业化生产为手段、以规模经营水平和组织化程度较高为基础、以集约化经营和社会化服务为标志、充分优化集成利用各类先进生产要素，实现农业规模化现代化大生产。党的十八届三中全会以来，进行农村改革的一个重要任务就是创新农业经营体制，在进行农业经营体制创新时，其中突出的问题就是农村土地经营问题。农业经营体制如何才能有效释放农业发展潜力，这取决于农业技术进步和社会化服务对农业经营方式的影响、土地经营对农民就业和增收的影响。总的来说，新时代的土地经营要以解决好地怎么种为导向，顺应土地功能的结构性变化，即土地承载的就业和增收功能在下降，土地承载的社会保障功能逐步被农村社会保障体系替代，农民的出路不再局限于土地；要顺应农业经营形态的结构性变化，即，外包环节的增多使家庭承担的生产经营职能下降，土地股份合作制的发展直接替代了家庭的生产经营职能，农业企业的发展直接替代了家庭的生产经营主体地位；要顺应农民代际差异的结构性变化，即，从就业选择看，全国农业生产经营人员以农一代为主，而全国农民工从业人员则以农二代为主。据2017年国家统计局《第三次全国农业普查主要数据公报（第五号）》和《2016年农民工监测调查报告》相关统计数据，2016年全国农业生产经营人员中35岁以上的农一代占80.9%（见表5）。2018年，全国农民工平均年龄为40.2岁，仍以青壮年的农二代为主。1980年及以后出生的农二代占全国农民工总量的51.5%（见图1）。

表5　农业生产经营人员数量和结构　　　　　　单位：万人/%

	全国	东部地区	中部地区	西部地区	东北地区
农业生产经营人员总数	31422	8746	9809	10734	2133
农业生产经营人员性别构成					
男性	52.5	52.4	52.6	52.1	54.3
女性	47.5	47.6	47.4	47.9	45.7
农业生产经营人员年龄构成					
年龄35岁及以下	19.2	17.6	18.0	21.9	17.6
年龄36—54岁	47.3	44.5	47.7	48.6	49.8
年龄55岁及以上	33.6	37.9	34.4	29.5	32.6
农业生产经营人员受教育程度构成					
未上过学	6.4	5.3	5.7	8.7	1.9
小学	37.0	32.5	32.7	44.7	36.1
初中	48.4	52.5	52.6	39.9	55.0
高中或中专	7.1	8.5	7.9	5.4	5.6

续表

	全国	东部地区	中部地区	西部地区	东北地区
大专及以上	1.2	1.2	1.1	1.2	1.4
农业生产经营人员主要从事农业行业构成					
种植业	92.9	93.3	94.4	91.8	90.1
林业	2.2	2.0	1.8	2.8	2.0
畜牧业	3.5	2.4	2.6	4.6	6.4
渔业	0.8	1.6	0.6	0.3	0.5
农林牧渔服务业	0.6	0.7	0.6	0.5	1.0

资料来源：国家统计局《第三次全国农业普查主要数据公报（第五号）》，2017年

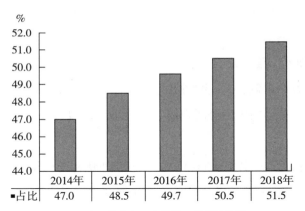

	2014年	2015年	2016年	2017年	2018年
占比	47.0	48.5	49.7	50.5	51.5

图1　农二代农民工占农民工总量的比重

资料来源：国家统计局《2018年农民工监测调查报告》，2019年

据统计，我国目前农村户均土地仅8.6亩，属于超小农村土地经营规模。2014年11月，中共中央办公厅、国务院办公厅在《关于引导农村土地经营权有序流转发展农业适度规模经营的措施》中明确提出，"对土地经营规模相当于当地户均承包地面积10～15倍、务农收入相当于当地二、三产业务工收入的应当

给予重点扶持。"①2015年4月，农业部、中央农办、原国土资源部、国家工商总局下发的《关于加强对工商资本租赁农地监管和风险防范的意见》指出，"对工商资本长时间、大面积租赁农户承包地要有明确上限控制的要求，制定相应控制标准"②。2016年10月，中共中央办公厅、国务院办公厅在《关于完善农村土地经营权、承包权、所有权分置办法的措施意见》中规定，"对土地集体所有权、农户承包权、经营权的权能进行界定，促进经营权流转集中。赋予经营主体更有保障的土地经营权，是完善农村基本经营制度的关键"③。

中国共产党在运用马克思、恩格斯土地公有制思想制定我国农村土地政策时，特别注重结合我国"三农"的具体实际，在农业合作化和人民公社化时期就积累了关于农村土地集体规模经营的经验，但在实践中受"一大二公、一平二调"生产关系的影响，严重束缚了当时生产力的解放与发展，无法体现出土地集体规模经营的优越性。改革开放以来，我国农村土地规模经营主要有如下几种形式：1.重新组建集体农场或家庭农场；2.两田制：口粮田和责任田，1997年中央明令整顿两田制；3.反租倒包（并不为中央政府所提倡）；4.社区土地股份合作制（以广东佛山市南海区为例）；5.专业土地股份合作制（以湖南浏阳市为例）。

2017年5月31日，中央政府出台了《关于加快构建政策体系培育新型农业经营主体的意见》，指出"为了实现我国农业的现代化发展，不仅要继续实行家庭联产承包责任制，还要发展从事服务和农业生产的新型农业经营主体，加快培育新型农业经营主体，加快形成以社会化服务为支撑、农户家庭经营为基础、合作与联合为纽带的复合型立体式现代农业经营体系，对于增强农村农业发展新动能、增加农民就业收入、引领农业适度规模经营发展、推动农业供给

---

① 《中共中央办公厅、国务院办公厅关于引导农村土地经营权有序流转发展农业适度规模经营的意见》，《人民日报》，2014年11月21日，第01版。

② 《限制长时间大面积租赁农地（政策解读）》，《人民日报》，2015年4月26日，第02版。

③ 《中共中央办公厅、国务院办公厅关于完善农村土地所有权承包权经营权分置办法的意见》，《人民日报》，2016年10月31日，第01版。

侧结构性改革等方面意义深重"①。鼓励工商资本进入农村，培育农业产业化龙头企业、农民专业合作社、家庭农场、专业大户等多元规模的新型农业经营主体，发展多种形式的适度规模经营和现代农业，提高劳动生产率、资源利用率和土地产出率，提高农业生产规范化、规模化、科学化、组织化程度，促进乡村土地资源资本增值。下面具体介绍新时代农村四大新型经营主体的土地经营体制及其利弊。

一、专业大户经营制及其利弊

专业大户指的是在农业的某一个领域进行专业化生产，开展农业现代化、进行一定规模的农业经营的典型的专业化农户，在规模上明显大于传统农户或普通农户。专业大户发展较早，1984年1月1日中共中央发布的《关于一九八四年农村工作的通知》中提到，在继续稳定和完善联产承包责任制的同时，如何能够将耕地向种田能手集中。而在20世纪80年代末，我国江苏南部地区的部分种田或养殖能手就开始通过承包或转包的方式，掌握较大面积的土地，实行不同于分散经营的规模经营，并成为最早的一批专业大户。此后，伴随着农村商品经济的不断发展以及工业化进程的加快，越来越多的农民选择走出农村从事务工。而农民脱离农业为专业大户的发展提供了平台，越来越多的专业大户在农村出现。经过多年的发展，目前主要有五类专业大户：一是专业种植大户，包括种粮大户、种草大户、种果大户、特色种植大户、苗木大户等；二是专业养殖大户，包括养（奶）牛大户、养羊大户、养猪大户、养鸡大户、养鸭大户、养鹅大户等；三是专业种养大户，主要是前两种类型的综合；四是专业运销大户，其主要从事农产品的运输和销售经营；五是专业加工大户，其主要是指对农产品进行加工处理的大户。前三种类型的专业大户都和土地经营有关，每个专业大户的平均土地经营规模在100亩。专业大户的土地规模经营带动了农村商

---

① 《关于加快构建政策体系培育新型农业经营主体的意见》，《人民日报》，2017年6月1日，第06版。

品生产,促进了土地流转,盘活了闲置的土地资源,提高了农业生产力和生产效率,加速了农村劳动力的转移和返乡创业,增加了农民的收入,产生了很强的辐射带动效应。同时也面临着投资风险大、经营成本高、大额贷款融资难、农村基础设施不到位、受自然灾害影响等诸多挑战和痛点。

二、家庭农场经营制及其利弊

家庭农场指的是把家庭当作经营的基本单位,使其成员成为劳动力的主要来源,进行集约化、标准化、规模化的农业生产经营,同时将农业所得作为家庭的主要生活来源的新型农业经营主体,也是现代农业中的一种重要经营形式。2008年中国共产党在第十七届三中全会上第一次表明要把家庭农场当作农业规模经营的主体之一。2013年,在中央一号文件内提到过很多次家庭农场,指出:"继续增加农业补贴资金规模,新增补贴向主产区和优势产区集中,向专业大户、家庭农场、农民合作社等新型生产经营主体倾斜。鼓励和支持承包土地向专业大户、家庭农场、农民合作社流转。创造良好的政策和法律环境,采取奖励补助等多种办法,扶持联户经营、专业大户、家庭农场。充分利用各类培训资源,加大专业大户、家庭农场经营者培训力度,提高他们的生产技能和经营管理水平"①。中央农村工作领导小组办公室、自然资源部、财政部、国家发展改革委、农业农村部等11个部门,在2019年8月27日共同下发《关于实施家庭农场培育计划的指导意见》,其中指出:"把符合条件的种养大户、专业大户纳入家庭农场范围。依法保障家庭农场土地经营权。推进家庭农场立法。"②

我国的家庭农场类似于种养专业大户的升级版,它的出现克服了自给自足的小农经济弊端,它不仅可为社会提供更多、更好、更丰富、更安全的农产品,而且便于政府对其进行监管,并能促进农业经济和农业商品化的发展。家庭农

---

① 《中共中央、国务院关于加快发展现代农业进一步增强农村发展活力的若干意见》,《人民日报》,2013年2月1日,第01版。

② 《关于实施家庭农场培育计划的指导意见》,中华人民共和国农业农村部网站,http://www.moa.gov.cn/gk/zcfg/nybgz/201909/t20190909_6327521.htm

场的平均土地经营规模在200亩，以追求效益最大化为目标，使农业由保障功能向盈利功能转变。截至2019年10月，全国纳入农业农村部门名录的家庭农场近60万家，经营土地1.7亿亩，其中安徽省家庭农场数高达10万家，居全国第一[①]。从21世纪初到现在，如吉林的柳河和延边、安徽的郎溪、湖北的武汉、浙江的宁波、上海的松江区等地均先后建立了家庭农场。比如：上海的松江区于2007年在全国率先培育和发展家庭农场，破解了"谁来种地，怎么种地"的问题，使家庭农场经营制成为推进乡村振兴、实现产业兴旺的典型现代农业模式。当前，家庭农场一直以地方实践为主，中央层面尚未对其作出明确定义，也同样面临着和专业大户类似的痛点和挑战：很难租到成块成片的耕地，并确保租期较长、相对稳定。由于受农民惜地意识、不规范的农村土地流转、土地产权模糊等因素影响，很多农民不愿意将土地长期租赁出去，导致家庭农场的经营规模小而不稳，使家庭农场主扩大生产的积极性受到影响，亟待国家出台相关扶持政策。

在发展家庭农场的过程中，国内学者马流辉提出要坚持五项基本原则：地权稳定、技术满足、行政可控、收益可观和村庄公平[②]。

三、农民专业合作社经营制及其利弊

2006年10月颁布的《中华人民共和国农民专业合作社法》明确提出，"农民专业合作社是在农村家庭承包经营基础上，同类农产品的生产经营者或者同类农业生产经营服务的提供者、利用者，自愿联合、民主管理的互助性经济组织，它以其成员为主要服务对象，提供农业生产资料的购买，农产品的销售、加工、运输、贮藏以及与农业生产经营有关的技术、信息等服务"[③]。

农民专业合作社既不是合作化和人民公社化时期的农村合作社，也不是公

---

① 《家庭农场农业高质量发展生力军（经济发展亮点多韧性足）》，《人民日报》，2019年10月14日，第10版。
② 马流辉：《发展家庭农场应坚持五项基本原则》，《中国乡村发现》，2013年第4期。
③ 《中华人民共和国农民专业合作社法》，《人民日报》，2018年1月30日，第13版。

司制的股份合作社。它最基本的特征是自愿、自治和民治管理。比如：成立于
2014年1月9日的内蒙古自治区扎鲁特旗玛拉沁艾力养牛专业合作社，将分散养
殖的牧民组织起来，引导牧民从粗放型养殖走向生态型养殖，打造"饲草种植+
肉牛养殖+屠宰加工+销售服务"为一体的全产业链模式。这种模式不仅提升了
产业效益，改善了牧区生态环境，并将行业利润牢牢锁定在合作社内，从而带
动牧民增收致富。当然，目前我国农民专业合作社的发展还存在重数量、轻质
量，重发展、轻规范，重项目安排、轻运营指导的诸多问题，个别地区还出现
了合作社注册登记后未实际运营、有名无实和难以运营下去的"空壳化"现象，
平均规模较小，内部治理及对口管理不规范，缺乏有效的自我发展激励机制，
整体发展受到限制。

2019年9月4日，中央农村工作领导小组办公室、农业农村部、国家发展改
革委、财政部、自然资源部联合下发《关于开展农民合作社规范提升行动的若
干意见》，对新时代进一步规范和提升农民合作社作出总体部署。该文件要求：
"到2022年，农民合作社质量提升整县推进基本实现全覆盖，示范社创建取得重
要进展，辅导员队伍基本建成，农民合作社规范运行水平大幅提高，服务能力
和带动效应显著增强"[①]。截至2019年7月底，全国依法登记的农民专业合作社达
220.7万家，辐射带动了全国近一半的农户。农民专业合作社已成为实现小农户
和现代农业发展有机衔接的中坚力量。

四、农业产业化龙头企业经营制及其利弊

农业产业化龙头企业指的是把农产品的流通或者加工放在主要地位，通过
和农户建立利益联结机制帮助其走进市场，将农产品的销售、加工和生产结合
到一起，互相促进，在经营和规模水平上满足政府有关部门要求标准的骨干企
业。2012年3月6日，国务院下发实施《关于支持农业产业化龙头企业发展的意
见》，该意见表明："农业产业化是我国农业经营体制机制的创新，是现代农业

---

① 《我国全面部署农民合作社规范提升行动》，《人民日报》，2019年9月6日，第04版。

发展的方向。农业产业化龙头企业集成利用资本、技术、人才等生产要素，带动农户发展专业化、标准化、规模化、集约化生产，是构建现代农业产业体系的重要主体，是推进农业产业化经营的关键。支持龙头企业发展，对于提高农业组织化程度、加快转变农业发展方式、促进现代农业建设和农民就业增收具有十分重要的作用。支持符合条件的龙头企业开展中低产田改造、高标准基本农田、土地整治、粮食生产基地、标准化规模养殖基地等项目建设，切实改善生产设施条件"①。

农业现代化，土地规模经营是前提，而土地规模经营，又以土地综合整治为基石。比如：2013年，湖北省国土资源厅下发《关于开展土地整治项目农业龙头企业和农民专业合作社自建工作试点的通知》，该省实施农业龙头企业、农民专业合作社参与土地整治项目建设的新机制，摸索出"小田变大田"、社会资本参与土地整治的新途径，项目资金由全部国家主导投入，调整为受益主体部分资金参与，有效破解资金瓶颈，有力推动农业现代化进程，这种做法值得推广。

从农民专业合作社、专业大户、普通农户到农业产业化龙头企业，它们息息相关，又内在地呈现出一个从初级到高级的农业经营主体创新的演变过程。在现如今的经济发展时期，普通农户家庭经营在变化多端的政策和市场风险面前，逐渐暴露出它所存在的缺点。农业种养专家在家庭联产承包责任制的基础上，通过承包大量土地，利用本身的技术、经验来经营农业，进而发展为种养专业大户，又逐渐将规模扩大为家庭农场，使其成为农业经营体系的重要力量。但不管是家庭农场、专业大户还是普通农户，依然是仅凭自己的力量来和市场抗争。因此，农户之间开始走向联合生产经营，于是便出现了农民专业合作社，专业合作社汇集土地、机械、人才、经验、技术等种种资源，不管成员入股多少，实行一人一票，农户通过合作社取得了更大的市场话语权，生产效益和农业收入比之前都有显著提高，合作社与成员之间形成利益共享、风险共担的农

① 《支持龙头企业上市融资（政策解读）》，《人民日报》，2012年3月28日，第03版。

村集体经济共同体。农业产业化龙头企业通过延长产业链，发展农产品加工，具有很大的利益。领头企业凭借其丰富的资金，解决了合作社缺乏资金的难题。从上述可以看出，不同的农业经营主体优势互补，长期共存，无法相互取代，都是对农村集体经济的有效补充。

第四节 农村"三块地"改革试点政策问题

现行《土地管理法》颁布于1986年，先后经过1988年第一次修正、1998年全面修订、2004年第二次修正和2019年第三次修正，形成了以土地公有制为基础、用途管制为核心、耕地保护为目标的土地管理基本制度。然而现在的土地管理制度与社会主义市场经济体制、农业现代化的治理要求不相适应的问题已经凸显，改革势在必行。

2014年，在中央出台的《关于农村土地征收、集体经营性建设用地入市、宅基地制度改革试点工作的意见》中，对农村"三块地"改革试点作出了重要部署，标志着新一轮农村土地改革的市场化进程加快。在"三块地"改革试点以前，我国农村"老旧房屋拆不掉，新增人口无地批"，随着农民工进城务工或居住，不少农村宅基地大量闲置，"三块地"问题开始凸显。

2015年2月，第十二届全国人民代表大会常务委员会在第十三次会议上确定了《全国人民代表大会常务委员会关于授权国务院在北京市大兴区等33个试点行政区域暂时调整实施有关法律规定的决定》，对《城市房地产管理法》《土地管理法》中6个条款将不再在试点区域施行，在重大改革有法可依的前提下，推行农村"三块地"改革试点工作，该授权原定计划于2017年12月31日期满。

然而，按照原国土资源部当时的要求，每个试点县只能探索一项改革，其中，全国有15个县域试点宅基地改革，15个县域试点农村集体经营性建设用地改革，3个县域试点征地制度改革。而这一分开各自试点的改革，却抑制了整体"三块地"改革成果的推进，从而使得一部分改革滞留在技术方面。针对这种现象，从2016年9月开始，原国土资源部在试点地区尝试联动改革，意图将"三块地"改革打通。试点进行两年多后，2017年11月，第十二届全国人民代表大会常务委员会在第三十次会议上一致同意将"三块地"改革试点期限延长至2018年12月31日。

2018年12月23日，十三届全国人大常委会第七次会议决定，"三块地"改革试点期限继续延期至2019年12月31日，并审议通过了《中华人民共和国农村土地承包法修正案（草案）》和《中华人民共和国耕地占用税法（草案）》。

2019年8月，第十三届全国人民代表大会常务委员会在第十二次会议上确定了实施《关于修改〈中华人民共和国城市房地产管理法〉、〈中华人民共和国土地管理法〉的决定》，重点对农村"三块地"改革试点成果作出法律上的修正。从2015年开始的全国33个试点县市区"三块地"改革，在经过两次累计两年延期后，已于2019年12月31日完成。新修正的《土地管理法》已于2020年1月1日正式实施，鼓励农村集体经济组织及其成员盘活利用闲置宅基地和闲置住宅。

一、"农村土地征收"政策规制

当前部分地方政府公权力在土地征收过程中侵害农民集体土地所有权的问题仍然较为突出。对这一问题的治理，可从如下四个层面来解决：一是从治本之举考虑拟制地方政府追求土地财政的动因；二是改革和完善土地征收与出让制度；三是建立严格的土地征收问责制；四是司法权有效制衡行政征收权[①]。2019年第三次修正的《中华人民共和国土地管理法》在农村土地征收方面增加了如下内容："县级以上地方人民政府拟申请征收土地的，应当开展拟征收土地现状调查和社会稳定风险评估，并将征收范围、土地现状、征收目的、补偿标准、安置方式和社会保障等在拟征收土地所在的乡（镇）和村、村民小组范围内公告至少三十日，听取被征地的农村集体经济组织及其成员、村民委员会和

---

① 韩松：《论政府公权力对农民集体土地所有权的侵害及其治理》，《河南财经政法大学学报》，2012年第6期。

其他利害关系人的意见。多数被征地的农村集体经济组织成员认为征地补偿安置方案不符合法律、法规规定的，县级以上地方人民政府应当组织召开听证会，并根据法律、法规的规定和听证会情况修改方案。征收土地应当依法及时足额支付土地补偿费、安置补助费以及农村村民住宅、其他地上附着物和青苗等的补偿费用，并安排被征地农民的社会保障费用。征收农用地的土地补偿费、安置补助费标准由省、自治区、直辖市通过制定公布区片综合地价确定。制定区片综合地价应当综合考虑土地原用途、土地资源条件、土地产值、土地区位、土地供求关系、人口以及经济社会发展水平等因素，并至少每三年调整或者重新公布一次。征收农用地以外的其他土地、地上附着物和青苗等的补偿标准，由省、自治区、直辖市制定。对其中的农村村民住宅，应当按照先补偿后搬迁、居住条件有改善的原则，尊重农村村民意愿，采取重新安排宅基地建房、提供安置房或者货币补偿等方式给予公平、合理的补偿，并对因征收造成的搬迁、临时安置等费用予以补偿，保障农村村民居住的权利和合法的住房财产权益。"[1]

而2004年第二次修正的《中华人民共和国土地管理法》则规定："征收耕地的补偿费用包括土地补偿费、安置补助费以及地上附着物和青苗的补偿费。征收耕地的土地补偿费，为该耕地被征收前三年平均年产值的六至十倍。征收耕地的安置补助费，按照需要安置的农业人口数计算。需要安置的农业人口数，按照被征收的耕地数量除以征地前被征收单位平均每人占有耕地的数量计算。每一个需要安置的农业人口的安置补助费标准，为该耕地被征收前三年平均年产值的四至六倍。但是，每公顷被征收耕地的安置补助费，最高不得超过被征收前三年平均年产值的十五倍"[2]。

通过上述两次修正内容变化的对比，不难发现，农村土地征收补偿标准不再简单的"一刀切"标准量化，而是灵活地根据不同地区片综合地价来确定，

① 《中华人民共和国土地管理法》（2019 年修订），《人民日报》，2019 年 8 月 27 日，第 02 版。
② 《中华人民共和国土地管理法》（2004 年修正），《中华人民共和国全国人民代表大会常务委员会公报》，2014 年第 6 期。

且要求至少每三年调整或者重新公布一次，这样做不仅实现土地征收标准动态调整，充分尊重被征收土地的市场价值，让补偿标准更接近被征农民的心理预期，而且将征收标准权限下放给省、自治区、直辖市，更利于调动地方政府的积极性和创造性，推进地方的城镇化进程，有效减少地方政府的土地征收纠纷及压力。

二、"农村集体经营性建设用地入市"政策规制

集体以经营为目的的建设用地进入市场时，媒体将其表述为"农民也可以卖地了"，准确来说，这是"卖"土地使用权而不是土地所有权，且必须合法有序。对此，国内学者有不同的看法。著名经济学家周其仁主张农村土地入市，认为城镇走向市场被证明是对的，农村完全有理由争取同地同权，而学者贺雪峰则赞成国家不允许农业用地直接进入市场，他认为国家限制非农业用地数量，控制建设用地总量的每一个省、市，从而保持土地供需紧张，这将提高土地价格，国家政策显然是有道理的。我国对非农建设用地实行"六不报批"，即，"对土地市场秩序治理整顿工作验收不合格的不报批；未按规定执行建设用地备案制度的不报批；城市规模已经达到或突破土地利用总体规划确定的建设用地规模，年度建设用地指标已用完的不报批；已批准的城市建设用地仍有闲置的不报批；未按国家有关规定进行建设用地预审的不报批；建设项目不符合国家产业政策的不报批"[①]。

2019年8月26日，新修正的《中华人民共和国土地管理法》第一次从法律层面许可了集体经营建设用地入市。自此之后，非农建设用地不再"必须国有"，属于农村土地征收方面的改革，因为新法案修改本质就是把捆绑起来的所有权与使用权变更拆开，在不变更农业用地的集体所有权的前提下，变更使用权，将农业用地转为非农业用地，由于此种转变，"土地征收"这一环节也就不再

---

① 《2003年中国国土资源公报》，中华人民共和国自然资源部网站，http://www.mnr.gov.cn/sj/tjgb/201807/t20180704_1997933.html

是必要环节，土地征收因而就缩小了范围。集体经营性建设用地可以入市，进而农村和农民就可以更多地从城市化和工业化引起的土地使用权的变更中获取收益。

（一）集体经营性建设用地入市的内涵及实践历程

集体经营性建设用地入市的主要内容为：农村土地集体所有者和城市国有土地所有者一样以出让、出租或作价出资入股等方式，直接向市场中的用地者让渡一定年限的集体经营性建设用地使用权并获取对价收益，赋予集体建设用地与国有建设用地在同一市场上的同等权能，而不再需要先行被征收为国有土地才可以入市交易。

尽管集体经营性建设用地入市直到2019年才第一次在国家法律层面被确认，我国已经对其进行了多年的摸索、改革与实践，拥有多个地方性试点。广东省南海市1992年起就开始向外来企业租出属于集体的厂房与土地，它以土地股份合作制为基础，且土地归属权不变。1999年，原国土资源部开始在多地进行流转集体经营性建设用地使用权的尝试，试点单位有浙江的湖州、河南的安阳、江苏的苏州、广东的顺德和安徽的芜湖等。2007年，成都与重庆也开始流转集体建设用地。2008年，党的十七届三中全会指出："逐步建立城乡统一的建设用地市场，对依法取得的农村集体经营性建设用地，必须通过统一有形的土地市场、以公开规范的方式转让土地使用权，在符合规划的前提下与国有土地享有平等权益"[①]。然而这一政策由于受各种条件的限制并没有得到落实。

在党的十八大之后，农村土地市场化的改革速度明显加快。2013年，党的十八届三中全会提出集体经营性建设用地入市改革，并要求明确规划方案；2014年，中央政府出台了《关于宅基地制度改革、集体经营性建设用地入市、农村土地征收试点工作的意见》，对其改革试点做了详细规划；2015年2月，全国33个县市经授权进行此类改革试点。经历了"三块地"试点的两次延期后，已于2019年12月31日完成，并将4年多来的地方试点成果写入新修正的《土地管

---

① 《中共十七届三中全会在京举行》，《人民日报》，2008年10月13日，第01版。

理法》。本次试点所探索的经验表明，集体经营性建设用地入市改革在提高土地资源配置效率、促进城乡一体化融合发展和乡村振兴、促进社会和谐、壮大集体经济和保护农民土地财产权益等方面成效显著。

（二）集体经营性建设用地入市的价值与意义

作为我国最新的社会主义公有制土地形式，集体经营性建设用地入市为中国特色社会主义在治理土地中的一种创新。1982年修订的《宪法》首次在法律上确认"可依法转让土地使用权"，从此，全国施行了有偿使用国有建设用地的政策，与土地公有制以"两权分离"结合起来进行改革。2019年，以深化市场经济体制改革为背景，《土地管理法》开始同意集体经营性建设用地进入市场，从而在更大的空间内尝试"坚持市场化配置土地资源"和"坚持土地公有制"兼顾，通过"两权分离"在社会主义土地公有制前提下进行深入探索，同时会极大壮大集体经济，巩固和强化集体所有权的行使。

使集体经营性建设用地进入市场，是推进新型城镇化、完善融合城乡一体化发展体制机制和实施乡村振兴战略的重要措施。改革开放开始，我国一直实行同地不同权和持续由农村到城镇进行政策倾斜的征地过程，地方政府在高速城镇化进程中对征地实行"重地不重人"的垄断供给性激励政策。因此，我国应改变各地政府此前通过为城市发展和工业化，城镇化提供廉价土地来加快GDP增长的方式。更多留给本属于农村的财富与资源，流转集体经营性建设用地，改变建设用地的征地供给政策，使卖地农民得到更多的土地增值收益。

集体经营性建设用地入市，是保护耕地、优化土地资源配置的必然要求。长期以来，由于土地征收的范围几乎不受限制，且补偿标准较低，大量征用优质的耕地资源，大面积建设城市新区、开发区。集体经营性建设用地进入市场有利于提高土地资源配置效率，有利于耕地保护以及建设用地的合理利用。

集体经营性建设用地进入市场，是保障农民土地所有权、减少土地征用矛盾的治本之策。《宪法》和《物权法》均对农村土地集体所有权和国家城市土地所有权平等保护与对待，同时承认它们法律地位平等，但是早期《土地管理法》

对集体经营性建设用地入市的禁令实际上已造成国家城市土地所有权高于农村集体土地所有权的"优势"地位。集体经营性建设用地入市可以通过缩小征地范围来减少征地矛盾，通过将农村土地"自主权"还给农民来切实保障农民的土地权益，让土地的价值更多地由市场来决定，通过政府进一步转变职能，退出非公益性土地经营来促进土地治理现代化。

（三）集体经营性建设用地入市的创新路径

集体经营性建设用地入市需要把握好如下四个关键环节：

1. 将集体经营性建设用地的所有权人作为集体经营性建设用地入市的法定主体。按照法律规定，集体建设用地的所有权存在乡（镇）、村、村民小组三级农民集体所有。《土地管理法》明确规定，"集体经营性建设用地出让、出租等应当经本集体经济组织会议三分之二以上成员或三分之二以上村民代表同意"[①]，以此来保证集体土地所有权，并保护农民的表决权、参与权、知情权。使用权人有权再次流转已进入市场的集体经营性建设用地使用权，流转方式可以为抵押、出资、互换、转让与赠与等。

2. 经土地利用城乡规划、总体规划划归商业、工业等经营性土地方能集体经营性建设用地入市，且入市时间和范围并不受"存量"限制。明确集体土地所有权进入市场的主体与土地归属后，如再次流转集体建设用地的使用权，应依法对集体经营性建设用地进行登记使用权。

3. 要建立和完善土地交易平台、交易规则、产权登记、地价体系、服务监管等机制，以规范集体经营性建设用地进入市场。集体经营性建设用地入市规则无论是基于建立城乡统一的建设用地市场，还是基于《土地管理法》提出的"参照同类用途的国有建设用地执行"同地同权同价的原则要求，均应与城市国有建设用地入市规则体系相衔接、相统一。

4. 集体经营性建设用地入市收益与农民的切身利益和获得感密切相关，它

---

① 《中华人民共和国土地管理法》（2019 年修订），《人民日报》，2019 年 8 月 27 日，第 02 版。

涉及国家和集体之间、农民集体和农民个体之间、不同农民集体之间三个层面的利益分配问题：（1）集体与国家收入分配与集体经营性建设用地进入市场的税收和收费有关，此前，"三块地"试点暂时选取了征收土地增值收入调整费的方法，2019年7月，中央财政部就《中华人民共和国土地增值税法（征求意见稿）》公开征求社会意见，取消土地增值收入调整费，并对集体房地产征税，平衡立法前与立法后集体房地产的支出；（2）农民个体与集体间的入市收入分配与集体资产管理相关，需要各地制定具体规则对分配进行指导；（3）需建立入市税收转移支付制度，利用农民各集体间的土地资源禀赋、规划定位、地理位置对他们的利益差距平衡问题进行调整。

三、"农村宅基地制度"政策规制

新中国成立以来，我国农村宅基地先后经历了自由流转—禁止流转—宽松流转—限制流转—放活流转的政策演变过程，现有的农村宅基地制度已经实行了60多年，其主要特征是集体所有、成员使用、无偿分配、长期占有，这套制度较好的保障了农民的公平分配权以及居住权。但随着社会的发展以及城镇化、市民化进程的加速，这套制度出现了越来越多的弊端，导致了出现诸如"农村空心化"、土地闲置化、土地价值沉睡化、一户多宅、缺少权属来源材料、超占面积、权利主体认定等问题。

2017年，党的十九大报告提出乡村振兴战略，在此背景下，2018年的中央一号文件提出了宅基地"三权分置"制度。这个制度设计的核心在于赋权强能，逐步弱化宅基地的保障功能，强化其财产、资产功能，将宅基地权能由虚置的集体所有权、无偿无期限的农民使用权拓展为可以提高宅基地利用效率、增加农民土地财产性收入的"三权"（所有权、资格权和使用权）[①]。2019年9月，在《关于进一步加强农村宅基地管理的通知》中明确指出："严格落实'一户一宅'

---

① 郭贯成、李学增、王茜月：《新中国成立70年宅基地制度变迁、困境与展望：一个分析框架》，《中国土地科学》，2019年第12期。

规定，宅基地是农村村民用于建造住宅及其附属设施的集体建设用地，包括住房、附属用房和庭院等用地。农村村民一户只能拥有一处宅基地，面积不得超过本省、自治区、直辖市规定的标准。要充分保障宅基地农户资格权和农民房屋财产权。不得以各种名义违背农民意愿强制流转宅基地和强迫农民'上楼'，不得违法收回农户合法取得的宅基地，不得以退出宅基地作为农民进城落户的条件。严格控制整村撤并，规范实施程序，加强监督管理。宅基地是农村村民的基本居住保障，严禁城镇居民到农村购买宅基地，严禁下乡利用农村宅基地建设别墅大院和私人会馆。严禁借流转之名违法违规圈占、买卖宅基地。"[①]

2020年实施的新《土地管理法》对宅基地制度进行了进一步的完善和突破，真正做到从实际出发，考虑人民群众的利益："1.关于一户一宅制度的完善。县级人民政府在充分尊重农村村民意愿的基础上，可以采取措施，按照省、自治区、直辖市规定的标准保障农村村民实现户有所居。2.村民可以经审批在农用地上建房。农村村民建住宅，需要符合乡（镇）土地利用总体规划、村庄规划，不得占用永久基本农田，并尽量使用原有的宅基地和村内空闲地。3.对于进城落户的农村村民，国家鼓励依法自愿有偿退出宅基地，同时也鼓励农村集体经济组织及其成员盘活利用闲置宅基地和闲置住宅。4.征收农村村民住宅，必须满足先补偿后搬迁、居住条件有改善的原则，充分尊重农村村民意愿，采取重新安排宅基地建房、提供安置房或者货币补偿等方式给予公平、合理的补偿，并对因征收造成的搬迁、临时安置等费用予以补偿，保障农村村民居住的权利和合法的住房财产权益。"[②]

我国农村宅基地主要分成三类：准备建房的规划地、已建房、建过房屋但已无上盖物的土地和已经建设房屋、将用于建造房屋或建过房屋的土地。目前情况下的我国农村发展面临宅基地及居民点用地闲置浪费严重，土地资源难以

---

① 《中央农村工作领导小组办公室、农业农村部关于进一步加强农村宅基地管理的通知》，中华人民共和国农业农村部网站，http://www.moa.gov.cn/gk/tzgg_1/tz/201909/t20190920_6328397.htm

② 《中华人民共和国土地管理法》（2019 年修订），《人民日报》，2019 年 8 月 27 日，第 02 版。

充分发挥其效益、农民无法实现农村宅基地财产权，城乡土地制度差异和权利不平等造成城乡居民间房屋财产价值相差巨大、农村公共建设资金严重缺乏，乡村基础设施建设趋于凋敝三个突出问题。可见，新时代亟待深化农村宅基地制度改革。健全社会主义市场经济体制需要深化农村宅基地制度改革，促进农村土地要素市场化；赋予农民更多财产权需要深化农村宅基地制度改革，促进农民增加财产价值与收入；城乡一体化发展需要深化农村宅基地制度改革，促进美丽乡村建设。

为全面建成小康，实现城乡一体化发展和共同富裕，我国需进一步放活宅基地使用权流转，建立农村宅基地交易市场；从宅基地福利分配制度转变到综合性农民居住保障制度，进一步完善农村社保制度；明确农村集体边界，建立健全农村集体成员权制度与乡村居住证制度；规划管控农村宅基地利用与乡村建设，建立健全乡村建设规划与服务制度；建立宅基地使用及农宅交易税费制度，充实乡村建设发展资金；健全宅基地权益保障方式，完善宅基地审批制度，探索建立宅基地有偿使用和自愿有偿退出机制，统筹利用腾退宅基地。2020年5月14日，自然资源部发布《关于加快宅基地和集体建设用地使用权确权登记工作的通知》，指出："2020年底基本完成宅基地和集体建设用地使用权确权登记工作，是党中央部署的一项重要任务。坚持不变不换原则，不动产统一登记制度实施前，各历史阶段颁发的宅基地和集体建设用地使用权证书继续有效，对有房地一体不动产登记需求的，完成地上房屋补充调查后办理登记。对乱占耕地建房、违反生态保护红线管控要求建房、城镇居民非法购买宅基地、小产权房等，不得办理登记，不得通过登记将违法用地合法化。"[1]我国首部《民法典》物权篇明确了宅基地使用权人依法对集体所有的土地享有占有和使用的权利，有权依法利用该土地建造住宅及其附属设施[2]，使农户的宅基地"资格权"具有法理依据。

---

[1] 《自然资源部关于加快宅基地和集体建设用地使用权确权登记工作的通知》，中华人民共和国自然资源部网站，http://gi.mnr.gov.cn/202005/t20200518_2514094.html
[2] 《中华人民共和国民法典》，《人民日报》，2020年6月2日，第11版。

综上，农村宅基地"三权分置"改革是我国新时代农村土地改革的核心内容和重大创新。宅基地"三权分置"改革的启动，标志着我国土地制度改革进入深水区，将对中国经济社会发展产生长期影响。

四、农村"三块地"改革试点政策利弊

党中央、国务院高度重视农村"三块地"改革试点工作。习近平总书记指出，土地制度是国家的基础性制度，农村土地制度改革是个大事，涉及的主体、包含的利益关系十分复杂，必须审慎稳妥推进。李克强时任总理强调，要坚持从实际出发，因地制宜，深化农村土地制度改革试点，赋予农民更多财产权利，更好保护农民合法权益。我国农村"三块地"改革自2015年开始试点以来，主要取得了如下改革成效：

（一）推动了城乡统一的建设用地市场建设

2004年第二次修正的《土地管理法》规定："农民集体所有的土地的使用权不得出让、转让或者出租用于非农业建设；但是，符合土地利用总体规划并依法取得建设用地的企业，因破产、兼并等情形致使土地使用权依法发生转移的除外"[①]。2019年第三次修正的新《土地管理法》指出："土地利用总体规划、城乡规划确定为工业、商业等经营性用途，并经依法登记的集体经营性建设用地，土地所有权人可以通过出让、出租等方式交由单位或者个人使用，并应当签订书面合同，载明土地界址、面积、动工期限、使用期限、土地用途、规划条件和双方其他权利义务。通过出让等方式取得的集体经营性建设用地使用权可以转让、互换、出资、赠与或者抵押，但法律、行政法规另有规定或者土地所有权人、土地使用权人签订的书面合同另有约定的除外。"[②]

---

① 《中华人民共和国土地管理法》（2004 年修正），《中华人民共和国全国人民代表大会常务委员会公报》，2014 年第 6 期。
② 《中华人民共和国土地管理法》（2019 年修订），《人民日报》，2019 年 8 月 27 日，第 02 版。

通过新旧《土地管理法》规定对比可以看出，集体经营性建设用地入市使其进入国有建设用地市场来交易，使集体建设用地和国家建设用地权益相等，土地市场的信心得到增强，农村土地资源的活力得到激发，市场与社会对集体土地的认可度得到提高，市场对于土地配置的关键作用得到充分发挥，使城乡土地资源公平竞争、平等入市和配置优化。如：江苏省常州市武进区成功上市以出让集体经营性建设用地的方式得到资产，在最高级的资本市场上首次取得好评。失地农民可领取生活保障证，上市后的企业又为更多村民提供了工作岗位，失地农民作为上市企业的股东，每年可得到企业的分红，同时作为村集体经济组织的股东，每年又能享受集体经营性建设用地入市带来的利益分配。

（二）保障了农业发展用地储备

通过"三块地"市场化改革试点，农村优先配置已盘活的存量集体建设用地，为乡村振兴增添了动力。比如：通过"借地退出、货币补偿、资产置换、指标置换"等4种形式征用宅基地的福建晋江，保障了充足的农村产业发展用地空间。将集体建设用地调整入市的辽宁海城、浙江德清、山西泽州、河南长垣等地利用建设乡（镇）工业园区的方式，提供了有效的乡村转型发展、产业集聚途径。

（三）提升了农村土地治理效能

我国"三块地"改革试点通过建立集体进行讨论、决策和执行的村民事务理事会，提高了农民对土地进行自主管理的责任心和主动性，显著提升了治理土地能力。通过调查集体土地所属权并给农民发放土地证明，落实乡村规划，为农村土地的管理打下坚实基础，违规用地数量大幅度降低，耕地获得了更有效的保护，农村土地资源的集约利用率显著提高。

（四）增加了农民土地财产收益

农村"三块地"的试点区域征地的法定补偿标准均高于非试点区域的补偿安置标准，征地补偿增加的支出全由财政承担。集体土地进入市场使集体经营性建设用地的价值更为明显，比如：浙江德清农村集体经济组织和农民通过集体经营性建设用地入市试点交易取得2.7亿元的净收入，让18万多农民获益，覆盖了65%，既解决了农民居住多元化的需求，又建立了流转、有偿退出、农房抵押等多种农民住房保障机制，另外还增加了农民的财产性收入。

虽然，我国"三块地"试点尝试取得了较大成效，但仍存在一些缺陷和问题。从内容上来看，平衡国家、集体、个人三者之间土地收益的有效办法还不够多；宅基地"三权分置"的探索和实践还不够充分。从面上来看，33个试点县（市、区）有72%的征地项目集中在上海松江、浙江义乌、河北定州、福建晋江、山东禹城等5个试点地区。2018年9月21日，习近平在十九届中央政治局第八次集体学习时指出，维护进城落户农民的土地承包权、宅基地使用权和集体收益分配权，加快农业转移人口市民化。全国33个农村"三块地"改革试点工作虽已于2019年12月31日完成，但对新修正的《土地管理法》的执行，以及在全国范围推进农村"三块地"改革，把相关政策文件向法律制度转变，依然任重而道远。

第五节　特殊土地政策治理问题

一、自留地、自留山政策治理

（一）自留地可使用不可继承、出租转让或买卖

自留地作为农村家庭副业的主要经营对象，最早出现于我国农业合作化时期的初级社阶段，为照顾社员种植蔬菜和其他园艺作物的需要，由农业集体经济组织依法分配给社员长期使用的少量土地。其所有权属于农民集体，使用权由农民以户为单位行使。每户使用的自留地，通常少于本地人均拥有土地数量的5%。1962年《农村人民公社工作条例（修正草案）》规定，"自留地一般占生

产队耕地面积的百分之五到七，归社员家庭使用，长期不变"①，家庭副业不再是大集体中的小私有，而是社会主义经济的必要的补充部分，它附属于集体所有制经济和全民所有制经济，是它们的助手。1981年3月，中央转发农委《关于积极发展农村多种经营的报告》提出："不搞包产到户的地方，可以因地制宜，适当扩大自留地、饲料地。两者面积的最高限度可达生产队耕地总面积的百分之十五，各地的具体比例，由各省、市、自治区党委和政府根据当地情况和社员群众的意见，分别确定，不要一刀切。除农忙季节外，应允许一些半劳力和辅助劳力不出集体工，以便专心从事力所能及的家庭副业（即允许存在群众所说的'自留人'）。"②自留地的使用者对自留地享有使用和收益的权利，但不得擅自改变用途，不得在自留地上建房、葬坟、挖坑和取土，在遇国家征用和集体调整时有义务服从。农民只享有自留地的使用权，不得出租、转让或者是买卖、作为遗产的继承，也不可擅自用于建房等非农业生产的用途。农民可以自己支配自留地生产的产品，国家不征农业税。

（二）自留山集体所有，农户无偿使用可继承

自留山是指农业集体化后分给社员使用和经营的小块山林。山权仍归集体所有，林木和林产品归社员个人所有。自留山是按政策规定和农户经营能力，将荒山划给各农户的一种经营方式。山权归国家或集体，林权归农户个人，贯彻谁造谁有、允许继承、可以折价转让的政策。划分自留山以村（组）现有农户和每户人口及荒山的多少为标准。农户在自留山上有栽植树木、抚育改造和开展林副产品生产等经营自主权。自留山上的林木所生产的木材和其他林副产品完全归农户支配，可以自用，也可以按政策规定出售。

自留山的林地所有权属集体，林地使用权属农户，家庭是自留山使用的基础，农户家庭人口数量的变化，对当前拥有林地使用权的成员的继续使用没有

---

① 《农村人民公社工作条例（修正草案）》，中国网，http://guoqing.china.com.cn/ 2012-09/12/content_26503421.htm
② 《党中央、国务院发出通知要求积极发展多种经营》，《人民日报》，1981年4月6日，第01版。

影响;自留山上的林木属参与经营的家庭成员。家庭成员死亡时,自留山的使用权不属继承范围,其经营的自留山林木,可以作为遗产由继承人依法继承。当农户在本集体经济组织消失(最后一名家庭成员死亡或者户口迁出),在合理补偿其经营成果之后,集体经济组织能够将自留山的使用权从农户手中收回。自留山使用权登记申请,由人民政府受理;自留山林木继承纠纷,由人民法院受理。

1962年《农村人民公社工作条例(修正草案)》规定,在有柴山和荒坡的地方,还可以根据群众需要和原有习惯,分配给社员适当数量的自留山,由社员经营。自留山划定以后,也长期不变。

自留山山权属集体所有,归农户长期无偿使用,不准出租,不准转让,不准买卖,迁居、婚娶不准随带。自留山和植树地段划定后,生不增、死不减,长期不变。1981年开始,各地积极进行了林业"三定"工作,其主要内容是确定林业生产责任制,稳定山权林权以及划定自留山。自留山划定后,县级人民政府发给农户《社员自留山使用证》。

1. 自留山的"三权"

农户自留山的"三权",是指自留山林地所有权、林地使用权和林木所有权。林地所有权属集体,林地使用权属农户,自留山上的林木属参与经营的家庭成员。"自留山登记发证"指的是自留山使用权的登记发证;"自留山继承"指的是自留山林木(包括林木及其他经营收益)的继承。

2. 自留山林地属农民集体所有

《宪法》第十条和《土地管理法》第八条都规定了宅基地和自留地、自留山,属于集体所有。

村民委员会是农村基层群众性自治组织,是村民自治制度的主要组织载体。农村集体经济组织,是指对土地拥有所有权的经济组织,是我国农村集体经济制度的主要组织形式,大致可以分为乡镇、村和村民小组三级。林地具有特殊性,由于历史原因和民间习俗,除乡、村、组外,还存在几个村或组联合、自然村单独等林地所有权形式。《物权法》第60条规定:"对于集体所有的土地和森林、山岭、草原、荒地、滩涂等，属于村农民集体所有的，由村集体经济组织或者村民委员会代表集体行使所有权；分别属于村内两个以上农民集体所有的，由村内各集体经济组织或者村民小组代表集体行使所有权。"①

3. 自留山经营的基本单位是家庭

《宪法》第八条规定："参加农村集体经济组织的劳动者，有权在法律规定的范围内经营自留地、自留山、家庭副业和饲养自留畜。"②自留山是由集体经济组织将集体所有的林地分给本集体经济组织的农户，由农户长期使用。家庭的人事变迁和一些家庭的消失，随着社会的发展，自留山的具体政策也在不断完善。

（1）户内人口增减，自留山不变

经营自留山以本集体经济组织成员为前提条件，自留山经营的基本单位是家庭。各地方政府对自留山只登记确权到户，不确权到每个家庭成员。划分自留山时，考虑到农户家庭个别人口的生死、婚娶、迁居和"农转非"等将引起家庭人口的变化，不少省比如浙江省、黑龙江省关于稳定山权林权和落实林业生产责任制若干问题做出了如下规定：自留山不准出租，不准转让，不准买卖，迁居、婚娶不准随带，生不增、死不减，长期不变。农户家庭成员是动态的，户内家庭成员的增减，不影响该户"现任"成员继续使用本户的自留山。迁入或出生新增的家庭成员，自然分享本户的自留山使用权；迁出的家庭成员，就失去了本户的自留山使用权。

（2）全户消失，在处理好林木补偿后收回自留山使用权

全户消失，指该农户在本集体经济组织中消失，包括全户迁出（"农转非"或迁入另一个集体经济组织）和全户死亡（最后一个家庭成员死亡）等情形。当时对人口增减作了原则规定，但未对全户消失作出具体规定。随着社会的变迁，逐渐出现了全户消失的情况。根据我国《宪法》精神和现行政策法规规定，

---

① 《中华人民共和国物权法》，《人民日报》，2007年3月20日，第01版。
② 《中华人民共和国宪法》，中国民主法制出版社，2018年，第11页。

农户消失在该集体经济组织内的，要在合理继承或补偿自留山林木过后，将使用权收回。

4. 自留山林木可作遗产继承

1981年3月，中央出台了《关于保护森林发展林业若干问题的决定》在该文件中规定，社员在房前屋后、自留山和生产队指定的其他地方种植的树木，永远归社员个人所有，允许继承①。1984年的《森林法》第二十三条规定："农村居民在房前屋后、自留地、自留山种植的林木，归个人所有"②。1985年的《继承法》第二条和第三条规定："继承从被继承人死亡时开始。遗产是公民死亡时遗留的个人合法财产，包括公民的林木。"③1987年施行的《中华人民共和国民法通则》第七十五条规定："公民的个人财产，包括公民的合法收入、房屋、储蓄、生活用品、文物、图书资料、林木、牲畜和法律允许公民所有的生产资料以及其他合法财产。"④将于2021年施行的《民法典》第二百六十六条界定了私有财产的范围是"私人对其合法的收入、房屋、生活用品、生产工具、原材料等不动产和动产享有所有权"⑤。

因此，自留山的林木作为一种原材料，属于个人财产；被继承人经营的自留山林木，属于个人遗产，继承人可以依法继承。

在自留山继承纠纷处理方面，在农户还存在的情况下，继承人（包括户内继承人和户外继承人）对死者自留山提出继承诉求的，在实际调处时，应把握四点：一是自留山使用权必须由本户的其他成员继续行使，户外继承人不得分享自留山使用权。二是自留山使用权人死亡后，自留山林木，在家庭中分割其个人份额，可由继承人继承。三是户内人口外迁，外迁人提出分割自留山时，不得分割自留山使用权，但可以对其本人的经营成果给予适当处置。四是户内

---

① 《党中央、国务院发布决定保护林木发展林业》，《人民日报》，1981年3月12日，第01版。
② 《中华人民共和国森林法》，《人民日报》，1984年9月23日，第02版。
③ 《中华人民共和国继承法》，《人民日报》，1985年4月14日，第03版。
④ 《中华人民共和国民法通则》，《中华人民共和国国务院公报》，1986年第12期。
⑤ 《中华人民共和国民法典》，人民日报，2020年6月2日，第10版。

成员可以分户自立，达成分户协议后，经本集体经济组织同意，可以分别申请自留山使用权登记。

根据《森林法》《继承法》和《民事诉讼法》等规定，因自留山林木继承问题发生争议，乡镇人民政府、街道办事处和乡村调解组织应当进行调解，当事人不愿意调解或者调解不成的，由人民法院受理。

二、"四荒"土地政策治理

"四荒"（即荒滩、荒丘、荒沟与荒山）土地是农村未被开放利用的土地资源，关于"四荒"土地的承包方式可以多元化，既可以采取家庭联产承包责任制，也可以使用公开协商、拍卖和招标等手段承包；既可承包给本集体经济组织成员，也可承包给本集体经济组织以外的人。

1993年11月，中央出台的《关于当前农业和农村经济发展的若干政策措施》规定，从事治沙改土、营造林地和开垦荒地等开发性生产活动的能够拥有更长的承包期。1996年6月1日，国务院办公厅下发的《关于治理开发农村"四荒"资源进一步加强水土保持工作的通知》指出，承包、租赁、拍卖"四荒"使用权，最长不超过50年。1998年11月7日国务院《关于印发〈全国生态环境建设规划〉的通知》指出，由于"四荒"治理开发投资回收期长，风险大，必须有长期稳定的政策。允许"四荒"使用权一定50年或更长的时间不变。1999年12月21日又出台了《关于进一步做好治理开发农村"四荒"资源工作的通知》，并提出，"四荒"使用权承包、租赁或拍卖的期限最长不得超过50年。2002年4月11日国务院《关于进一步完善退耕还林政策措施的若干意见》指出，退耕还林之后，需保证退耕农户拥有在荒山荒地与退耕土地上所种林木的所有权，而且按照法律办理变更土地用途的相关手续，权属所有证明由县级以上政府发放。土地的使用权与所有权归属明确后，实施"谁受益、谁经营、谁造林、谁退耕"的政策。农民承包的耕地和宜林荒山荒地造林以后，延长50年的承包期，允许按照有关法律规定进行转让与继承，到规定期限后依法可以继续承包[①]。2016年中央一号文件以及《关于积极开发农业多种功能大力促进休闲农业发展的通知》中鼓励利用"四荒"土地发展休闲农业，对中西部少数民族地区和集中连片特困地区利用"四荒"土地发展休闲农业，其建设用地指标给予倾斜。"四荒"使用权承包、租赁或拍卖的期限最长不得超过50年。2019年新修正的《土地管理法》指出：非农业建设必须节约使用土地，可以利用荒地的，不得占用耕地；可以利用劣地的，不得占用好地[②]。

三、高标准农田开发和永久基本农田保护政策治理

（一）以粮食主产区为重点综合开发高标准农田

耕地是指种植农作物的水田、水浇地、旱地，具体包括熟地，新开发、复垦、整理地、休闲地（包括轮作地和轮歇地）；平均每年能保证收获一季的已垦滩地和海涂；以种植农作物（含蔬菜）为主，间隔种植桑树、零星果树或其他树木的土地。高标准农田是指土地平整、集中连片、土壤肥沃、生态良好、设施完善、农田配套、抗灾能力强，与现代农业生产和经营方式相适应的旱涝保收、高产稳产、被划定为永久基本农田的耕地。可见，高标准农田是优质版的永久基本农田。

《国家农业综合开发高标准农田建设规划（2011—2020）》综合考虑各地区农业自然条件和灌溉条件等情况，根据中低产田面积、粮食产量、粮食商品率等因素，测算确定粮食主产区和非粮食主产区的建设任务和目标，把粮食主产区，特别是增产潜力大、总产量大、商品率高的重点粮食主产区放在高标准农田建设的突出位置。2020年，我国受新冠肺炎疫情影响，尤其要着力抓好农业

---

① 《国务院关于进一步完善退耕还林政策措施的若干意见》，《中华人民共和国国务院公报》，2002年第16期。

② 《中华人民共和国土地管理法》（2019年修订），《人民日报》，2019年8月27日，第02版。

生产，稳定粮食播种面积和产量，提高复种指数，新建高标准农田8000万亩。

（二）五种耕地划为永久基本农田保护，实行"五不准"

基本农田指的是依照土地利用的总体规划，依据社会经济与人口发展在一定时期内对农产品的需求而明确的不准使用的耕地。永久基本农田其实就是基本农田，既不是在原有基本农田中挑选的一定比例的优质基本农田，也不是永远不能占用的基本农田，之所以加上"永久"两字，体现了党中央、国务院对耕地特别是基本农田的高度重视和严格保护的态度。永久基本农田保护制度是在2019年《土地管理法》之中规定的。按照土地利用的规划将以下五类耕地划分为永久基本农田，进行严密保护：1.经过县级以上地方政府或国务院主管农业农村的部门批准决定的糖、油、棉、粮等主要农产品的生产基地内的耕地；2.国务院规定应当划为永久基本农田的其他耕地；3.农业科研、教学试验田；4.蔬菜生产基地；5.拥有很好的水土保持设施和水利的耕地，已建成的高标准农田还有正改造和能改造的中低产田。各自治区、直辖市和省划分确定的永久基本农田通常应该占该行政区域内耕地的80%以上，由国务院据其状况制定其具体比例。按照法律划分确定好永久基本农田之后，一切个人与单位禁止随意改变其用途或随意占用。国家军事设施、水利、交通、能源等重点建设项目的选址可能的确不好避开永久基本农田，有关土地征收或者农用地转用的，须要得到国务院的批准[1]。

国家实施最严格的耕地保护政策明确规定，对基本农田采取"五不准"，也就是不准使用基本农田建设绿化隔离带与绿色通道；不准在基本农田养殖畜禽与挖塘养鱼，和其他对耕作层有严重破坏的生产经营；不准使用基本农田来植树造林，开展林果业经营；不准借退耕还林的名义缩小基本农田的面积；不准使用基本农田进行非农业建设（法律规定的除外）[2]。我国首部《民法典》物权篇

---

① 《中华人民共和国土地管理法》（2019 年修订），《人民日报》，2019 年 8 月 27 日，第 02 版。

② 《2003 年中国国土资源公报》，中华人民共和国自然资源部，http://www.mnr.gov.cn/sj/tjgb/201807/t20180704_1997933.html

规定耕地的承包期为三十年[①]。承包期届满，由土地承包经营权人按照国家有关规定继续承包。

四、草原和森林政策治理

（一）草原治理

我国是世界上草原资源最丰富的国家之一，草原总面积将近4亿公顷，占全国土地总面积的40%，为现有耕地面积的3倍。1985年6月18日，我国出台了《中华人民共和国草原法》，建立了草原生产、生态监测预警系统和草原调查、统计制度，相关省市制定具体的草原管理条例及实施细则，以改善生态环境，维护生物多样性，保护、建设和合理利用草原，发展现代畜牧业。2003年3月1日起施行的修订的《中华人民共和国草原法》规定，我国草原属于国家所有，由国务院代表国家履行所有权，除了法律明确规定归集体所有的。县级以上政府登记并管理保护没有明确使用权的国家所有的草原。一切个人或单位禁止买卖、侵占，和使用别的方式对草原非法转让。集体经济组织和全民所有制单位等可以依法享有国家所有的草原的使用权。承包方与发包方签完书面合同后才能承包经营草原。承包合同要包含违约责任、承包草原用途、承包草原四至界限、等级、面积，以及两方的义务与权力等内容。法律保护承包经营权，承包期届满，可以依照有偿和自愿的原则依法转让，原来的承包经营者在相同情况下拥有优先的承包权[②]。2015年9月，中共中央、国务院下发的《生态文明体制改革总体方案》指出要建立耕地草原河湖休养生息制度。我国首部《民法典》物权篇规定草地的承包期为三十年至五十年[③]。承包期届满，由土地承包经营权人按照国家有关规定继续承包。

---

① 《中华人民共和国民法典》，《人民日报》，2020年6月2日，第10版。
② 《中华人民共和国草原法》，《人民日报》，1985年6月19日，第02版。
③ 《中华人民共和国民法典》，《人民日报》，2020年6月2日，第10版。

（二）森林治理

我国于1984年9月20日出台了《中华人民共和国森林法》，于2000年1月29日出台了《中华人民共和国森林法实施条例》，法定每年三月十二日为植树节，实行天然林全面保护制度，保护古树名木和珍贵树木，各地制定了具体的森林管理办法，以加快国土绿化，合理利用、培育与保护森林资源，使森林充分发挥提供林产品、改善环境、保护生物多样性、调节气候以及蓄水保土等多重作用，建设林业采取永续利用、采育结合和以营林为基础的战略，进一步增加森林资源，保持自然生态的良性循环。2015年9月，中共中央、国务院下发的《生态文明体制改革总体方案》指出要树立山水林田湖是一个生命共同体的理念。2019年12月，第十三届全国人大常委会第十五次会议对《中华人民共和国森林法》进行了第三次修订，对林木和森林所有权制定以下规定，个人或集体承包集体或全民所有的荒地荒山宜林造林的，按合同规定行使林木所有权，合作经营的归合作者共有；义务所种林木属其所有者所有，但具有合同或协议的，按其规定决定；农村集体经济组织经营的林木与森林归集体所有，全民所有制单位经营的林木与森林属国家所有；城镇职工与居民在使用或者自己有的庭院所种林木，农户在自留山（滩）、自留地与房前屋后所种林木归个人所有。县级以上政府负责给个人使用林地与所有的林木，集体所有与全民所有的林地、林木与森林登记造册并核实发放证书，以明确使用权与所有权[①]。我国首部《民法典》物权篇规定林地的承包期为三十年至七十年；特殊林木的林地承包期，经国务院林业行政主管部门批准可以延长。承包期届满，由土地承包经营权人按照国家有关规定继续承包[②]。

比如，上海市建立森林生态效益补偿制度。根据国家公益林政策，将沿海防护林、水源涵养林、护路林、护岸林、低污染隔离林等纳入国家公益林规划管理范畴内，在国家公益林规划管理区域内，不得建设除林业管理和自然保护

---

① 《中华人民共和国森林法》，《人民日报》，2020年01月02日，第16版。
② 《中华人民共和国民法典》，《人民日报》，2020年6月2日，第10版。

设施、救护站和其他紧急避难设施以外的永久性建筑，不得任意调整公益林控制线。针对蓬勃发展农业经济林，政府设立了农业经济林产品保障等财政补贴机制，以带动农业经济林工程建设向规模化、国家标准、产业化等方向快速发展，并着重做好农业经济林的新优种筛选、推广应用，以及种植培训等技术指导与咨询服务。

第六章　我国农村土地政策演变
的基本逻辑及经验

第一节　我国农村土地政策演变的基本逻辑

杜润生曾总结指出，"任何一个国家实现经济增长需要很多条件，其中有两个条件是必不可少的：一个是市场体系，一个是产权法制"[①]。2001年，习近平同志在其《中国农村市场化建设研究》的绪论中指出，"农村市场化是建立和发展农村社会主义市场经济的必然取向，是突破农村改革和发展瓶颈制约的重大举措，是实现农业现代化不可缺少的重要前提，是东部和大中城市郊区率先基本实现农业现代化的迫切要求"[②]。

一、政策过程的演变逻辑

纵观新中国成立以来的农村土地政策演变过程，不难发现其演变的基本逻辑有三个：

---

① 杜润生：《经济转换时期的中国农业》，《改革》，1995年第4期。
② 习近平：《中国农村市场化建设研究》，人民出版社，2001年，第5—6页。

（一）实践逻辑

由于我国农村土地政策发展演进的经验一直贯穿在"三农"政策发展演进的实践中，我国农村政策直接影响着农村发展、城乡繁荣和农村福祉，中国农村土地政策演进也与在一定历史条件下的中国农业经济社会发展水平、农村责任认知水平、农村生产力水平等有关，要注重解放和发挥中国农业社会生产力，以尊重农村的主体地位和首创精神、满足农民利益为基本依归。新中国成立以来我国农村土地政策的演变实践充分表明：实践的发展需要推动了农村土地政策的演变，我国还处在社会主义初级阶段，要从"三农"发展的实际出发来不断完善农村土地政策，坚持社会主义公有制和农村土地集体所有制，要满足农民对社会发展的意愿、要求和获得感，要满足农民日益增长的美好生活需要、提高粮食等农产品供给能力，要符合我国社会主义初级阶段的基本国情，要把处理好人多地少的人地关系矛盾作为解决农村土地问题的关键，要与我国新时代"两个一百年"奋斗目标的伟大实践结合起来，通过政策创新与激励激活"三农"，进而不断推进新时代"三农"现代化。

（二）产权逻辑

逐步赋权并放活农民土地产权与经营自主权，农村土地产权制度经历了"单一产权—两权分离—'三权分置'"的改革：由1949—1956年农民所有的单一产权演变为1957—1978年"三级所有，队为基础"的单一产权，再演变为1978—2012年家庭联产承包责任制的两权分离，后再演变为2012年—至今新时代的"三权分置"。产权制度演变是土地制度变革及土地政策演变的核心。产权制度决定着土地作为财产的归属和利用，是土地制度的决定性因素。新中国成立以来先后经历了五次土地制度变革：第一次土地制度变革是土地改革消灭了地主阶级封建剥削的土地所有制；第二次土地制度变革是初级农业合作化使农村土地制度具有了半社会主义性质；第三次土地制度变革是高级农业合作化和人民公社化彻底废除了土地私有制，最终建立起土地的社会主义集体所有制。第四次土地制度变革是改革开放以来建立以家庭承包制为核心、统分结合的双层经营体制，将承包权和所有权进行两权分离，完善农村土地集体所有制；第五次土地制度变革是新时代以来明确所有权、稳定承包权、搞活经营权的"三权分置"改革和三块地改革试点，建立现代经营体系，丰富和优化农村土地集体所有制的实现形式。五次土地制度变革主要体现在产权制度的变迁上。土地改革是封建地主土地所有权转变为农民土地所有权，消灭了封建剥削制度；初级农业合作化是农民土地所有权、农民土地使用权转变为农民土地所有权、集体土地使用权，开始向公有制过渡；高级农业合作化是农民土地所有权、集体土地使用权转变为集体土地所有权、集体土地使用权，消灭了私有制；家庭承包制是集体土地所有权、集体土地使用权转变为集体土地所有权、承包流转经营使用权，通过双包责任制试点和市场经济体制改革搞活了土地经济，开始向市场化发展；"三权分置"是集体土地所有权、承包流转经营使用权转变为集体土地所有权、土地承包权、土地经营权，确保土地承包关系稳定并长久不变，通过土地流转激发了土地开发潜能，促进了土地规模经营，开始向现代化发展。

（三）市场逻辑

渐次推进农村土地市场化①改革进程，逐步建立"三农"市场经济体制。农村土地政策演变在实践—认识—再实践—再认识的过程中，不断将实践上升为政策，将政策上升为法律，政策和法律再反过来指导实践，在实践中继续完善、改革、充实政策和法律。党中央制定的农村土地政策采取了中央统筹和地方探索相适应、全面实施和局部试点相结合的积极稳妥推进方式。土地作为一种基础资源，农村土地只有走向市场化，才能更好地提高土地的配置效率，进而提高社会整体效率。坚持农村土地集体所有制和耕地红线不突破的前提下，围绕

---

① 农村土地市场化是指在农村土地制度改革过程中，逐步使市场在土地资源配置中发挥决定性作用，农村土地资源的流动和利用要更多地受到市场力量的支配和指引。农村土地市场化其实就是在农村土地制度改革中，推动一系列经济、社会及法律制度的变革，建立完善一整套制度体系，为市场机制配置土地资源创造条件，最终实现土地资源市场配置的政策目标。（摘自侯惠杰、张程：《农村土地市场化改革：现状及对策》，《公共财政研究》，2019 年第 1 期。）

农村土地权利，探索赋予农民更多财产权利，激活农村各类生产要素潜能，逐步发挥农民积极性和市场配置作用，同时调整各级政府在土地政策制定和执行中的着力点，在当前全面深化改革中，形成农民、市场、政府合力，沿用"政策完善——布局试点——全面推进"的顶层设计思路，以土地产权制度、财税分配制度和官员激励制度改革为重心，逐步解决当前农村土地制度中存在的主要问题，使农村土地政策与新型城镇化、农业现代化相适应，让农民成为改革的积极参与者和真正受益者，实现共同富裕和乡村振兴。

通过上述两方面的逻辑，进一步处理好人地关系、政府与市场、生存与发展的关系。与农村土地政策相适应的农村土地基本经营也实现了主体从聚合到分离、从单一到多元的演变，要坚持"小农户+新型农业经营主体"组织联动，实现小农户与现代农业发展有机衔接，同时，让小农户衔接集体产权改革实现价值创取，推动二者共同发展；坚持"土地规模化+服务规模化"要素联动，发展多种形式的农业适度规模经营；坚持"家庭经营+多元经营"制度联动，构建集约化生产、规模化经营、组织化分工社会化服务和产业化发展相结合的新型农业经营体系。

土地政策要素一般包括土地产权、利用方式、配置方式、功能属性以及执政党意识形态。农村土地产权是农村发展的基础，我国有关农村土地产权有两种改革思路：一是着眼于产权的效率，强化使用性；二是着眼于产权的保障，关注集体性。从土地产权来看，新中国成立以来的农村土地政策演变路径为"单一产权—两权分离—'三权分置'"；从利用方式来看，新中国成立以来的农村土地政策演变路径为"私有利用—集体利用—粗放利用（大量农村土地非农化）—行政干预利用—集约化、规模化、可持续利用—城乡一体化合理利用"；从配置方式来看，新中国成立以来的农村土地政策演变路径为"私有化—合作+计划—高度计划+集权—市场+计划—市场化—城乡一体化"；从功能属性来看，新中国成立以来的农村土地政策演变路径为"私有资产属性—政治属性—商品+资本属性—物权属性—社会属性"；从执政党意识形态来看，"以阶级斗争为纲，以政治为中心，注重公平—以经济建设为中心，注重效率—以人为本，注重和谐—全面深化改革，注重同步—实现共同富裕，注重自我实现"。

二、政策演变的特点

重农固本是安民之基和国之大纲。根据新中国成立以来的农村土地政策演变过程和上述各章节的分析，不难发现其演变的特点在于：

（一）中国共产党在农村土地政策的演变中体现人民性

中国共产党始终把解放和发展农村生产力、解放和发展农业生产者—农民放在首位，说明党始终代表中国先进生产力的发展要求；党在不同历史时期都重视农村文化建设，开展一系列农民思想教育活动，说明党始终代表中国先进文化的前进方向；党的执政地位的巩固程度与农村的繁荣与发展呈正相关，同时，农民的最大需求始终都是对土地的需求，说明党始终代表中国最广大人民的根本利益。土地作为农民的命根子和基本农业活动载体，即使在离开农村务工的剩余劳动力心目中也依然具有极其深重的地位，当其面对城市的高房价、高生活成本时，大部分农民工不管有没有在城市真正赚到钱，最终也会选择返乡定居，对土地的依赖感和对农村的归属感相对更强，对城市的归属感还不强，大多处于半工半耕的半城市化状态。种地是农民日常农业生活和发展的主要依赖与基本生产方式，农民只有手中有地才能心中不慌，衣食住行用才能得到基本保障。中国共产党高度重视农民土地权益的保护问题，通过完善土地承包和征收制度，深化土地"三权分置"改革，推动土地市场化、法治化、集约化经营改革，切实提高农民土地权益保障水平，充分发挥土地安民富民的作用。

（二）农村土地制度变迁路径由强制性变迁转变到诱致性变迁，顶层设计和基层探索良性互动

纵观我国农村土地制度演进，可以很直观地发现，新中国成立到改革开放前，农村土地制度变迁，无论是强制剥夺地主土地分配给农民所有，还是在农民土地所有制的基础上建立集体土地所有制，基本是强制性制度变迁。但从改革开放以来，我国农村土地制度变迁，是在坚持农村土地集体所有制不动摇，

坚持农民利益不受损，坚持最严格的耕地保护制度和最严格的节约集约用地制度的基础上，充分尊重农民的实践探索，总结农村土地制度改革试点成功经验后，做出的制度突破，属于诱致性的制度变迁。

（三）土地经济关系逐渐明确，并通过法律来固化各农地行为主体的权益

1950年《土地改革法》颁布，强制剥夺地主的土地，分配给农民所有，为后续的土地改革打下了坚实的法律基础，赋予农民在土地上的私有权力，实行农民土地私有制，充分维护了农民的土地产权。1982年的《全国农村工作会议纪要》指出："包产到户、包干到户等形式的责任制都是建立在土地公有制基础上的，由集体统一管理和使用土地。"这标志着农村土地家庭联产承包责任制作为一项正式制度安排的确立。1986年《土地管理法》颁布，从此土地承包政策具备法律的内涵，成为一种法律制度，农民的土地承包经营权为法律所保护。2002年，《农村土地承包法》出台，该法对土地承包经营权排他性法律效力的确认。2007年，《中华人民共和国物权法》正式确立了农村土地承包经营权为用益物权；2008年，农民土地承包经营权又被相关的法律政策允许自愿有偿转让，农村土地的商品属性得以体现，土地承包经营权逐渐开始得以流转。《土地管理法》在2009年、2019年两次修改，都是在经过实践检验可行基础上的土地制度的修改完善，为盘活土地资源，增加农民财产性收入、强化耕地保护、促进城乡融合发展提供制度保障。

党的十八大以来，以习近平同志为核心的党中央明确要求"重大改革要于法有据"。2018年通过的《农村土地承包法》规定："国家保护承包方依法、自愿、有偿流转土地经营权，保护土地经营权人的合法权益，任何组织和个人不得侵犯。"正式将农村土地"三权分置"制度法治化，从制度层面正式确立了农村土地集体所有权、土地承包权和土地经营权"三权分置"制度，为农村土地制度改革提供了有效、稳固的法治保障。《土地承包法》对于农村土地涉及的行为主体，中央政府、地方政府、乡镇政府、农村土地承包户、承租人等的相

应权利义务进行了具体规定，并通过颁发农户承包土地权证等形式，予以明确，让土地承包户、农村土地使用权的承租人等农村土地行为主体安心，减少了对"长期不变"的模糊理解和担忧。同时，《土地承包法》已承认土地经营权融资担保系担保物权性质，其担保物权性质亦得以确立，体现了立法者理论创新的勇气和回应现实的担当。2020年已正式施行的《土地管理法》在多个方面有所突破，如改革土地征收制度，将基本农田提升为永久基本农田，合理划分中央和地方土地审批权限，土地督察制度正式入法等。对于土地管理有了更明确清晰的法律层面的规定。

新中国成立以来，土地制度都是建立在法律制度建设保障基础之上的，其变迁过程同时也是在既有法律制度的基础上，不断尊重土地制度改革的成果，不断修正相关法律制度，以满足实践和改革需求的过程。通过立法，农业现代生产要素得以流动，土地经营关系逐渐明确，农村土地行为主体的权益逐渐得以清晰。当然，现有的农村土地相关法律制度还有许多不完善之处，如所有权的虚置问题，"三权分置"与《物权法》的抵触问题等，但法律一定是在逐渐完善的过程之中，法律在农村土地产权制度变迁过程中的作用也越来越重要。

因此，新中国成立以来的农村土地政策演变史就是一部土地产权制度不断调整的历史，也是一部中国共产党因地因时顺势而为，不断满足农民对土地需求的政策安排史。只有始终不断满足农民对未来美好生活的向往，始终努力解决农民最关心、最直接、最现实的利益问题，始终坚持不懈地推进农村土地政策改革和制度创新，才能促进新时代"三农"工作的开展和农村生产力的解放。

第二节 我国农村土地政策演变的基本经验

农村土地政策是农村经济社会发展的基础，它不仅直接关系到土地的优化配置与可持续利用，而且关系到农民的切身利益、农业现代化与乡村振兴、全面小康的实现以及农村社会的持续稳步发展。新中国成立以来，我党积累了很多关于制定与调节农村土地政策的经验与教训。对其进行深刻总结便于通过以史为鉴增强党在农村基层的执政能力，进一步巩固党的全面执政地位。基于全文的马克思主义政治经济学分析，总结出新中国成立以来农村土地政策演变的基本经验如下：

一、坚持政策演变的时代性，勇于创新和解放生产力

马克思主义政治经济学中关于生产力与生产关系矛盾运动规律的原理告诉我们，马克思主义政党必须自觉地把清除生产力发展阻碍、解放发展生产力当作确定政策、方针、路线的出发点与落脚点。新中国成立以来，我党始终坚持发展创新，不断满足"三农"实践的发展和群众的需要，突破旧体制旧政策的束缚，及时调整和变革不适宜的土地政策。新中国成立初期，我党通过土地改革真正实现了"耕者有其田"，当时的农民土地私有制巩固了我党在农村的执政基础和地位，推翻了封建制度下充满剥削压迫、极不合理的地主土地私有制，改变了农村的人地关系和政权治理结构。为了完成农业的社会主义改造，从根本上消除农村中"两极分化"的贫富差距，我党又及时开展了农业合作化和人民公社化运动，变农民土地私有制为"劳动群众集体所有、统一经营"的农村土地政策，在实践中践行了马克思土地公有化、农业合作化和共产主义思想，极大提高了农村土地产权的公有化程度，在农村稳定确立了社会主义制度。改革开放初期，我党针对人民公社"一大二公，一平二调"的经营方法难以激起广大农民工作热情、难以达到农民的需要、难以推动农业进步的问题，及时制定了一系列肯定农民首创、农村自下而上的"包产到户""包干到户"的战略方式，确立了"家庭承包经营，劳动群众集体所有"的土地制度，完成了我党在改革开放新时期的农村土地制度革新和第一次飞跃，为农村集体经济的迅速发展打通了政策通路以及制度缺口。但是，在农村地区的发展以及制度革新之下，我党面对家庭联产承包责任制的"两权分离"形式日益凸显的小生产与大市场的矛盾以及实现现代农业的第二次飞跃发展诉求，在政策上大胆创新，加快推进土地流转，突破了"两权分离"的农村土地政策的局限，出台了"三权分置"

的土地改革方案，同时优化家庭承包制，支持在农村土地家庭承包关系稳定长久不变的基础上，通过土地流转与新型农业经营主体相结合发展规模经营，建立现代经营体系，切实维护了农民的产权利益。通过上述新中国成立以来的农村土地改革实践证明，只有不断政策创新才能摆脱旧体制的束缚，同时改革一定要有勇于创新的胆量，才能真正实现生产力的解放与发展，使经济社会得到不断进步。

二、坚持政策演变的人民性，尊重农民主体的首创精神

马克思说过，人们奋斗所争取的一切，都同他们的利益有关[①]。人民群众是促进社会进步的关键力量，是社会变革的主体。然而，人民群众是将对利益的需求作为根本动力来发挥主体作用的。农民作为农村土地政策的具体执行人和农业生产活动的实践主体对农村土地政策好不好、适不适合农村的实际、符不符合自己的利益需要是最有发言权的。因此，在确立和实施农村土地政策的时候，务必尊重农民主体的首创精神，坚决守护农民在政策演变中的主体地位。就像邓小平所言，在农村进行家庭联产承包，其发明权属于农民。基层在农村改革中创造了许多优秀的东西，我们把它拿来加工提高作为全国的指导[②]。新中国成立以来，农村社会组织方式经历了高度组织化、去组织化和再组织化三次改革变化，从"互助组"发展为"包产到户"再发展为"土地流转"，经历了合作化时期、改革开放初期以及新时代，这些都是在农民认真摸索并且获得初步成果的基础之上，我党再进行政策引导以及理论提升的成果，改革开放初期的"家庭承包经营，劳动群众集体所有"土地政策的确立以及实行，是将农民首创精神充分展现的范例。在新时代，为了满足农民土地流转的需求，党中央汇集各个地方的土地流转有效方法及经验，推出了农村土地"三权分置"的改进方法，此乃党中央在调整农村土地制度时尊重农民首创精神的又一范例。实践表明，只有坚持农民是土地政策演变的主体，充分尊重农民主体的首创精神，党

---

① 《马克思恩格斯全集》（第1卷），人民出版社，1995年，第187页。
② 《邓小平文选》（第3卷），人民出版社，1994年，第382页。

的政策就会受到农民的拥护，农业就会有大发展。坚持政策演变的人民性，切实维护好农民的根本利益，党的农村土地政策务必坚守以人民为中心，实现农民对于改革红利以及土地的要求，才能够真正获得农民群众的支持与拥护。农村土地政策唯有保护了农民的根本利益，实现了他们在不同时间段对于土地的要求，才可以激发他们的创造动力，提升他们的工作积极性。要切实维护农民土地承包经营权利，推动土地承包经营权的确定登记工作，完善土地承包经营权登记制度；要建立健全农村社会保障体系；要开展农民职业技术培训，培养更多适应农业现代化的新型职业农民。要让农民变成政策的受益者与参与者，使其能够积极参与农村土地制度的改革，并能真正享受到改革所产生的利益。

三、坚持政策演变的实践性，一切从"三农"实际出发

时代是思想之母，实践是理论之源，实践是检验真理的唯一标准，没有调查就没有发言权，政策只有先行试点探索才能确保科学性、完整性和系统性。新中国成立后的农村土地政策的演变过程表明，只有土地政策能够满足社会进步的需求，符合客观实际的要求，得到广大农民的拥护才是科学合理、正确的好政策。反之，超越基本国情、脱离"三农"实际制定的错误土地政策，比如"大跃进运动"导致的"共产风""浮夸风"泛滥，就严重阻碍了党和国家事业的发展，严重挫伤了农民的生产积极性。党的农村土地政策只有顺应时代发展的需要，结合"三农"的实际情况，适度调整并且不断革新、优化，才能使政策与理论对实践的指引与推动作用发挥得淋漓尽致。

四、坚持政策演变的可持续性，做到与社会可承受的程度相协调

农村土地政策随着农村实践的发展而发展，具有不断演进和阶段性相对稳定的特点。每个社会发展阶段都有特定的政策目标，是根据该阶段社会的政治、经济、文化的实际需要提出来的。政策的演变过程就是通过不断改进政策，打破原先政策的相对稳定性，再在新政策的实施过程中重建新的相对稳定性。政

策演变往往意味着利益的调整，农民对每次政策演变都有一个了解与接纳的过程，若是政策演变得过分激烈与突然，便会超出农民心理的承受极限，招致对新政策的厌恶，最后致使政策演变落败。所以，党和国家作为制定政策的主体，务必使新老政策衔接好，保持社会安定，实现稳中求进，把握好政策演变的速度、力度，将其与社会公众可承受的程度统一起来，将阻力变成改革的推力，坚持政策演变的可持续性，做到循序渐进、风险可控、不断完善。

五、坚持政策演变的法制性，确保政策的稳定与落实

农村土地政策是农村土地法律法规的推行前提，农村土地法律法规是农村土地政策的法治保障。新中国成立以来，国家权力机关非常重视保障农村农民的土地问题，在国家发展的各个时期都出台了一些与农村土地问题相关的法规政策，如《土地改革法》《农业法》《农村土地承包法》《土地管理法》等，这些法规明确规定了各方利益与农村土地的所属关系，有力地维护了农民的土地权益，同时也为农村土地政策的调整、改革与推进提供了法治保障。根据历史总结出来的经验，农村土地政策在建立过程中需要尊重法律精神，在施行过程中需要遵守法律的规定，运用法律来为土地政策的落实与稳定提供保障。只有将政策上升到法律法规的层面，才能保障土地政策的有效落实。

六、坚持政策演变的政治性，充分体现社会主义制度优势

中国共产党是中国工人阶级与中国人民和中华民族的先锋队。中国共产党的领导是中国特色社会主义制度的最大优势，是中国特色社会主义最本质的特征。做好"三农"工作，必须加强党对农村物质文明、政治文明、精神文明、社会文明、生态文明的全方位指导与建设，充分发挥总揽全局、协调各方的领导核心作用，确保农村地区的改革能够在正确的轨道上进行。全方面加大农村改革，以处理好人地关系为主线，坚持政策演变的政治性，推进农村土地"三权分置"改革，深化农村集体产权制度改革，维护和保障农民财产权益。

求真务实，贵在落实。2020年是我国"十三五"规划的收官之年，要实现

"全面建成小康社会"的第一个百年奋斗目标，为"十四五"发展规划以及实现"建成富强、民主、文明、和谐、美丽的社会主义现代化强国"的第二个百年奋斗目标打好基础开好局，落实好新时代农村土地政策是实现"两个一百年"奋斗目标的关键。我们要坚持以习近平新时代中国特色社会主义思想尤其是关于"三农"工作的重要论述精神为指导，全方面贯彻落实党的十九大精神、增强"四个意识"、坚定"四个自信"、做到"两个维护"，围绕全面建成小康社会的任务，坚定稳中求进的工作总基调，坚决贯彻党的基本理论、基本路线、基本方略，坚持以改革开放为助推，促进高质量发展，坚持以供给侧结构性改革为主线，坚决打赢三大攻坚战，坚持创新、协调、绿色、开放、共享的新发展理念，切实把党领导农村工作的制度优势转变成治理效能，努力推进农村土地治理体系和治理能力现代化。2018年7月以来，随着中美贸易摩擦加剧，把统筹推进稳就业、稳金融、稳外贸、稳外资、稳投资、稳预期"六稳"工作作为实现我国经济稳中求进的基本要求。2020年伊始，突如其来的新型冠状病毒感染疫情严重冲击我国经济，造成经济增长不稳、经济主体陷入危机、金融风险加大、内外经济失衡等前所未有的影响，在扎实做好"六稳"的基础上，提出了保居民就业、保基本民生、保市场主体、保粮食能源安全、保产业链供应链稳定、保基层运转"六保"的新任务，形成了"六稳"加"六保"的工作框架，尤其是保基本民生、保粮食能源安全考验着我国农村土地政策效能和农业供给能力，让农村土地政策经得住人民的认可和历史的检验。

第七章 新时代完善我国农村土地政策
的思考与建议

纵观新中国成立以来我国农村土地政策的演变过程和逻辑路线，土地产权是农村经济体制改革的核心问题。土地所有制的问题及其所有权在中国的实现问题是农村土地政策中最关键的问题，它关系到实现"三农"现代化、全面建成小康社会目标和乡村振兴。我国通过土地改革实现"耕者有其田"——通过农村改革和发展来实现"两个飞跃"——通过土地确权保障农民权益——通过土地流转搞活农村经济。

当前，我们正处在全面建成小康社会、实现农业现代化的关键阶段，要实现邓小平所说的第二个飞跃，在充分运用科学技术的同时，前提就是要解决好农村土地问题。但现在的农村土地政策难以保障农业现代化的稳定发展，主要有两方面的体现：一是没有为农业的规模化经营提供土地制度条件，二是未将农民的土地财产权落实到位。因而，有必要提出进一步完善的思考与建议。

第一节 建立农村土地治理制度创新体系

农村土地治理体系和治理能力现代化是国家治理体系和治理能力现代化的重要组成部分。当前，农村土地治理制度改革创新站在新的历史起点上，任务艰巨而繁重。有的改革已全面推开，制度绩效初步显现，需要上升为国家的法律法规；有的改革仍在试点，需要进行总结完善，形成可复制可推广的模式和经验；有的改革尚未破题，需要加强研究、探索试验，找到可行的改革路径和方案。要进一步贯彻落实习近平同志关于农村土地制度改革的重要论述，把处理好农民与土地的关系作为土地治理制度改革的主线，把完善农村产权制度，健全农村要素市场化配置机制作为土地治理制度改革的目标，把坚持和完善农村基本经营制度作为土地治理制度改革的重点，把土地流转和多种形式规模经营作为土地治理制度改革的路径，坚守底线，推进改革扩面、提速、集成，加强制度创新和制度供给，让农村资源要素活化起来，激发广大农民积极性和创造性，实现产权关系明晰化、流转交易市场化、农村土地权能完整化、产权保护平等化和农村土地管理法治化，为乡村振兴提供强大动力。

一、完善集体土地权能制度，土地承包关系稳定并长久不变

土地的一个基本特点就是如果经营者合理使用、悉心照料、增加投入，就能实现永续利用并提高生产能力，一旦采取掠夺式经营，地力就迅速下降，甚至成为荒漠，因此，保持现有土地承包关系稳定并长久不变是顺应自然规律和社会规律、实现农民期盼、让农民倍加珍惜土地、不断提高土壤肥力的重大举措。2019年11月26日，在中央出台的《关于保持土地承包关系稳定并长久不变的意见》中指出，农村土地承包第二轮到期之后再延长三十年，以充分保障农民土地承包权益。进一步明确了党的十九大确认的保持土地承包关系稳定并长久不变原则，基本保持二轮承包人地关系不变，除了特殊情况外不得将承包地打乱重分。

新中国成立以后，中国的农村土地政策在土地权属上发生了多次演变，分别为土地改革时期农户享有使用权以及所有权，人民公社与合作化时期全体劳动群众享有使用权与所有权，改革开放期间的家庭联产承包责任制中农户享有使用权而劳动群众集体享有土地的所有权，党的十八大以来新时代劳动群众集体拥有所有权而农户拥有承包使用权、流转农户享有经营权。农村土地政策的演变历程表现了对不同阶段我国"三农"要素禀赋条件以及发展策略的回应。

土地承包关系长久不变拥有产权制度、收益机制以及实践操作三方面的含义。

（一）在产权制度和构成上，完善农村集体土地产权制度，确保长久不变

在制度方面，劳动群众集体拥有土地所有权是长久不变的土地承包关系，农民身为集体成员以家庭为单位依法获得土地承包经营权的制度安排"长久不变"。在构成方面，进一步完善土地产权在所有权、承包权、使用权、流转权、租赁权、抵押权、地役权[①]、发展权以及衍生的金融权、社保权、教育权等构成安排。值得一提的是要进一步扩展地役权承载功能，释放地役权的制度活力。

（二）在收益机制上，提高农民在土地配置市场化的收益权，确保长久不变

在机制方面，土地承包关系长久不变代表的是农户凭借土地承包经营权，在市场化改革进程中，最大程度地有效配置获取收益的目标以及动向是恒久不变的，农户对于土地承包经营权再分配的自主选择权是恒久不变的。改革开放以后，中国的农村劳动力开始非农化、规模化、持续化地进城工作或定居。随着我国城镇化建设步伐的不断加快，现如今我国大概有2.88亿的农民工来到城里，其中有三千多万户乃全家一起进城。作为农村劳动群众集体组织的成员——农户，既可以保留土地承包权，转让土地经营权，即把土地流转给其他组织或农户，也可以同时行使经营权与承包权，即农户自主承包土地并使用土地。新时代要进一步赋予农村土地承包经营权以流转、抵押等更为宽泛的权利，进一步肯定并保护农民对土地承包经营权再配置的自我选择权。

（三）在实践操作上，稳定农民的土地需求预期，确保长久不变

在实践方面，土地承包关系长久不变是农户从集体获取的土地承包经营权期限长久不变，激励农户对土地的长期投资或与其他经营者签订长期契约长久

---

① 根据《中华人民共和国物权法》第一百五十六条的规定，地役权是一种按照合同约定，利用他人不动产，以提高自己不动产效益的用益物权。

不变。土地产权是土地权利价值以及产权结构的主要组成成分，对农民来说，他们肯定是期望他们的土地承包经营权有更长的期限，因此，可以鼓励他们同有长期投资意向的经营者签署长期合约，要保持经营关系长久不变、土地承包关系长久不变。在第二轮承包期到期后继续延长三十年，仍保持土地承包经营关系长期不变。作为县、乡、村三级要真正把涉农涉地工作做细做扎实，既要注意维护农民的土地权益，又要注意激发经营者长期投资的热情；既要注意做好土地承包经营权的流转工作，更要注意做好土地征收的利益分配工作。继续坚持"一稳定，两不变"：维持农户承包地稳定：即维持农户依法承包集体土地的基本权利不变；维持家庭承包经营、土地集体所有基本制度不变。

综上所述，土地承包关系演变的基本逻辑是：不断延长土地承包经营权期限以扩大土地经营权的经济价值以及权利范围，进一步为提升土地与其他要素的组合效率，以及新时代中的社会主义新农村土地资源配置提供有利条件。土地承包关系的恒久不变在产权制度、收益机制和实践操作三个层面的内涵相互补充并相互关联，实践操作方面的期限设定可以将收益机制以及产权制度的内涵界定展现出来。

二、厘清土地治理政策边界，提高土地使用产出效率

厘清土地治理政策边界首先要厘清耕地和集体建设用地的边界，其次要厘清社会资本参与土地整治的边界。要扎实开展土地权属调整，聚焦处理导致适度经营规模不便以及农业生产效率损失等耕地方面的细碎难题，提高农村集体建设用地的使用效率、农业生产土地产出率、劳动生产率、资源利用率和科技贡献率。

党的十九大和二十大报告均指出，要保障国家的粮食安全，牢牢握住中国人自己的饭碗。于此，土地治理要因地制宜运用开发、复垦、整理等方法优化完善耕地布局，牢固落实"藏粮于地"，提高并保护耕地质量，增补耕地数量，让耕地红线坚不可破，保证对耕地保护制度的贯彻落实，要落实"米袋子"省长负责制和"菜篮子"市长负责制，确保市民的"米袋子""菜篮子"货足价稳

和农民的"钱袋子"富足殷实，保障日常民生所需的主副食品供应，切实提高地方政府重农抓粮、农民务农种粮的积极性，收集好、保护好、利用好农业种质资源。同样，还要契合"第二轮土地承包到期后再延长三十年"与"保持土地承包关系稳定并长久不变"的要求，努力做好农村土地确权及流转工作，配套建设农业基础设施，促进农村基本经营制度不断巩固和完善。要积极跟进新时代农业供给侧结构性改革的需求，在夯实乡村产业发展用地基础、优化乡村土地利用结构布局等方面展现其保障与促进作用。在这里面，关键是要通过保证乡村产业发展用地，增进农业价值链、产业链，加固农业基础地位，使农村内部迸发出发展活力。

党的十九大报告提出了"促进农村一、二、三产业融合发展"的要求。为此，务必抓住农业产业调整优化的机会，完善土地治理平台，加大"空心村"治理力度，着力优化建设用地格局，做好土地资源的存量与增量工作，根据所在地区的资源特征，充分借鉴"三块地"试点的成功经验，周转闲置宅基地以及集体经营性建设用地，为培育新业态新产业、建设现代化农业区以及扶持传统特色产业提供承载空间与用地保障，提高农村农业竞争力与经济活力。

习近平总书记在全国脱贫攻坚总结表彰大会上的重要讲话指出："要深入实施'藏粮于地、藏粮于技'战略，重点解决好种子和耕地两个要害问题，坚决打赢种业翻身仗，牢牢守住18亿亩耕地红线，把牢15.5亿亩永久基本农田数量用途，建好10亿亩旱涝保收、稳产高产的高标准农田，稳步提高粮食综合生产能力。同时，构建辅之以利、辅之以义的机制保障，完善农业支持保护制度，让农民务农种粮有钱赚、多得利，实行粮食安全党政同责，压实地方党委政府重农抓粮义务和责任。大力发展富民乡村产业，丰富乡村经济业态，拓展农民增收空间。改革是乡村振兴的内在动力，要重点围绕促进小农户与现代农业有机衔接，深化新一轮农村改革，落实第二轮土地承包到期后再延长30年政策，突出抓好家庭农场和农民合作社两类新型农业经营主体，发展壮大专业化社会化服务组织，深化农村集体产权制度改革。对农村土地等重大改革问题，不能简单算经济账眼前账，在制度安排和政策设计上要保持历史耐心，看准了再改。"[①]

《中共中央、国务院关于全面推进乡村振兴加快农业农村现代化的意见》中进一步明确耕地利用优先序，永久基本农田重点用于粮食特别是口粮生产，一般耕地主要用于粮食和棉、油、糖、蔬菜等农产品及饲草饲料生产。明确耕地和永久基本农田不同的管制目标和管制强度，实施新一轮高标准农田建设规划，提高建设标准和质量，健全管护机制，多渠道筹集建设资金，中央和地方共同加大粮食主产区高标准农田建设投入，2021年建设1亿亩旱涝保收、高产稳产高标准农田。在高标准农田建设中增加的耕地作为占补平衡补充耕地指标在省域内调剂，所得收益用于高标准农田建设。加强和改进建设占用耕地占补平衡管理，严格新增耕地核实认定和监管[②]。

目前在全国耕地并不富余的情况下，农民的种田积极性仍然不高，农村耕地抛荒现象依然严重。究其原因：一是外出务工人员增多，农村劳动力匮乏；二是农业生产成本增加，农业经济效益低；三是种植水平低规模小，人均效益率不高；四是农业生产技术低下，产业结构调整慢；五是农业基础设施薄弱，抗灾害能力不强。这些问题已经影响到乡村振兴战略的实施和农村经济社会的全面发展。为此，要进一步调整农村产业结构，优化"种植、养殖、加工"产业化布局，提高农业组织化程度，建立"风险共担，利益互补"机制，使农民享受产业链带来的红利，能够分享加工、流通环节的利润，有效避免和减少市场风险，从而有效保证农民收入的增加，调动农民生产积极性，提高用地使用产出效率，优化土地资源配置。

---

① 习近平：《在全国脱贫攻坚总结表彰大会上的讲话》，《人民日报》，2021年02月26日，第02版。

② 《中共中央、国务院关于全面推进乡村振兴加快农业农村现代化的意见》，中华人民共和国农业农村部，http://www.moa.gov.cn/xw/zwdt/202102/t20210221_6361863.htm

三、规范土地征用流程，建立地方政府征地行为的约束激励机制

地方政府在农村土地征用方面，要进一步规范土地征用流程，不能既当运动员又当裁判员，要引入第三方监督机构来约束自身在征地行为中的"自由裁量权"。目前，我国的土地征用启动程序的规范性文件集中于《土地管理法》《土地管理法实施条例》《征用土地公告办法》《国土资源听证规定》等法律法规中，还未出现统一的行政程序法以及土地征用法，根据现有的法律，征用土地主要按照如下具体程序环节：拟定征用方案、审查报批、征用方案公告、制定补偿方案、公告补偿安置方案并组织实施、清理土地和实施征用土地来实施操作的，不难看出上述具体实施环节都存在不同程度的程序混乱、标准规范模糊、权力寻租的空间，缺乏土地征用双方的权利对等性、被征用土地人的积极参与以及后续的司法救济程序，存在很多程序规定上的缺陷。被征用土地的农民利益得不到保障，由此所引发的征地冲突和矛盾层出不穷。

（一）优化提升土地征用程序的公平公正公开性

公平公正公开的程序要求对权利主体和义务主体同等对待，这是对权利保障中应该体现的方面。首先，纠纷的解决者应保持中立的地位，这是公正程序的要求。并且在解决纠纷时与实体权利义务有关的人不应扮演裁决者的角色。裁决者保持中立的地位会给当事人一种公平待遇的感觉，有利于程序公正的实现。其次，公正的程序需要在处理矛盾的时候，必须认真聆听较弱势一方的诉求，让双方当事人都能参与其中。2019年新修正的《土地管理法》增加了如下具体规定："县级以上地方人民政府拟申请征收土地的，应当开展拟征收土地现状调查和社会稳定风险评估，并将征收范围、土地现状、征收目的、补偿标准、安置方式和社会保障等在拟征收土地所在的乡（镇）和村、村民小组范围内公告至少三十日，听取被征地的农村集体经济组织及其成员、村民委员会和其他

利害关系人的意见"①。由此可见，从土地征用制度方面，基层人民政府既是运动员又是裁判员，充当了征用土地的施行者、决定者、争议的裁决者与协调者、被征收土地的使用者多重身份。在被征收土地者处于弱势、行政主体占领绝对优势的状况下，极易产生仅由行政主体方主导决策话语权。因此，各地在具体制定2019年新修正的《土地管理法》实施细则时需要充分考虑到土地征用程序的公平、公正、公开性，确保政策落到实处，最大程度地满足大多数人民群众的合法权益。

（二）加大土地征用程序中的司法救济力度

2019年新修正的《土地管理法》在增加的一部分内容中提到，"征收土地应当给予公平、合理的补偿，保障被征地农民原有生活水平不降低、长远生计有保障"②。在所有的有关救济程序中，司法监督是保障公民合法权益最有效的手段。虽然各地人民法院设有负责审理基本建设、土地管理行政案件的行政审批庭，但对于土地征用制度，我国并没有相应的司法救济，对于土地征用方，也没有设置可以解决矛盾的人民法院诉讼渠道，此乃严重的政策不足与缺陷。中国土地征用程序应该对产生矛盾时的司法救助渠道有明确规定，唯有如此才能维护位于弱势地位的当事人的权利。我国目前依旧处在城镇化发展的初期，土地征用评估机制不够完整，执行人员的工作理念与模式需要改进，土地征用补偿机制不合理，相关法律法规不健全。农村土地征用是关乎民生的大计，政策执行牵一发而动全身。政府在完善各项土地征用工作的同时，应该加大土地征用程序中的司法救济力度，严格遵守法律法规，坚守法治规范和执政为民理念，让农村土地征用工作成为真正的民生工程，提高人民的获得感和幸福感。

---

① 《中华人民共和国土地管理法》（2019年修订），《人民日报》，2019年8月27日，第02版。

② 《中华人民共和国土地管理法》（2019年修订），《人民日报》，2019年8月27日，第02版。

（三）建立地方政府阳光行为激励和监督约束机制

当前，相当一部分地方政府官员为了在政治仕途上平步青云，迫切期望在其任职期内做出地方经济社会发展的显绩，其中，最常见的做法就是以公共利益为借口，强力推进土地征收，实施"面子工程"和"形象工程"。基于此，首先，应尽快将环境保护、公众福利、社会公正等纳入政府官员政绩考核标准，弱化土地通过房地产的市场化增值拉动GDP及财政收入的短视功利主义行为，进而使更多人民群众享受社会发展成果。其次，应尽快完善有关法制体系，以优化地方政府的行政运行机制，从程序、实体等方面来管制政府的自由裁量权。进一步增强县级人大、县级政协和监察机构监督职能，推动阳光行政，提高工作透明度。

四、完善土地征用补偿和收益机制，加强土地金融配套建设

（一）完善土地征用补偿和收益机制，提高农村从城乡土地再配置中的收益份额

以往不论是《土地管理法》，还是各地制定的土地管理规章、条例，凡是涉及土地征收补偿标准的内容，一律将补偿项目限制在青苗以及地上附着物补偿费、劳动力安置补助费、土地补偿费三种类型。凡是超出这三类补偿的项目不论是否合理，一律无法得到法律有效保障。在土地征用实践中，绝大多数征地纠纷都是因土地损失未能得到合理补偿而导致的。为了改善上述情况，2019年新修正的《土地管理法》新增内容为："征收土地应当依法及时足额支付土地补偿费、安置补助费以及农村村民住宅、其他地上附着物和青苗等的补偿费用，并安排被征地农民的社会保障费用。征收农用地的土地补偿费、安置补助费标准由省、自治区、直辖市通过制定公布区片综合地价确定。制定区片综合地价应当综合考虑土地原用途、土地资源条件、土地产值、土地区位、土地供求关系、人口以及经济社会发展水平等因素，并至少每三年调整或者重新公布

一次。"①新《土地管理法》虽然考虑到了土地征收补偿安置标准参考区片综合地价确定，并至少每三年调整或者重新公布一次以实现动态调整，但在执行中仍要注重提高农村从城乡土地再配置中的收益份额，让被征地农民从原来的土地集体所有转换到城市土地国有的过程中生活标准没有下降、心理落差更小、人生更有获得感。

我国自然资源部进一步明确了省（区、市）为单位提高土地出让收入用于农业农村比例的两种可选择的计提方式；明确了土地让收入用于农业农村支出的统计口径；明确建立市县留用为主、中央和省级适当统筹的资金调剂机制；明确允许各地根据乡村振兴实际需要，打破分项计提、分散使用的管理方式，对土地出让收入进行整合使用；明确加强对土地出让收入用于农业农村资金的核算，特别是要求不得虚增土地出让成本，缩减土地出让收益②。

（二）加强农村土地金融体系配套建设

农村土地金融是指土地经营者以所承包农地的经营权作为抵押向金融机构贷款，利用农村土地为信用或担保，围绕农村土地的开发、改良、生产、经营而展开的资金融通行为。其目的一方面是为农业生产经营者提供中长期低利率贷款，以解决农业生产的资金缺乏问题，从而保证农业生产活动的正常运行，促进农村土地资源的合理开发利用；另一方面是让土地资金化，从而使金融活跃起来。目前，我国在农村土地流转金融服务的相关配套建设还很不到位，需要认真搞好在"三权分置"改革背景下农村土地与金融服务体系融合发展机制与路径的研究。党的十九届四中全会提出要深化农村信用社改革，引导保险公司回归保障功能。

1.加强土地交易信息平台监管，完善财税配套机制

农村土地流转市场机制的不完善，要求地方政府及相关职能部门应重视构

---

① 《中华人民共和国土地管理法》（2019 年修订），《人民日报》，2019 年 8 月 27 日，第 02 版。

② 《我国将稳步提高土地出让收入用于农业农村比例》，中华人民共和国自然资源部，http://www.mnr.gov.cn/dt/ywbb/202009/t20200924_2562092.html

建土地流转信息平台，加强对农村土地流转的中介组织平台（如"土流网"等）的规范建设与治理监管，加强农村土地流转交易双方间的信息互通，提高农村土地流转效率，增强广大农村基层干部和农民的相关法律意识与知识储备，提高其法律维权能力，最大程度地降低因操作不规范而导致的权益纠纷案件。

解决土地适度规模化新型经营主体的资金难题，其前提是要建立健全相关的财政资金支持机制，发挥财政资金引导作用，鼓励农村土地进行适度规模化经营，撬动规模化经营主体增加生产性投入，从而积累经营资金。增加对此类新型经营主体的财政补贴，为其购入规模化经营所需的生产资料（如大型农业机械等）提供资金支持，并为其提供优惠的税收政策，以降低税收压力，预留以后扩大生产规模所需的资金。完善农村土地信托市场的准入机制和登记制度，建立农村土地信托多层次监管机制。

2. 加快构建数字化农村土地普惠金融服务体系，满足农户多样化需求

我国经过"两权"抵押贷款试点后，目前农村土地抵押贷款业务形成了包括确权颁证、交易流转、抵押物价值评估和处置等在内的完整闭环，但农房抵押贷款尚未形成有效闭环[①]，而且现有的针对农村土地流转的信贷产品存在额度低、期限短、利率高等问题，加上各金融机构缺乏创新能力以及政府的激励，农村土地金融产品及服务已难以满足农户多样化的金融需求。可见，加强农村土地金融产品及服务创新，是加快农村土地流转进程的关键。各地农村信用合作社、银行等金融机构以互联网金融、将土地经营权进行抵押担保等各种方法，符合不同规模、类型的各类新型土地经营主体的需求，要大胆创新抵押贷款模式，进一步释放"两权"抵押担保权能，提供宽松的贷款政策，给予规模化经营主体贷款利率优惠，为土地规模化经营提供资金保障。国家央行、银保监会应该积极出台激励金融机构开展数字化农村土地普惠金融服务的相关政策，全国各地的农业银行、农村商业银行、农村信用合作社应该加大对农村土地金融

---

① 《国务院关于全国农村承包土地的经营权和农民住房财产权抵押贷款试点情况的总结报告》，《中华人民共和国全国人民代表大会常务委员会公报》，2019年第1期。

的创新研发力度，率先出台农户真正需要的金融创新产品及服务，比如鼓励商业银行发行"三农"、小微企业等专项金融债券；推动温室大棚、养殖圈舍、大型农机、土地经营权依法合规抵押融资等。

3. 建立健全农业保险体制和农村社会保障体系，解除农户后顾之忧

2017年，李克强总理在政府工作报告中明确指出："发展多种形式适度规模经营，是中国特色农业现代化的必由之路，离不开农业保险有力保障。"因为农业生产具有高风险、高投入的特性，随着社会主义市场经济和土地规模经营的持续进展，规模化新型主体现在急需相应的农业保险制度，以提高生产防范风险的能力，适度降低其损失风险。目前，在国内以土地流转方法推进规模化生产经营的历程中，不仅需要国家政策上的扶持，而且还需要农业保险制度的完善，从而为土地规模化经营保驾护航。首先，要建立健全农村社会保障体系。集中力量统筹部署农村土地流转工作，以推动乡（镇）村的发展。其次，要加大农业保险的支持力度，以保费补贴等政策，推动商业保险公司增大农业保险范畴。再次，以减免税收等政策，推动其关注农村保险的市场，制定不同渠道和形式的农业保险制度，从而有效保障农村土地规模化经营。最后，还应尽快建立城乡统一的教育、医疗、就业等社会保障体系，以解除农户进行农村土地流转时的后顾之忧。

4. 强化农业农村优先发展投入保障，将其作为一般公共预算优先保障领域

支持以市场化方式设立乡村振兴基金，撬动金融资本、社会力量参与，重点支持乡村产业发展。运用支农支小再贷款、再贴现等政策工具，实施最优惠的存款准备金率，加大对机构法人在县域、业务在县域的金融机构的支持力度，推动农村金融机构回归本源。鼓励银行业金融机构建立服务乡村振兴的内设机构。完善涉农金融机构治理结构和内控机制，强化金融监管部门的监管责任。支持市县构建域内共享的涉农信用信息数据库，用3年时间基本建成比较完善的新型农业经营主体信用体系。发展农村数字普惠金融。大力开展农户小额信用贷款、保单质押贷款、农机具和大棚设施抵押贷款业务。鼓励开发专属金融产品支持新型农业经营主体和农村新产业新业态，增加首贷、信用贷。加大对农

业农村基础设施投融资的中长期信贷支持。加强对农业信贷担保放大倍数的量化考核，提高农业信贷担保规模。将地方优势特色农产品保险以奖代补做法逐步扩大到全国。健全农业再保险制度。发挥"保险+期货"在服务乡村产业发展中的作用[①]。

第二节　坚持并完善社会主义农村土地集体所有制

正如习近平总书记所指出："不管怎么改，都不能把农村土地集体所有制改垮了"[②]，因为我国实行的是以公有制为主体的社会主义经济，农业也一样，最终要以公有制为主体。公有制作为社会主义生产关系的基础，必须坚持和完善我国社会主义基本经济制度和分配制度，坚持"两个毫不动摇"：毫不动摇巩固和发展公有制经济，毫不动摇鼓励、支持、引导非公有制经济发展。

坚持农村土地集体所有，这是我国农村土地政策的"魂"。农村集体所有制是我国农村社会主义生产关系的基础，是广大农民实现共同富裕的重要保障，有利于巩固和完善社会主义基本经济制度，提高服务于农民群众的物质基础，增强农村基层组织的凝聚力，有利于推动农村公共事业的发展。

一、农村土地国有会剥夺农民，影响农村稳定

20世纪80、90年代比较盛行农村土地"国有永佃"的主张，提出"土地国有，对农民实行永佃制（享有永久使用权），征收土地税。抛开村集体，土地仍是公有制"[③]，但因为当时的国家没有足够财力收购集体土地，缺乏可操作性，再

---

① 《中共中央国务院关于全面推进乡村振兴加快农业农村现代化的意见》，中华人民共和国农业农村部，http://www.moa.gov.cn/xw/zwdt/202102/t20210221_6361863.htm

② 习近平：《加大推进新形势下农村改革力度促进农业基础稳固农民安居乐业》，《人民日报》，2016年4月29日，第01版。

③ 安希伋：《论土地国有永佃制》，《中国农村经济》，1988年第11期。

加上无偿没收或低价收购农村集体土地会剥夺农民最终该主张并未付诸实施。"国有永佃"实际上采取"一田二主"架空农村土地的集体所有权来变相主张农村土地私有化[①]。尽管主张农村土地国有的学者从理论上推断，农村土地国有不会形成对农民的剥夺，但从改革开放以来的征地工作经验证明，农村土地国有已造成对失地农民的剥夺，伤害失地农民的根本利益。私有制下土地只作为纯粹财产对象，公有土地不仅是农业生产的发展要素，而且具有重要的社会功能，土地家庭承包责任制是我国公平的底线，也是我国社会稳定的底线。

改革开放以来，我国建立起农村集体所有和城市国家所有两种土地所有制、土地非农化就必须首先征为国有的制度架构，形成了土地增值收益交由政府处理的分配准则。我国集体农村土地征用制度的实质是农村集体土地低价国有化，集体和农民利益严重受损。具体表现为：集体和农民所得的征地补偿不仅比农民从土地上取得的收入低，也比政府取得的土地出让收益低。随着我国城镇化发展，一些"城中村"、纳入城市规划区的城市周边地区、部分"小城镇"及其周边乡村，以村民委员会为主要形式的农村集体经济组织被"居民委员会"取代，原农村村民转变为城市居民，在"村改居"的过程中，原属于农村集体所有的土地被直接转为国有，成为地方政府违法剥夺农民权利的冲突焦点。可见，把农村集体土地转为国有土地的唯一途径是土地征收，而其他任何手段包括"村改居"都不能自然改变集体土地所有权归属。

由此可见，我国农村土地国有化会剥夺农民，更会带来更大的社会问题和政治问题。

二、农村土地私有不利于土地的最佳利用，不符合我国国情

早在19世纪美国学者亨利·乔治曾指出：凡形成人类社会的地方，都承认人使用土地的共有权利。从历史和伦理上看，土地私有是掠夺行为，不论在何

① 程恩富、张杨：《坚持社会主义农村土地集体所有的大方向——评析土地私有化的四个错误观点》，《中国农村经济》，2020年第2期。

地都不是由契约产生，都不是处于正义和方便的概念，它否定自然权利，必须用充公地租的方式实行土地共有。土地私有做不到对土地的最佳使用，会带来人类贫困问题，因为如果土地成为共有财产，在需要使用或改良土地时，就立即得到使用和改良。如果土地是私有财产，本可建造房屋或种上庄稼，现在就会为满足土地所有人的随心所欲而被闲置，因为地主留着等待更高的价格。而且，我们应该把土地给予能获得最大收获的人使用，应该保证土地出产最大的产量。因此，土地私有是浪费的、不可靠的方法。

在深化农村土地制度改革，改进农村土地集体所有制有效实现形式的历程中，少量研究人员指出应将集体农地分配给农民，给予其土地所有权，而不只是让他们拥有对土地的经营权和承包权。农村土地私有制的拥护者觉得当下农民仅能行使土地经营权和土地承包权，但不能行使其所有权，所有权主体的位置是空的，也就意味着当下农村的土地制度并未确立真实有效的所有权主体。因为农民只能行使土地的经营权和承包权而不能行使其所有权，所以就会降低农民对于土地的投资积极性，制约了土壤肥力的增强，就会造成农民为提高土地产值进而不加选择、毫无节制地使用化肥，破坏土地资源的现象。此外，这些拥护者们还觉得，土地集体所有制是阻碍土地流转实行的一个关键性因素。相较于土地集体所有，如若将农地分配给农民，实施农地私有制拥有更高的优越性。第一，农村土地私有制确定土地所有权的主体，切实解决主体虚位的问题。第二，一旦农民能行使土地所有权，就会增大土地利用效率。也就是说，农民对于土地的投资积极性会得到提升，他们就会更加主动地增强土壤肥力，使耕地撂荒和抛荒的概率有所下降。在行使土地所有权的前提下，农民能够更加灵活地处理所有的土地。如此不仅能助推土地流转，提高土地的流转规模，增大土地利用效率，而且能有利于公平、合理地分配农业劳动力，提高农民农业收入。新中国成立初期有了土地的不少农民因故卖掉土地，重新成为无地农民，以及几千年来因土地私有造成的严重土地问题而引发的农民困苦、农村土地兼并、农民战争都是教训。农村土地的个体私有，严重脱离集体所有的内涵，社会主义公有制会因此在中国农村不复存在。土地个人私有的泛化也就意味着经济上的全面私有，这与社会主义制度性质是相背离的。另外，亚洲一些国家和地区如日本、印度、我国台湾地区的经验也证明，即使小规模的个人土地私有也会逐步阻碍农村土地流转，造成社会经济问题。因此，无论是在理论上还是在实践上，均无法证明农村土地私有化比较有利于我国经济的发展，也不能将农村土地集体所有混淆等同为个体私有。

我国在2007年前后，有关农村土地私有的提倡较为盛行。主张农村土地私有的学者杨小凯（2002）认为，农村土地私有有利于农户增加对土地的长期投资，有利于农村土地流转与集中，有利于提高农业效率，是解决中国农业、农村和农民问题的最有效途径。此外，文贯中（2006）还指出家庭承包经营制度存在的四大问题：农民作为所有权主体无法享有农村土地非农化带来的增值收益；土地不能充当抵押物品，不利于农户贷款；土地分散且规模小，影响种田能手集合土地，生产规模很难提高，限制了农业生产率的提高；土地调整不利于农民对土地的长期投资。然而，在小规模经营环境下，农村土地私有并不能实现上述主张农村土地私有的学者们所认为的"三个有利于"，同时，土地私有化的改革建议也是缺乏民意基础的。

（一）农村土地私有不一定能促进土地长期投资的增长

在农村土地私有制国家里，农户理所当然是土地投资（包括长期投资）主体，我国如实行农村土地私有制同样会出现类似的状况。在国内目前实行农村土地集体所有的大前提下，农户和集体一起承担农地的长期投入。因此，如若将农地集体所有和私有考虑为可能项，需要注意的是：农地集体所有和私有这两个制度，哪一个更能推动土地长期投资的增长。我国农户的经营规模太小，同时土地分散，一旦推行农村土地私有制，各农户修建和使用农田基础设施（如田间道路、水渠、灌溉机井等）的交易成本将十分庞大，更甚者会阻碍谈判和交易的顺利进行，从而会制约对土地的长期投资。而农村土地集体所有反而精巧地化解了农村土地私有所带来的交易成本难题。

（二）农村土地私有不一定有利于土地流转与集中

我国农户经营不仅规模小，而且兼业化趋势明显。原农业部农村经济研究中心曾在2006年末在湖南省浏阳市考察农村土地流转时发现：不管是个人、公司还是专业合作机构，在租赁农地，发展土地适度规模经营时，大都是以村民小组为单位统一进行租种。通过更深入的访问研究中心发现，造成该现象的原因有两个：一是各农户承包土地的数目有限；二是只有将小组的全部土地统一租种后，才能开展农田基础设施建设和土地平整，统一管理、耕种。通过在浏阳市观察到的现象可得出：在我国农业环境为小规模经营的大前提下，农村土地私有制会制约规模经营的成长，其本质原因依旧是交易成本过于庞大。

（三）农村土地私有不一定有利于提高农业效率

因为农村土地私有既无法提高农户对土地长期的投入，也未必会加强农村土地的集中和流转。所以，农村土地私有制难以加快农业的综合生产率。以如今的农业生产为前提，一旦实施农村土地私有制，就会涌现一些效率高、专业性强的农场，但是会有数目更多的兼业农民无法保持已有的生产率。

提倡土地私有制即是恩格斯和马克思曾经批判过的小土地私有制，该倡议不但不适用于国内目前农业生产力发展的需求，也无法跟上生产社会发展的脚步。尽管土地私有制能推动土地所有权的明确及调动农户对土地投资的积极性，但是其蕴含的潜在危害也不可小觑。

首先，土地私有制会削弱国内现行的农村土地集体所有制，引起公有资产流失，动摇国内社会主义公有制经济的根基，限制了农村集体经济的繁荣发展，并最终损害我国国民经济的发展和稳定。

其次，土地私有制会加剧贫富两极分化。在社会主义市场经济的发展和利润的驱使下，资本会利用土地私有化而大肆扩张，将会导致土地已流转出去的农民彻底失去土地，增加了农民生活的风险。

最后，土地私有制会损害我国的粮食安全。在进一步深化农村土地制度改革，优化农村土地集体所有制有效实现形式的历程中，明确指出要坚持农村土地用于农业生产的准则，这一规则很大程度上是出于确保我国粮食安全和维护国内农耕地面积的角度考量的。尽管我国的国土面积十分广袤，但是耕地面积仍然是十分有限的，加上我国的人口众多，因此，保障国家粮食安全和国计民生在我国的国家安全领域是一个极为重要的任务。一旦推行土地私有制度，农耕地的用途就可能有所改变。一旦农耕地的用途变为非粮食生产或商业等方面，就无法确保国家的粮食安全。

所以，农村土地私有化的主张，从学理上缺乏坚实的理论基础支持，从实践操作上看是一个经济、社会和政治成本极高的路径选择。土地私有制并不符合目前我国的农业生产力发展的实际情况和社会主义初级阶段的基本国情，无法化解目前的"三农"发展难题，相反，会对其发展产生制约作用。我国在进一步深化农村土地制度改革，优化农村土地集体所有制有效实现形式的历程中，务必要毫不动摇、理直气壮地杜绝农村土地私有制的推行，抵御私有化思想可能带来的不良影响，保障农村土地制度改革和政策创新始终朝着正确的社会主义方向。2020年全球新型冠状病毒感染疫情也从侧面体现出我国农村土地集体所有对粮食战略安全的制度优势。

三、守牢"三条底线"，处理好"三对关系"

进一步深化农村土地制度改革，从根本上来说是重新构建农民集体和其他集体与政府的利益分配格局。离乡不离土，土地流转可以促进社会生产力发展，推动生产者的解放。在我国要实现马克思"重建个人所有制"，可通过农村集体土地在使用或流转过程中长期赋予农民的土地收益权，如形成较长时期的土地、林地、草地等的承包期来延长收益期，使农民获得长期稳定的土地收益。建立完善的土地权属登记制度，应从所有权最基本的单位——村民小组，开始确权登记土地的使用权，而家庭承包责任制首先巩固了个人的土地使用权，却根本没有登记村民小组的土地所有权。加快构建兼顾国家、集体和个人，科学合理、公平共享、有机统一的土地增值收益分配机制，土地增值收益不均衡是征地范围缩减阻力大、集体经营性建设用地入市面积较小、宅基地退出难度较大的主要原因。

（一）守牢政治、用途和价值底线

要牢牢守住当前农村土地制度改革的"三条底线"：即坚持土地公有制性质不改变的政治底线；坚持耕地面积18亿亩和粮食播种面积16.5亿亩两根红线不突破的用途底线；坚持农民利益不受损的价值底线。

为符合国内现阶段的农村土地改革新进程，防范土地私有制的发生，需要建立健全相关法律法规制度体系以保障农村土地归集体所有，不然资本就会悄然介入并且掌控土地，有可能危害到农村土地集体所有的本质和特性。一旦资本掌控了土地，就会引起劳动力的严重过剩。其原因是"资本主义生产一旦占领农业，或者依照它占领农业的程度，对农业工人人口的需求就随着在农业中执行职能的资本的积累而绝对地减少，而且对人口的这种排斥不像在非农业的产业中那样，会由于更大规模的吸引而得到补偿。因此，一部分农村人口经常准备着转入城市无产阶级或制造业（指一切非农业的产业）无产阶级的队伍，经常等待着有利于这种转化的条件"①。

一旦国内实施农村土地私有制，土地已流转出去的农户将彻底失去土地，引起劳动力的严重过剩，导致待业人员增加，加重城乡就业负担，就会直接影响到国内经济社会的发展和稳定。在改革农村"三块地"的市场化历程中，要高度防范资本掌控农村土地，损害农户利益，企业如要租赁农户承包的土地，就必须要通过严格的标准，制定风险保障金制度、项目审核制度、资格审查制度，以防资本掌控土地以"绑架"农民和农村土地私有化，保障农村土地归集体所有。

（二）处理好稳定与效率、统一性与差异性、改革与法治的关系

1.处理好稳定与效率的关系

要处理好稳定与效率的关系，必须做到两个统筹结合。

（1）短期与长期统筹结合。从短期的角度考虑，把土地和农民进行捆绑，

---

① 《资本论》（第1卷），人民出版社，2004年，第739—740页。

保持土地的身份限制能够有效维护相对稳定的农村社会发展，同时也是处理外来务工人员由于经济不稳定而待业的强有力措施。然而，从长期的角度考虑，它明显不符合农业的城镇化和现代化进程，由于"从身份再到契约"不但是人类社会发展的一大步，而且是市场经济体系的必然需求，把农民和农村土地进行捆绑，表面上看是维护他们，防止其遭受工业资本和商业资本的挤压，但是我国农村很早就不再是而且也不能继续保持传统的农业社会了，该方法的实行必定会致使农村过时和封闭，在确保农民享有社会公共福利和处理外来务工人员市民化问题上造成相当大的阻碍，进而加大城乡二元经济之间的差距，不利于社会稳定。可见，当前的农村土地制度改革必须保持市场化方向毫不动摇，但在改革进程和具体的制度设计上可以考虑阶段性特征而设计一些起缓冲或者过渡作用的制度。

（2）定性与定量统筹结合。比如：从定性的角度来看，农村土地承包关系"长久不变"就是维持农户依法承包集体土地、家庭承包经营制度和农村土地集体所有的基本权利长久不变。从定量的角度来看，地方政府在具体的贯彻落实中，要结合所在地区的"三农"实际和城镇化进展，预估未来十年至三十年后有可能出现的承包土地资源占有状况，进而推断其对社会发展和稳定有可能造成的影响，从而为土地政策演变的价值取向提供依据。

2. 处理好统一性与差异性的关系

实践证明，土地政策的安排和经济发展水平存在正比例关系，经济越繁荣，该地区对于土地改革的欲望就越强烈，促进政策改革的力量就越强大。生产关系必须适应生产力的发展，农村土地政策安排必须充分考虑地区差异的因素。第一，我国对农村集体经济最为关键的一项基本制度就是农村土地制度，在涉及土地权利的基本框架和基本内容的问题上，必须保持全国统一。第二，在统一遵守国家制定的土地相关法律、制度、条例的前提下，各地方在贯彻落实的具体过程中，可以因地制宜，存在差异，突显特色。从立法角度而言，要协调好集体自治、各地方法和国法间的关联。第三，想要让不同地方的农民都可实现利益最大化的目标，可以通过给予农民自主选择权来完成。第四，当前土地还在集体所有这一规定的限制下，应当给予农民自主决策与管理的权利，充分尊重农民集体的自主权和乡规民约。

3.处理好改革与法治的关系

在一些事关重大而且改革争议较大的领域，改革的推进更要处理好改革与法治的关系。2014年10月，中国共产党第十八届中央委员会第四次会议上确定了《中共中央关于全面推进依法治国若干重大问题的决定》，该文件指出："实现立法和改革决策相衔接，做到重大改革于法有据、立法主动适应改革和经济社会发展需要。实践证明行之有效的，要及时上升为法律。实践条件还不成熟、需要先行先试的，要按照法定程序作出授权。对不适应改革要求的法律法规，要及时修改和废止。"[①]

第三节　健全农村基层治理现代化生态

2019年10月，在中国共产党第十九届中央委员会第四次会议上确定了《中共中央关于推进国家治理体系和治理能力现代化坚持与完善中国特色社会主义制度若干重大问题的决定》，在决定中指出，"坚持和完善中国特色社会主义制度、推进国家治理体系和治理能力现代化，是全党的一项重大战略任务。坚持和完善共建共治共享的社会治理制度，保持社会稳定、维护国家安全。社会治理是国家治理的重要方面。必须加强和创新社会治理，完善党委领导、政府负责、民主协商、社会协同、公众参与、法治保障、科技支撑的社会治理体系，建设人人有责、人人尽责、人人享有的社会治理共同体，确保人民安居乐业、社会安定有序，建设更高水平的平安中国。要完善正确处理新形势下人民内部矛盾有效机制，完善社会治安防控体系，健全公共安全体制机制，构建基层社

---

① 《中共中央关于全面推进依法治国若干重大问题的决定》，《人民日报》，2014年10月29日，第01版。

会治理新格局，完善国家安全体系"[①]。

习近平总书记在2016年4月考察安徽小岗村并主持召开农村改革座谈会，他指出："中国要强农业必须强，中国要美农村必须美，中国要富农民必须富。"[②]由此释放出不断加大农村改革力度、不断加大强农惠农政策力度的强烈信号。做好农村基层工作，需要健全自治、法治、德治相结合的乡村治理体系，并且培养打造一支真正懂农业、爱农村、爱农民的"三农"工作队伍。始终保持农村农业的发展处于优先的地位，按照产业兴旺、生态宜居、乡风文明、治理有效、生活富裕的总要求，努力建设完善的城乡融合发展政策体系和机制体制，大力推动农村农业的现代化发展。

农村基层治理现代化需要充实农村人居环境整治、宅基地管理、集体资产管理、民生保障、社会服务等工作力量，强化自我管理、自我服务、自我教育、自我监督，健全基层民主制度，完善村规民约软法治理，注重发挥家庭家教家风在乡村治理中的重要作用，推进村民自治工作的制度化、规范化、程序化，扎实开展自治、法治、德治相结合的乡村治理体系建设试点示范。新时代，我国农村基层治理体系和治理能力现代化仍有待进一步完善。

一、把政党制度优势转化为治理效能，全面推进土地治理法治化

中国特色社会主义最本质的特征是中国共产党领导，发展社会主义民主政治，必须以保障人民当家作主为根本，努力推行和改善基层群众自治制度、民族区域自治制度、政治协商和多党合作制度与人民代表大会制度。党的十九届四中全会强调，把中国制度优势更好转化为国家治理效能。新中国成立以来，中国共产党带领中国人民探索形成了中国特色社会主义农村土地治理之路，在

[①] 《中共中央关于坚持和完善中国特色社会主义制度推进国家治理体系和治理能力现代化若干重大问题的决定》，《人民日报》，2019年11月6日，第01版。

[②] 习近平：《加大推进新形势下农村改革力度促进农业基础稳固农民安居乐业》，《人民日报》，2016年4月29日，第01版。

推进国家治理法治化中，不断提高政策决策的科学化、民主化，把政党制度优势转化为治理效能。

改革开放后，我国1982年的《宪法》第24条规定："国家通过普及理想教育、道德教育、文化教育、纪律和法制教育，通过在城乡不同范围的群众中制定和执行各种守则、公约，加强社会主义精神文明的建设"①。据此，我国农村普遍建立起各种乡规民约，通过自下而上与自上而下相结合的方式制定，具有广泛的群众性；以教育引导为主，有奖有罚，已成为发扬社会主义民主，实行群众自我教育、自我管理的一种有效的形式。当前促进我国现代化治理的重点就是促进农村土地的现代化治理，且农村土地软法治理（乡规民约）与国家现代化治理相互联系互相呼应，同时与党的十九届四中全会提出的"坚持和完善共建共治共享的社会治理制度"相呼应。在农村既要进一步发挥好党的政治核心作用，又要通过"三级联创"②活动加强党的基层组织建设和提升治理水平，既要基于农村基层和土地治理现代化的视域优化农村土地软法（乡规民约）治理，同时要把有关农村土地治理的政策上升到法律法规层面。既要善于把地方实践所探索、创新的经验上升为法律，更要善于把党对新时代"三农"工作的一些重大部署和方针政策转化为法律。新时代要进一步推进粮食安全保障法、乡村振兴促进法立法以及土地政策相关法律法规的修改完善工作。

《中共中央、国务院关于全面推进乡村振兴加快农业农村现代化的意见》中进一步强调：加强新时代农村精神文明建设。弘扬和践行社会主义核心价值观，以农民群众喜闻乐见的方式，深入开展习近平新时代中国特色社会主义思想学习教育。拓展新时代文明实践中心建设，深化群众性精神文明创建活动。建强用好县级融媒体中心。在乡村深入开展"听党话、感党恩、跟党走"宣讲活动。深入挖掘、继承创新优秀传统乡土文化，把保护传承和开发利用结合起来，赋

---

① 《中华人民共和国宪法》（1982 年），《人民日报》，1982 年 12 月 5 日，第 02 版。
② "三级联创"是指在党的基层建设工作中，以"领导班子好、党员干部好、工作机制好、小康建设业绩好、农民群众反映好"为主要内容的"五好"村党组织、"五好"乡镇党委和农村基层组织先进县（市）的创建活动。

予中华农耕文明新的时代内涵①。

二、在农村土地软法治理中推进农村基层协商民主

乡规民约是由乡村群众在农村土地治理的实际操作中共同达成并集体制订的，进行自我约束，自我管理，并自觉自愿履行的民间公约，主要包括社会公德、平时生产生活关系、贯彻国家政策法令等，是推行农村土地软法治理的根源之一。其目的是加强团结，促进生产。乡规民约需靠群众自觉遵守，对违者进行批评教育或适当处罚，但是不得超越法律。制订乡规民约不能违反国家法令政策及社会生活准则，否则应予以修改或撤销。乡规民约深深扎根于我国农村之中，是我国农村基层治理协商民主的典型治理模式，尤其是在少数民族地区普遍存在。2013年11月，在中国共产党第十八届中央委员会第三次会议上确定了《关于全面深化改革若干重大问题的决定》，该文件对协商民主进行了明确阐述："推进协商民主广泛多层制度化发展。在党的领导下，以经济社会发展重大问题和涉及群众切身利益的实际问题为内容，在全社会开展广泛协商，坚持协商于决策之前和决策实施之中"②。国家治理现代化进程中对基层协商民主的大力推动，必将使乡规民约在基层治理中发挥重要的作用，从而进一步推进农村土地软法治理的现代化。

（一）推进乡规民约制定程序的民主化建设

很多农民经过长期约定形成了制度默契，都遵守乡规民约，认可乡规民约所规定的内容。有些农村基层政权往往压制农民的民主意志，从而阻碍了乡规民约协商民主建设的进程。乡规民约的制定程序要实现真正的民主，在此基础上还要努力推进农村土地纠纷解决机制的民主化。目前我国农村普遍存在的农

---

① 《中共中央、国务院关于全面推进乡村振兴加快农业农村现代化的意见》，中华人民共和国农业农村部，http://www.moa.gov.cn/xw/zwdt/202102/t20210221_6361863.htm
② 《中共中央关于全面深化改革若干重大问题的决定》，《人民日报》，2013 年 11 月 16 日，第 01 版。

村土地纠纷解决机制，一般分为提前预防和事后解决两种，可以通过开展协商民意测验、设立农民陪审团和协商民主专题小组、召开民主恳谈会等多种形式进行软法治理。促进乡规民约协商民主建设有利于妥善处理好农村土地纠纷问题以及土地法律法规在农村的执行与接受。

（二）强化农村土地行业规章与团体章程的自律属性

自律属性既包含内部自律性也包含外部自律性。其中内部自律性主要是调节行业团体内部、行业协会各成员之间的关系；外部自律性主要是调节行业团体、行业协会和政府部门的关系。农村土地行业规章及团体章程都具有自律属性，要做好与土地法律法规的衔接与匹配，不能自相矛盾。

（三）优化国家政策在农村土地治理中的政治动员作用机制

针对农村土地治理，国家政策中包含的指令性计划和行政命令一般都带有行政处罚和行政强制的功能，应该将这些功能适当减弱和减少，结合地方协商民主机制优化提升其政治动员作用，还要充分发挥地方政策的调节与试点功能，注重发挥农村基层政权开明精英群体的支持。

三、促进土地政策、群众路线和国家法律互联互动

我国农村土地软法的治理渊源来自农村土地合作社所制定的团体制度、农村土地行业组织所规定的制度。农民自发制定的乡规民约以及农民专业合作社制定的团队章程、涉农行业组织章程，都是农民借助自律的社会规范实现对土地的软法治理。当前我国处在全面深化改革和深入推进国家基层治理现代化的关键转型期，农村土地软法治理作为农村土地法律法规治理的有效补充，可以逐步解决之前硬法治理一直存在的如针对性差、操作性不流畅、效果不显著等突出问题，进而促进农村土地治理的社会效果和法律效果的有效整合。

人民群众是创造历史的真正动力。"一切为了群众，一切依靠群众，从群

众中来，到群众中去"^①的群众路线是我党根本的组织和工作路线，其中"一切
为了群众，一切依靠群众"是党的群众观，"从群众中来，到群众中去"是党的
群众路线工作方法论，它强调磋商和听取并重视群众的声音。党的十三大报告
提出建立社会协商对话制度，赋予了党的群众路线新的时代内涵。目前在我国
农村还存在一种普遍现象就是政策越来越多，法律的功能越来越弱化。2014年，
在中国共产党第十八届中央委员会第四次会议上确定了《关于全面推进依法治
国若干重大问题的决定》，该文件明确指出："发挥政策和法律的各自优势，促
进党的政策和国家法律互联互动。"^②软法在一定范围内经过普遍试点推广后确认
有效的，可以按立法程序转化为硬法。硬法在正式颁布全国实施之前需要在一
定范围内先行试点软法，确认试点有效科学后，再面向全国颁发推广执行。因
此，在农村土地治理领域，尤其应注意发挥政策的治理优势，从而使农村土地
的软法治理与硬法治理相互结合，共同完成农村土地治理现代化的时代使命。
我国农村土地治理模式呈现出政策引导、群众路线契合、法律跟进、协商民主
的发展趋势。

第四节　完善中国特色社会主义的农村土地市场化机制

农村土地市场化是发展市场经济体系的基本要求，也是城市化进程的必然
选择。新时代要全面推动农村要素市场化配置改革，充分利用市场机制在土地
资源配置的决定性作用实现土地资源再配置，促进土地生产功能的充分发挥，
对于土地利用实行负面清单管理，负面清单之外的交由市场配置。要实现农村
土地市场化改革目标，需注意处理好如下几种关系：一是土地生产功能与投资
资本功能的关系，土地市场化必须防止土地过度资本化、地价过快上涨、土地

---

① 《中国共产党章程》，《人民日报》，2017年10月29日，第02版。
② 《中共中央关于全面推进依法治国若干重大问题的决定》，《人民日报》，2014年
10月29日，第01版。

过度增值等对土地生产功能的影响和制约；二是土地流转收益与土地用途管制的关系，农村土地流转必须符合用途管制要求；三是工商资本下乡与农民经营农业的关系，要防止工商资本在农村圈地获取更高的非农经营利益。

一、创新"三权分置"的土地产权权能制度框架

"三权分置"是"两权分离"农村土地产权制度的发展，是适应现代农业建设和经济新常态的农村土地产权制度安排。"三权分置"在向农户赋权和向农村土地产权赋能方面实现了重大创新，为推进我国农业现代化发展进程提供了制度保障，更为经济新常态下的发展释放新的城乡一体化资源再配置效应。"三权分置"，即在维护农村土地集体所有权的基础上，把农民土地承包经营权进一步细分为土地承包权和土地经营权，实现土地承包权与土地经营权分置并行，形成土地所有权、土地承包权、土地经营权三权分置格局，确保维护所有权、保障承包权、放活经营权。2016年10月，中共中央办公厅、国务院办公厅下发的《关于完善农村土地所有权承包权经营权分置办法的意见》对"三权分置"提出了系统的操作规范，形成了制度化的"三权分置"基本运行机制。新时代要在农村土地改革实践中坚定不移地贯彻落实创新、协调、绿色、开放、共享的新发展理念，结合各地不同的"三农"实际，创新"三权分置"的土地产权权能制度框架。将于2021年1月1日起施行的《中华人民共和国民法典》新增了关于"三权分置"的规定，确认了从土地承包权中可以分离出经营权，且可以流转或者市场化，农民外出务工也能通过土地"三权分置"享受到红利，这是土地物权的一大进步，用活了土地承包经营权。

二、健全"同地、同权、同价、同责"的城乡一体化机制

我国目前还处在城乡相对分割的二元经济发展路径，一方面是离土不离乡、

进厂不进城的农村工业化，另一方面是进城不落户、迁徙不定居的半城市化①。2019年底，我国已完成农村土地征收、集体经营性建设用地入市、宅基地制度改革试点工作，正在加快构建"同地、同权、同价、同责"的城乡统一建设用地市场体系。城乡一体化的建设用地市场建设，须以农村集体经营性建设用地入市为抓手，促进农村土地流转、盘活农村土地资源，注重保护好农民权益，建立健全农业转移人口市民化推进机制，完善农业转移人口社会参与机制，为城乡一体化统筹建设发展提供支撑。

目前在"三块地"改革实践中存在着较为突出的选择性"同地"、限制性"同权"、约束性"同价"、过渡性"同责"等问题。其中：同地，即区位条件、规划用途等条件相同或相近的城乡建设用地空间，在具体实践过程中存在理论同地与实践同地的矛盾，主要体现在规划用途、增量扩张、存量挖潜等方面，所以即使是同样区位的城、乡建设用地空间也存在较大差异；同权，即赋予不同所有权的城乡建设用地统一且平等的权能，而不是只有实现农村集体建设用地的国有化才能实现真正的同权；同价包括结果同价、过程同价，其中结果同价，是指同区位、同基础设施、同用途，在同时期具有相同的价格实现。而过程同价，则要求按照自然资源部门统一管理城乡用地的要求，实行统一的收购储备、统一的市场出让、统一的交易机制、统一的价格体系、统一的市场平台、统一的价格监管等；同责是指国有建设用地具有地方政府所有特征，实现"区域同责"，而农村集体建设用地应该实现"村域同责"或"集体空间区域同责"，不需要也不应该过度扩大农村集体土地资产价值实现的责任，这样才能体现同责的公平性②。

（一）做好城乡一体化建设用地市场的法律保障

以往，农村集体土地使用权不健全，因为旧的《土地管理法》规定："农民

---

① 蔡继明、刘媛、刘畅畅：《论走出"三农"困境的路径选择》，《天津社会科学》，2020年第1期。

② 黄贤金：《论构建城乡统一的建设用地市场体系——兼论"同地、同权、同价、同责"的理论圈层特征》，《中国土地科学》，2019年第8期。

集体所有的土地的使用权不得出让、转让或者出租用于非农业建设。"[①]2019年新修正的《土地管理法》允许集体经营性建设用地入市，实现了农村集体土地和城市国有土地两者在市场交易的平等地位。我国通过农村"三块地"试点改革实践实现了集体经营性建设用地、宅基地、农用土地全流转，优化配置了农村土地资源，释放了农村产权潜量，加快了农村土地改革。集体经营性建设用地入市建立了城乡统一的土地供给和流转市场，让农民分享土地增值收益、共享改革发展成果。通过市场流转和土地市场价值实现土地供给城乡一体化模式，充分发挥了土地交易市场在土地资源配置中的决定性作用，更好地推进了城乡一体化融合发展。

（二）完善集体经营性建设用地入市相关配套措施

进一步深化农村集体产权制度改革，做好农村土地确权工作。进一步健全集体经营性建设用地入市及城乡土地市场建设相关具体的法律法规实施细则，进一步明晰集体经营性建设用地入市的流转对象、范围、方式、程序、监管措施等，高度重视农村土地的市场价值，实现农村土地要素的市场流转，更加科学合理地配置农村土地资源。进一步做好集体经营性建设用地入市相关的财税、金融、教育医疗、社保等配套政策。

中共中央办公厅、国务院办公厅印发《建设高标准市场体系行动方案》，在全面完善产权保护制度方面，提出健全农村集体产权制度。全面推开农村集体产权制度改革试点，完善农村集体产权确权和保护制度，分类建立健全集体资产清产核资、登记、保管、使用、处置制度和财务管理监督制度。完善集体产权资产评估、流转交易、担保等综合服务体系，加强农村土地经营权流转规范管理和服务。在推动经营性土地要素市场化配置方面，加强对土地利用计划的管理和跟踪评估，完善年度建设用地总量调控制度，健全重大项目用地保障机制，实施"增存挂钩"，城乡建设用地指标使用应更多由省级政府负责。完善建

---

① 《中华人民共和国土地管理法》（2004年修正），《中华人民共和国全国人民代表大会常务委员会公报》，2014年第6期。

设用地市场体系。在符合国土空间规划和用途管制要求前提下，推动不同产业用地类型合理转换，探索增加混合产业用地供给。积极探索实施农村集体经营性建设用地入市制度。加快推进城乡统一的建设用地市场建设，统一交易规则和交易平台，完善城乡基准地价、标定地价的制定与发布制度，形成与市场价格挂钩的动态调整机制[①]。

（三）建构好农村土地纠纷解决及调解仲裁机制

农村土地问题事关农村的社会稳定、农业的经济基础和农民的根本利益。在城乡一体化建设用地市场化进程中，农村土地涉及的利益群体大、影响范围广、时间长以及相关不稳定因素多，农村集体经营性建设用地流转不仅与相关行政机关有关，也可能涉及特定法人或个人之间的纠纷，需进一步完善行政复议、行政诉讼、民事诉讼等司法救济机制，以合法合理的方式更好地保护农民土地收益权。因而，需要积极建构农村土地纠纷的体系化解决及调解仲裁机制，成立农村矛盾纠纷调处化解中心，多管齐下及时发现和解决集体经营性建设用地入市及其市场化流转过程中可能存在的问题，实现农村土地纠纷的一站式接收、一揽子调处、全链条解决。

三、构建农村集体土地增值收益分配长效机制

有恒产者有恒心。有效保障和实现各类主体的土地权利，是实现农业农村健康持续发展的重要基础。针对现阶段我国土地增值收益分配不公及由此造成的诸多社会问题的客观现实，在深入分析导致土地增值收益分配不公的主要根源基础上，提出如下几点建议：

（一）提高农村土地征收补偿标准

当前，我国施行的土地征收补偿标准相对较低，很难满足失地农民的日常

---

① 《中办、国办印发〈方案〉推动经营性土地要素市场化配置》，中华人民共和国自然资源部，http://www.mnr.gov.cn/dt/ywbb/202102/t20210201_2609464.html

生活与生产需求，也不能很好地体现土地供应的市场价值，地方政府在征地过程中仍存在较大利益空间，该现象的发生不仅会损害农民的土地权益，还会变相刺激地方政府随意扩大建设用地范围。尽管新修正的《土地管理法》已经规定"征收农用地的土地补偿费、安置补助费标准由省、自治区、直辖市通过制定公布区片综合地价确定。制定区片综合地价应当综合考虑土地原用途、土地资源条件、土地产值、土地区位、土地供求关系、人口以及经济社会发展水平等因素，并至少每三年调整或者重新公布一次"[①]，但在具体征地过程中，地方政府仍需将根据区片综合地价来提高农村土地征地补偿标准的要求落到实处。

（二）合理分配土地增值收益，确保失地农民共享收益

我国需要建设一个符合个人、集体乃至整个国家的土地增值收益分配体系，切实增加个人利益。政府需要努力实现从单一补偿到长期共享机制的转变，并且为农民寻找新的可以有效增长农民土地增值收益的措施，降低农民流转土地时的要求。就土地征收来说，如果土地是用于商业开发，那么可以让农民参加土地开发与经营，或者让农民参与入股，以此来保障农民利益，进而达到农民的利益和城镇化建设之间平衡发展的目的。除此以外，考虑到失去土地的农民的长远生活需求，2019年新修正的《土地管理法》规定"对于土地征收中涉及的农村村民住宅，应当按照先补偿后搬迁、居住条件有改善的原则，尊重农村村民意愿，采取重新安排宅基地建房、提供安置房或者货币补偿等方式给予公平、合理的补偿，并对因征收造成的搬迁、临时安置等费用予以补偿，保障农村村民居住的权利和合法的住房财产权益"[②]。提出在征收农民的土地，应该保留农民对留地安置方式自主选择的权利，同时增加留地安置可选择的范围与数量，保障失地农民的土地增值利益，促进我国的城市化发展。

要合理分配好集体经营性建设用地入市所产生的土地增值，须认真处理土

---

① 《中华人民共和国土地管理法》（2019 年修订），《人民日报》，2019 年 8 月 27 日，第 02 版。

② 《中华人民共和国土地管理法》（2019 年修订），《人民日报》，2019 年 8 月 27 日，第 02 版。

地增值收益分配调节金，并科学研究土地增值收益的分配方式，对参与分配的人员、集体经济组织进行合理界定，要维护和保障好农民权益，使农民公平分享土地增值收益。2015年1月1日，财政部、原国土资源部联合下发《农村集体经营性建设用地土地增值收益调节金征收使用管理暂行办法》，并在全国33个"三块地"试点地区推行集体经营性建设用地入市后收取土地增值收益调节金的措施，该暂行办法规定了农村集体经营性建设用地入市需征收土地增值收益的20%～50%作为调节金上缴地方国库。2019年7月16日，财政部、国家税务总局面向社会针对《中华人民共和国土地增值税法（征求意见稿）》公开征求意见，征求意见稿中将集体房地产纳入了征税范围。土地承包经营权流转，不征收土地增值税。同时，拟取消土地增值收益调节金，使立法前后集体房地产负担总体稳定。

（三）加强对土地增值收益分配的社会监督

社会监督体制的实施保障了每一种收益分配制度的实施和运行，集体土地增值收益分配的合理性和公平性在社会监督机制制约下得到了保障。近年，新媒体迅速成长，我国可以通过多渠道对土地增值收益情况进行监督，不再局限于举报或法院起诉。要进一步加强法律监督，完善与土地增值收益分配相关的法律法规，同时设立赋予明确监督职责权限的特有监督机关，降低违反法律法规的不良行为发生频率。加强对社会舆论的监管，利用新媒体的特点，通过视频、文章、网络、报纸等方式尽量实现土地增值收益分配状况的同步报道，引起社会广泛关注来倒逼改革。要进一步强化民意组织监督，支持农民设立专业合作社，在其合作社内部推选代表，由他们代表农民的意愿参与土地增值收益分配的每一步过程。

四、实现乡村振兴和共同富裕

农业强不强、农村美不美、农民富不富，决定着我国农民的获得感和幸福感，决定着我国全面小康社会的成色和社会主义现代化的质量。坚持农业农村优先发展，实施乡村振兴战略是农业农村的一场根本性变革，必须依靠"三农"人力资源的集聚和人口知识结构的根本性改变。实现乡村振兴和共同富裕，要以乡情乡愁为纽带，鼓励工商资本、科技、人才"上山下乡"，大力推进"市民下乡、能人回乡、企业兴乡"工程，鼓励和引导城市市民、企业家、党政干部、技能人才、大学生、社会贤达等返乡创办实业，利用当地资源带动农民创业就业，增加农民经营性收入，实实在在地推动农村经济、党建、法治、文化、治理、生态全面强起来。

（一）加强劳动教育，培养农业工人、职业农民和乡村创业者

由于人口老龄化、农村空心化、城镇化、市场化等现代问题导致大量农村土地被弃耕，农村土地配套设施不全、集中度不够耕种意愿不强，农民想留守在农村经营好土地已经显得力不从心。马克思曾指出："个人怎样表现自己的生命，他们自己就是怎样。因此，他们是什么样的，这同他们的生产是一致的——既和他们生产什么一致，又和他们怎样生产一致。因而，个人是什么样的，这取决于他们进行生产的物质条件。"[①]这说明劳动是人特有的实践活动和存在方式，人的发展以物质生产的发展为基础。恩格斯也曾指出劳动是整个人类生活的第一个基本条件，劳动创造了人本身；劳动是教育产生的基础。借鉴国外成功经验，国家亟待从政策上积极鼓励培养一大批愿意为实现乡村振兴而长期扎根农村大地的职业农民，要支持乡村创业和农村中小企业发展，加快培育社会化、集约化、专业化、市场化农业服务组织，加快土地流转，实现农村土地规模经营，深入实施农村创新创业带头人培育行动，将符合条件的返乡创业农民工纳入一次性创业补贴范围。

关于"谁来种地"，其实是愿不愿种地、会不会种地、什么人来种地、怎么种地的问题，习近平在2013年中央农村工作会议上明确指出，"解决好这个问题对我国农业农村发展和整个经济社会发展影响深远。核心是要解决好人的问题，通过富裕农民、提高农民、扶持农民，让农业经营有效益，让农业成为有奔头

---

① 　《马克思恩格斯选集》（第1卷），人民出版社，2012年，第147页。

的产业，让农民成为体面的职业，让农村成为安居乐业的美丽家园。要提高种地集约经营、规模经营、社会化服务水平，增加农民务农收入，鼓励发展、大力扶持家庭农场、专业大户、农民合作社、产业化龙头企业等新型主体。要提高农民素质，培养造就新型农民队伍，把培养青年农民纳入国家实用人才培养计划，确保农业后继有人。要强化政府对农业的支持保护，创造良好务农条件和环境，要加大农业投入力度，建立适合农业农村特点的金融体系，制定大中专院校特别是农业院校毕业生到农村经营农业的政策措施。要把加快培育新型农业经营主体作为一项重大战略，以吸引年轻人务农、培育职业农民为重点，建立专门政策机制，构建农业工人和职业农民队伍，为农业现代化建设和农业持续健康发展提供坚实人力基础和保障。与此同时，也要继续重视普通农户的生产发展"[1]。另外，值得关注的，并不是所有流动农民涌入城市以后都有能力或意愿被城市的工商业领域吸纳成为农民工，部分流动农民落脚城市后选择在异地的城郊重操旧业，保持家庭经营模式进行农业生产，形成了相当规模的"农民农"[2]群体，实现了流动农民的异地职业化。

2019年9月6日，习近平总书记在给农业相关方面的高校专家、校长和书记的回信中强调："中国现代化离不开农业农村现代化，农业农村现代化关键在科技、在人才。新时代，农村是充满希望的田野，是干事创业的广阔舞台，我国高等农林教育大有可为。希望你们继续以立德树人为根本，以强农兴农为己任，拿出更多科技成果，培养更多知农爱农新型人才。"[3]

2020年3月20日，中共中央、国务院下发《关于全面加强新时代大中小学劳动教育的意见》，指出："通过劳动教育，使学生能够理解和形成马克思主义劳动观，牢固树立劳动最光荣、劳动最崇高、劳动最伟大、劳动最美丽的观念；体会劳动创造美好生活，体认劳动不分贵贱，热爱劳动，尊重普通劳动者，培

---

① 《中央农村工作会议在北京举行》，《人民日报》，2013年12月25日，第01版。
② "农民农"这一概念由"三农"问题专家曹锦清提出，是相对于"农民工"而言的，指离开农村进入城市区域从事农业活动的农民，承担了城市农业生产与农产品供应的重要功能。
③ 《以立德树人为根本以强农兴农为己任》，《人民日报》，2019年9月7日，第01版。

养勤俭、奋斗、创新、奉献的劳动精神；具备满足生存发展需要的基本劳动能力，形成良好劳动习惯。""农村地区可安排相应土地、山林、草场等作为学农实践基地"[①]。要进一步畅通各类人才下乡渠道，支持大学生、退役军人、企业家等到农村干事创业，通过全面加强新时代的劳动教育使职业农民从谋生劳动向体面劳动转变，最终实现自由劳动的解放。

开展新型农业经营主体培育提升行动，在市场的指导下，进行社会化服务、集约化经营、专业化生产，重视农业产业化龙头企业、农民合作社、家庭农场、种养大户等现代新型农业经营主体的发展，实现小农经济和现代农业发展有机衔接。

培养农业工人和职业农民的具体路径主要从如下方面：一是要优化农民的组织结构。农村的基层组织结构，是一个政治性的组织结构，同时也是一个经济组织结构。二是提高农村地区的职业与基础教育水平。目前农村仍大量存在"读书无用论"，认为读书多不如工作早。但是如果农村劳动力没有接受过专业的职业教育，那么他们在城市劳动力市场中就失去了竞争能力，进而只能选择一些低端的工作。三是提高农民收入。从总体上来说，农民阶层的收入是很低的。只有农民真正意义上脱离贫困，走向富裕，他们才能真正拥有主体意识，才可能主动地参加市场经济活动。在解决收入的问题上，一方面可以降低农产品的销售成本，增加农产品的采购价格，帮助农民得到更多的利益；另一方面是增加他们的土地性收入，也就是将农转非土地的补偿落到实处，让农民真正享受到土地增值带来的好处。要想真正意义上做好土地整治的工作，就要确立农民的主体地位，鼓励和引导农民按照"乡镇主导—村级实施—农民主体—部门指导"的模式进行土地整治，改进组织实施方法。

（二）推进土地治理生态文明，实现乡村振兴与共同富裕

"乡村振兴"战略是我们党在十九大报告中提出的"三农"发展战略，是顺

[①]　《中共中央、国务院关于全面加强新时代大中小学劳动教育的意见》，《人民日报》，2020年3月27日，第01版、第06版

应我国农民对未来美好生活的向往作出的重大决策。在快速的工业化、市场化及城镇化发展进程中，传统的农村社区也经历了巨变。目前我国乡村社区呈现传统自然社区与现代社区并存，人口流出社区与人口流入社区并存，经济贫困社区与经济富裕社区并存，需求发展型社区与管理服务型社区并存等新型形态结构。《国家乡村振兴战略规划（2018—2022年）》提出根据不同村庄的发展现状、区位条件、资源禀赋等，按照集聚提升、融入城镇、特色保护、搬迁撤并的思路，分类推进乡村振兴。通过实行土地整治以及有关的农业项目建设，可以帮助很多地区成功脱贫攻坚，一同建设小康社会。在种植土地之前要先进行土地整治，要避免损害当地传统民俗文化和农耕文化，注重修复受损生态和保护自然环境。让生态、绿色的观念始终存在于管护、验收、施工、设计、规划的整个流程中，致力于打造富有特色的田园景色。在进行土地整治之前要进行总体的规划，增加农民获益的渠道。在少数更具优势的农业生产领域和农业生产前后的服务环节中引入工商资本时，始终遵循"先整治后流转"的原则。通过土地整治来增加农民以分红和租金形式获得的财政性收入；将农民可以建设的工程项目交给农民来完成，投标成功的施工单位要招聘当地的农民，从而提高农民的工资性收入占项目经费的比重，当农民在其负责的农业生产领域取得了一定成就时，经过整治的土地要尽量偏向农民，为其以后的稳定性财政收入作保障；整治土地完成后要签订土地流转合同，保障农民能获得大部分的财政补贴类转移性收入。除此之外，要不断采取措施和实践来促进耕地国家统筹的实现，尤其是要将深度贫困地区进行土地整治后获得的新的耕地指标放在首位，不断进行指标调剂使农民获益。制定区域间机制，建立区域间，加快地域脱离贫困脚步，还要引领乡村，推行生活方式制定区域间有偿帮扶机制，建立区域间土地资源优化配置平台，加快贫困地域脱离贫困的脚步。同时，还要以绿色发展引领乡村振兴，倡导推行绿色发展方式和生活方式。

农用地整理发挥农田的基础生态作用，优化农田生态系统，在耕地资源比较丰富的地区进行高标准农田的大规模建设，因地制宜加强农田生态防护和建设；在土地生态环境比较脆弱的地区进行土地的综合治理，提高生态系统的稳定性，恢复生态系统的自我修复能力。在农村进行建设用地整理时要做到合理保护与修复自然景观，充分利用闲置土地、设施和现有建筑等；要做到"少拆房、不填湖、慎砍树"，根据当地的气象条件、山水脉络，整理并利用当地的存量用地，避免对大自然进行破坏和干扰。

解放生产力，发展生产力，消灭剥削，消除两极分化，最终实现共同富裕是社会主义的本质所在。新时代实施乡村振兴战略需要培养更多知农爱农的新型职业农民，不断完善改革措施和手段，这需要切实解决农民收入增长放缓问题，培育新动能、挖掘新潜力、努力拓宽新渠道、加大土地整治的改革力度。尤其是要采用硬办法、使用超过常规的方法，坚决打赢高质量脱贫攻坚战，建立解决相对贫困的长效机制，努力实现人民群众的共同富裕。做好"三农"工作，关键在党。要把制度建设和治理能力建设摆在"三农"工作更加突出位置，在稳定和发展中创新农村土地政策，不断完善新时代"三农"工作制度框架和政策体系。

（三）加快县域内城乡融合发展，促进大中小城市和小城镇协调发展

把县域作为城乡融合发展的重要切入点，强化统筹谋划和顶层设计，破除城乡分割的体制弊端，加快打通城乡要素平等交换、双向流动的制度性通道。统筹县域产业、基础设施、公共服务、基本农田、生态保护、城镇开发、村落分布等空间布局，强化县城综合服务能力，把乡镇建设成为服务农民的区域中心，实现县乡村功能衔接互补。壮大县域经济，承接适宜产业转移，培育支柱产业。加快小城镇发展，完善基础设施和公共服务，发挥小城镇连接城市、服务乡村作用。推进以县城为重要载体的城镇化建设，有条件的地区按照小城市标准建设县城。积极推进扩权强镇，规划建设一批重点镇。开展乡村全域土地综合整治试点。推动在县域就业的农民工就地市民化，增加适应进城农民刚性需求的住房供给。鼓励地方建设返乡入乡创业园和孵化实训基地[①]。

---

① 《中共中央国务院关于全面推进乡村振兴加快农业农村现代化的意见》，中华人民共和国农业农村部，http://www.moa.gov.cn/xw/zwdt/202102/t20210221_6361863.htm

结　语

中国作为一个农业大国，土地问题一直是"三农"问题的关键，是实现乡村振兴和农业现代化的重要因素。其中，农村土地政策对解决土地问题至关重要，不仅直接关系土地这一农村最重要的生产资料的使用效率，而且直接关系到农民主体的经济利益和政治权利。新中国成立以来，中国共产党一直把解决农民的土地问题作为农村工作的中心任务，并根据不同时期的具体情况，制定和实施了不同的土地政策。农村土地政策是党和国家以农民利益为出发点，平衡各方主体既得利益，并在一定历史条件下，围绕土地问题而产生的利益关系所作的政治调控。农民耕作土地的热情和土地的利用效率是影响农村土地政策制定的直接原因。认真考察、梳理新中国成立以来农村土地政策演变的历史进程，总结调整农村土地政策方面的经验教训，不仅是理论研究的迫切需要，也是进一步深化农村经济体制改革、推进乡村振兴的迫切需要。我国农村土地政策演变史既是"三农"发展演变史，也是工业化和城镇化发展演变史，正如我国著名"三农"问题研究专家曹锦清所言，我国的土地制度的复杂性在于，其关涉的不仅仅是"三农"问题——农业、农村、农民，还关涉到工业化和城市化。土地既是农业生产的基础，也是农民生存的保障；既是工业化积累、工业化基础设施的来源，也是城市化的必要条件[①]。

新中国成立以来，社会主义改革和建设不断改变，国家对农村土地政策进行了及时地调整、完善与改革，从开始进行土地改革时的"农民家庭所有、自

[①]　曹锦清：《土地与工业化视野下的改革开放四十年》，《文化纵横》，2017 年第 6 期。

主经营"到农业合作化时期的"劳动家庭联合体集体所有、统一经营",再到改革开放时期的"两权分离",直到新时代的"三权分置",政府对农村土地政策进行了及时地调整与革新,推动了农业经济的发展,保障了农民群众的利益,充分适应农村生产力的发展要求,维护了农村社会的稳定。农村土地政策的演变过程表现出了"摸着石头过河"的渐进式发展路程。实践证明,只有能够保护农民利益的土地政策才能得到广大农民的支持,充分调动其积极性,从而促进农村经济社会的发展,反之,将会使农民产生抵触情绪,影响"三农"的稳定与发展。

我国农村土地政策在不同历史时期都具有不同程度的时代价值和历史局限性,在马克思主义中国化的生动实践和理论指引中不断因事而化,因时而进,因势而新,充分体现了马克思主义中国化与时俱进的理论品格。走进新时代,我国农村土地政策的制定与实施更加务实理性、更具中国特色。把习近平新时代中国特色社会主义思想作为指导思想,在实践中不断丰富发展,解决了当代中国经济学"为谁生产""生产什么""怎样生产"层面的问题,实现了五大突破:一是土地产权理论的新进展,体现在农村土地"三权分置"的改革上;二是经济运行理论的重大突破,体现在供给侧结构性改革的思路上;三是开放理论上人类命运共同体理论的重大突破,体现在"一带一路"的倡议上;四是以人民为中心的发展观解决"为谁生产"、满足人民日益增长的美好生活需要解决"生产什么",创新、协调、绿色、开放、共享的新发展理念和"四个全面"战略布局解决"怎样生产",体现在决胜全面小康的化解重大风险、污染防治和精准扶贫三大攻坚战上;五是发展方式理论的创新,体现在经济由高速增长转向高质量发展上。这些政治经济学领域的突破对中国进入新时代全面深化改革尤其是农村土地政策改革做出了重大贡献,加上农村土地政策的国际比较、土地问题本身的复杂性和研究难度,更为本文的持续跟踪研究提供了下一步的努力方向。

参考文献

一、著作类

[1] 费孝通.江村经济[M].北京：北京时代华文书局，2018.

[2] 林毅夫.制度、技术与中国农业发展[M].上海：上海人民出版社，1992.

[3] 厉以宁.非均衡的中国经济[M].北京：中国大百科全书出版社，2009.

[4] 赵德馨.中国近现代经济史（1949—1991）[M].郑州：河南人民出版社，2007.

[5] 白瑞琪.反潮流的中国[M].北京：中共党史出版社，1999.

[6] 费正清.剑桥中华人民共和国史[M].北京：中国社会科学出版社，1996.

[7] 杜润生.中国的土地改革[M].北京：当代中国出版社，1996.

[8] 宋志红.中国农村土地制度改革研究——思路、难点与制度建设[M].北京：中国人民大学出版社，2017.

[9] 郭德宏.刘少奇土地改革理论和实践研究述评[M].北京：中央文献出版社，1996.

[10] 姜爱林.土地政策基本理论研究[M].北京：中国大地出版社，2001.

[11] 姜爱林.土地政策学引论[M].北京：华龄出版社，2012.

[12] 周其仁.农村变革与中国发展1979—1989（上、下卷）[M].香港：牛津大学出版社，1994.

[13] 周其仁.产权与制度变迁[M].北京：北京大学出版社，2004.

[14] 文贯中.吾民无地——城市化、土地制度与户籍制度的内在逻辑[M].上海：东方出版社，2014.

[15] 温铁军."三农"问题与制度变迁[M].北京：中国经济出版社，2009.

[16] 华生.新土地改革——土地制度改革焦点难点辨析[M].上海：东方出版社，2015.

[17] 刘守英.直面中国土地问题[M].北京：中国发展出版社，2014.

[18] 刘守英.土地制度与中国发展[M].北京：中国人民大学出版社，2018.

[19] 刘守英.中国土地问题调查——土地权利的底层视角[M].北京：北京大学出版社，2017.

[20] 汪青松，等.马克思主义中国化研究前沿报告[M].上海：上海社会科学院出版社，2018.

[21] 朱嗣德.土地政策[M].台湾：三民书局，1989.

[22] 任生德.农村改革中的权威与秩序[M].北京：中国方正出版社，2009.

[23] 胡穗.中国共产党农村土地政策的演进[M].北京：中国社会科学出版社，2007.

[24] 黄贤金.土地政策学（第四版）[M].北京：中国农业出版社，2014.

[25] 邓大才.土地政治——地主、佃农与国家[M].北京：中国社会科学出版社，2010.

[26] 贺雪峰.地权的逻辑——中国农村土地制度向何处去[M].北京：中国政法大学出版社，2010.

[27] 周太和.当代中国的经济体制改革[M].北京：中国社会科学出版社，1984.

[28] 王亚南.中国社会经济改造问题研究[M].上海：中华书局，1949.

[29] 曹锦清.黄河边的中国[M].上海：上海文艺出版总社，2004.

[30] 张纯美，洪静媛.马克思恩格斯全集名句名段类编[M].沈阳：辽宁大学出版社，2012.

[31] 蔡继明，邝梅.论中国土地制度改革——中国土地制度改革国际研讨会论文集[M].上海：中国财政经济出版社，2009.

[32] 张仁元.马克思恩格斯列宁斯大林论土地资源及相关问题[M].上海：中国社会出版社，2009.

[33] 邱道持.论农村土地流转[M].重庆：西南师范大学出版社，2009.

[34] 南京地政研究所.中国土地问题研究[M].合肥：中国科学技术大学出版社，1998.

[35] 罗平汉.农村人民公社史[M].福州：福建人民出版社，2006.

[36] 叶国文.农民、国家政权与现代化[M].天津：天津人民出版社，2008.

[37] 法律出版社法规中心：中华人民共和国土地法律法规全书[M].北京：法律出版社，2018.

[38] 王贵宸.中国农业合作经济史[M].太原：山西经济出版社，2006.

[39] 连宏萍.土地制度比较[M].北京：北京师范大学出版社，2017.

[40] 廖洪乐.中国农村土地制度六十年—回顾与展望[M].上海：中国财政经济出版社，2008.

[41] 邵彦敏.农村土地制度：马克思主义的解释与运用[M].长春：吉林大学出版社，2012.

[42] 向夏莹.列宁土地问题思想研究[M].北京：科学出版社，2017.

[43] 张宇，谢地，任保平，蒋永穆，等.中国特色社会主义政治经济学[M].上海：高等教育出版社，2017.

[44] 陈小君.农村土地问题立法研究[M].北京：经济科学出版社，2012.

[45] 黄祖辉.我国土地制度与社会经济协调发展研究[M].北京：经济科学出版社，2010.

[46] 罗必良.产权强度、土地流转与农民权益保护[M].北京：经济科学出版社，2013.

[47] 刘承韪.产权与政治——中国农村土地制度变迁研究[M].北京：法律出版社，2012.

[48] 童禅福.走进新时代的乡村振兴道路—中国"三农"调查[M].北京：人民出版社，2018.

[49] 王先明.走进乡村——20世纪以来中国乡村发展论争的历史追索[M].太原：山西人民出版社，2012.

[50] 储诚炜.制度创新视角下党的农村土地政策变迁研究[M].咸阳：西北农林科技大学出版社，2013.

[51] 容志.土地调控中的中央与地方博弈——政策变迁的政治经济学分析[M].北京：中国社会科学出版社，2010.

[52] 陈寒冰.中国土地制度变迁研究[M].武汉：湖北科学技术出版社，2014.

[53] 石莹、赵昊鲁.马克思主义土地理论与中国农村土地制度变迁[M].北京：经济科学出版社，2007.

[54] 闫贸旭.改革开放40年的中国经济[M].北京：中共党史出版社，2018.

[55] 赵德余.政策制定的逻辑：经验与解释[M].上海：上海人民出版社，2010.

[56] 李朴.中国土地问题浅说[M].伦敦：光华书店，1948.

[57] 苏星.我国农业社会主义改造[M].北京：人民出版社，1980.

[58] 吴文晖.中国土地问题及其对策[M].上海：商务印书馆，1947.

[59] 管洪彦.农民集体成员权研究[M].北京：中国政法大学出版社，2013.

[60] 李明秋，王宝山.中国农村土地制度创新及农地使用权流转机制研究[M].北京：中国大地出版社，2004.

[61] 段文斌，陈国富，谭庆刚，等.制度经济学——制度主义与经济分析[M].天津：南开大学出版社，2007.

[62] 刘荣材.路径约束与农村土地制度变迁研究[M].北京：中央编译出版社，2012.

[63] 陈翰笙、薛暮桥、冯和法，编.解放前的中国农村（第1辑）[M].中国展望出版社，

1985.

[64] 何·皮特.谁是中国土地的拥有者——制度变迁、产权和社会冲突[M].林韵然，译.北京：社会科学文献出版社，2014.

[65] 考茨基.马克思的经济学说[M].上海：三联书店，1958.

[66] 大卫·李嘉图.政治经济学及赋税原理[M].北京：商务印书馆，1976.

[67] 亚当·斯密.国富论[M].陈星，译.西安：陕西师范大学出版社，2006.

[68] 道格拉斯·C·诺思.经济史中的结构与变迁[M].陈郁，罗华平，译.上海人民出版社，1994.

[69] 德·希·帕金斯.中国农业的发展（1368—1968年）[M].宋海文，译.上海：上海译文出版社，1984.

[70] 张五常.佃农理论[M].姜建强，译.北京：中信出版集团.2017.

[71] 亨利·乔治.进步与贫困[M].吴良健，王翼龙，译.北京：商务印书馆，1995.

[72] 杰克·贝尔登.中国震撼世界[M].北京：北京出版社，1980.

二、学术期刊类

[1] 周飞舟，王绍琛.农民上楼与资本下乡：城镇化的社会学研究[J].中国社会科学，2015（1）.

[2] 邓大才.中国农村产权变迁与经验——来自国家治理视角下的启示[J].中国社会科学，2017（1）.

[3] 高圣平.农地金融化的法律困境及出路[J].中国社会科学，2014（8）.

[4] 王敬尧，魏来.当代中国农地制度的存续与变迁[J].中国社会科学，2016（2）.

[5] 钟水映，李春香.农地私有化的神话与迷思[J].马克思主义研究，2012（2）.

[6] 杨继瑞.正确处理农村土地流转中的十大关系[J].马克思主义研究，2010（5）.

[7] 程恩富，张杨.坚持社会主义农村土地集体所有的大方向——评析土地私有化的四个错误观点[J].中国农村经济，2020（2）.

[8] 韩长赋.中国农村土地制度改革[J].农业经济问题，2019（1）.

[9] 徐美银.农民工市民化、产权结构偏好与农村土地流转——基于江苏、浙江、湖北、四川调查数据的分析[J].社会科学，2019（6）.

[10] 匡远配，陆钰凤.我国农地流转"内卷化"陷阱及其出路[J].农业经济问题，2018（9）.

[11] 俞振宁，张晓滨，吴次芳.2000—2016年《自然》和《科学》期刊土地科学相关

研究重点进展评述[J].中国土地科学，2017（5）.

[12] 吴宇哲，孙小峰.改革开放40周年中国土地政策回溯与展望：城市化的视角[J].中国土地科学，2018（7）.

[13] 朱道林，郦宛琪，等：2015年土地科学研究重点进展评述及2016年展望——土地管理领域分报告[J].中国土地科学，2016（2）.

[14] 朱道林，张立新，等.2016年土地科学研究重点进展评述及2017年展望——土地管理领域分报告[J].中国土地科学，2017（2）.

[15] 朱道林，杜挺，等.2017年土地科学研究重点进展评述及2018年展望[J].中国土地科学，2018（2）.

[16] 朱道林，宋洋，等.2018年土地科学研究重点进展评述及2019年展望[J].中国土地科学，2019（1）.

[17] 郭贯成，李学增，王茜月.新中国成立70年宅基地制度变迁、困境与展望：一个分析框架[J].中国土地科学，2019（12）.

[18] 朱道林，王健，林瑞瑞.中国农村土地制度改革探讨——中国土地政策与法律研究圆桌论坛（2014）观点综述[J].中国土地科学，2014（9）.

[19] 郑淋议，罗箭飞，洪甘霖.新中国成立70年农村基本经营制度的历史演进与发展取向——基于农村土地制度和农业经营制度的改革联动视角[J].中国土地科学，2019（12）.

[20] 仝世文，胡历芳等.论中国农村土地的过度资本化[J].中国农村经济，2018（7）.

[21] 杜润生.经济转换时期的中国农业[J].改革，1995（4）.

[22] 陈伯君，邓立新，等.农村土地制度产权改革与农民增收——以成都试验区农村土地产权改革前后的变化为样本[J]南方论丛，2009（3）.

[23] 魏正果.我国农业土地国管私用论[J].中国农村经济，1989（5）.

[24] 杨小凯：中国改革面临的深层问题：关于土地制度改革——杨小凯、江濡山谈话录[J].战略与管理，2002（5）.

[25] 温铁军.农村基本经济制度变迁分析[J].农村经营管理，1999（2）.

[26] 文贯中.市场畸形发育、社会冲突与现行的土地制度[J].经济社会体制比较，2008（2）.

[27] 党国英.关于我国农村发展的几点思考[J].农村工作通讯，2016（24）.

[28] 李昌平.土地农民集体所有制之优越性——与越南之比较[J].华中科技大学学报（社会科学版），2009（1）.

[29] 贺雪峰.如何做到耕者有其田[J].社会科学，2009（10）.

[30] 蔡昉.土地所有制——农村经济第二步改革的中心[J].农业经济丛刊，1986（6）.

[31] 王小乔.土地改革的诱饵与根子——访北京大学教授周其仁[J].新华月报，2013（24）.

[32] 韩晶.中国农村土地制度变迁的轨迹与改革思路[J].乡镇经济，2002（2）.

[33] 何一鸣，罗必良.新中国农村土地制度变迁的经验证据研究[J].河南社会科学，2009（7）.

[34] 余逢伯.农村土地制度的非均衡及其变迁[J].改革，2010（6）.

[35] 孟祥林.我国土地制度演变及其绩效创造的经济学分析[J].北京工业大学学报（社会科学版），2003（3）.

[36] 邓大才.农业制度变迁的基本特征分析及策略调整[J].财经研究，2002（7）.

[37] 杨小凯.中国改革面临的深层问题——关于土地制度改革—杨小凯、江濡山谈话录[J].战略与管理，2002（10）.

[38] 于建嵘，陈志武.把地权还给农民——于建嵘对话陈志武[J].东南学术，2008（2）.

[39] 张远新.新中国成立后我党对个体私营经济政策的演变及其历史经验[J].社会主义研究，2003（3）.

[40] 王海文.90年来党的农村土地政策发展演变与启示[J].中州学刊，2011（5）.

[41] 姜爱林.改革开放前新中国土地政策的历史演变[J].石家庄经济学院学报，2003（3）.

[42] 姜爱林.新中国土地政策的历史演变[J].玉溪师范学院学报，2003（10）.

[43] 刘雅静.新中国成立以来农村土地政策的演进及基本经验[J].国家治理，2019（18）.

[44] 柯涛.从新中国成立后农村土地政策的演变看党始终代表先进生产力的发展要求[J].辽宁行政学院学报，2010（1）.

[45] 江明生.论新中国成立以来农村土地政策演变的特征[J].农业考古，2011（1）.

[46] 蒋和平.改革开放四十年来我国农业农村现代化发展与未来发展思路[J].农业经济问题，2018（8）.

[47] 崔惠斌，陈海文，钟建威.我国农村土地流转影响因素的研究综述[J].农业经济与管理，2015（1）.

[48] 张新光.论中国农地产权私有化改革的根本性障碍[J].兰州商学院学报，2004（6）.

[49] 刘力歌.论马克思主义政治经济学中的价值学说[J].学术论坛，2018（18）.

[50] 师超.简述中国土地政策演变[J].商业文化，2011（12）.

[51] 刘新刚.《资本论》关于土地市场理论的形成过程、基本观点及其在新时代的新发展[J].甘肃行政学院学报，2018（3）.

[52] 柴铎."土地整治"典型模式与实施途径[J].中国土地，2017（10）.

[53] 罗润东.2017年中国经济学研究热点分析[J].经济学动态，2018（4）.

[54] 周绍东.从被动适应到主动引领：农村土地制度改革的政治经济学分析[J].马克思主义与现实，2017（6）.

[55] 杨建云.从土地整理转型到社会转型——农村土地整理转型的政治经济学分析[J].福建行政学院学报，2014（6）.

[56] 方修仁.大城市郊区新农村发展模式初探[J].中国发展，2013（1）.

[57] 叶红玲.大都市近郊的乡村形态[J].中国土地，2018（7）.

[58] 刘明远.关于创建生态政治经济学的思考[J].政治经济学评论，2006（2）.

[59] 汪洋.集体土地所有权的三重功能属性[J].比较法研究，2014（2）.

[60] 刘学申.解放战争时期中国共产党农村土地政策研究[J].长春理工大学学报，2017（4）.

[61] 胡怀国.近代土地改革模式及其古典经济学基础[J].地方财政研究，2016（10）.

[62] 刘明远.论中国特色社会主义政治经济学的起点范畴与总体结构[J].武汉大学学报，2017（5）.

[63] 张鋆.马克思农业地租理论的当代辨析[J].财经科学，2016（8）.

[64] 姚炎中.美丽乡村建设离不开农村集体土地制改革[J].人民法治，2017（4）.

[65] 蔡继明.农村"三块地"改革应实现"三位一体"城乡互动[J].人民法治，2016（4）.

[66] 马池春.农村集体产权制度改革的三重维度与秩序均衡[J].农业经济问题，2018（2）.

[67] 祝志勇.农村土地流转制度的政治经济学分析[J].改革，2003（1）.

[68] 王宁波.农村土地私有化研究述论[J].中国集体经济，2009（8）.

[69] 文龙娇，苏楠，杨学军.陕西省杨凌示范区土地银行发展研究[J].湖北农业科学，2011（20）.

[70] 黄宝.浅析政治经济学原理对我国农村土地制度改革的启示[J].农村经济与科技，2017（14）.

[71] 蔡继明.推进"四位一体"土地制度改革[J].乡村科技，2017（4）.

[72] 张宇.危机与当代资本主义历史走向[J].政治经济学评论，2013（2）.

[73] 刘渊.我国农村土地综合整治政策演进的政治经济学分析[J].现代经济探讨，2014（1）.

[74] 朱信凯.习近平农业思想及十八大以来的实践[J].经济社会体制比较，2017（5）.

[75] 李小云.政治经济学视角下的土地制度与贫富分化[J].中国农业大学学报，2007

（4）.

[76] 管清友.制度、利益与谈判能力：农村土地"流转"的政治经济学[J].上海经济研究，2013（1）.

[77] 管清友.制度悖论、无组织状态和政治危机[J].上海经济研究，2005（2）.

[78] 覃敬.中国共产党不同时期土地政策的辩证逻辑研究[J].新西部，2017（33）.

[79] 徐新林：中国共产党土地政策的演进及对当前我国农村土地政策的思考[J].前沿，2017（8）.

[80] 侯亚景.中国农村土地坚持集体所有制的必然性与必要性[J].海派经济学，2017（2）.

[81] 周绍东.中国农村土地制度的第二次飞跃[J].西部论坛，2018（4）.

[82] 钱忠好.中国农村土地制度历史变迁的经济学分析[J].江苏社会科学，2000（3）.

[83] 陈明.近代中国革命中以土地为中心的政治动员[J].社会科学论坛，2018（2）.

[84] 高帆.农村土地承包关系长久不变的内涵、外延及实施条件[J].南京社会科学，2015（11）.

[85] 韩娟.论我国农村土地征用程序的法治化[J].法制博览，2017（2）.

[86] 王利蕊.完善农村土地增值收益分配机制的路径[J].农业经济，2015（7）.

[87] 黄贵芳.党成立八十年来我国农村土地政策的变迁[J].发展论坛，2001（11）.

[88] 安希伋.论土地国有永佃制[J]中国农村经济，1988（11）.

[89] 郑建敏.论建国后党的农村土地政策的发展演变[J].石家庄学院学报，2006（5）.

[90] 樊会玲.中国共产党土地政策的演变[J].探索与争鸣，2009（8）.

[91] 崔美花.对三十年农村土地政策改革的几点思考[J].长春理工大学学报，2009（6）.

[92] 张红宇，李伟毅.以起点公平为基础实现农村土地承包关系长久不变[J].新视野，2013（4）.

[93] 龚维斌.新中国70年社会组织方式的三次变化[J].中共中央党校（国家行政学院）学报，2019（6）.

[94] 陈方南.新中国农村土地政策评析[J].学习与探索，2006（4）.

[95] 顾玉兰.列宁关于落后国家农民组织形式现代化思想[J].当代世界社会主义问题，2006（4）.

[96] 于晓华，钟晓萍，张越杰.农村土地政策改革与城乡融合发展——基于中央"一号文件"的政策分析[J].吉林大学社会科学学报，2019（5）.

[97] 陈方南.新中国农村土地政策评析[J].学习与探索，2006（4）.

[98] 徐支青，方明.60年来党的农村土地政策演变的与时俱进性[J].郑州航空工业管理

学院学报（社会科学版），2010（4）.

[99] 杨璐璐.改革开放以来我国土地政策变迁的历史与逻辑[J].北京工业大学学报（社会科学版），2016（2）.

[100] 马流辉.发展家庭农场应坚持五项基本原则[J].中国乡村发现，2013（4）.

[101] 陈剑波.人民公社的产权制度——对排他性受到严格限制的产权体系所进行的制度分析[J].经济研究，1994（7）.

[102] 中国共产党第一个纲领[J].新湘评论，2018（1）.

[103] 党国英.深化农地制度改革[J].江苏农村经济，2005（4）.

[104] 韩松.坚持农村土地集体所有权[J].法学家，2014（2）.

[105] 桂华.论社会主义地利共享秩序及其制度实现——兼评《土地管理法》修订[J].社会科学，2018（6）.

[106] 尹钛.合作组织的效率.1952—1957年中国农业合作化运动的评价[J].中共宁波市委党校学报，2002（4）.

[107] 许建文.中国共产党农地政策的历史演变[J].毛泽东思想研究，2007（7）.

[108] 郭景，姜爱林.论土地政策的执行[J].软科学，2003（4）.

[109] 刘思华.马克思广义生产力理论探索（下）[J].湘潭大学学报（哲学社会科学版），2006（4）.

[110] 莫宏伟.毛泽东与民主人士过土地改革"关"[J].毛泽东思想研究，2008（3）.

[111] 蒋建农.毛泽东关于对富农政策的理论[J].毛泽东思想研究，1993（3）.

[112] 王安平，韩亮.胡耀邦与川北土地改革[J].中共党史研究，2010（1）.

[113] 莫宏伟.饶漱石与华东新区土地改革[J].江苏大学学报（社会科学版），2006（3）.

[114] 陶艳梅.建国初期土地改革述论[J].中国农史，2011（1）.

[115] 李春宜.建国初期土地改革中的阶级划分问题——以湖南平江为例[J].长沙大学学报，2006（4）.

[116] 李里峰.革命中的乡村——土地改革运动与华北乡村权力变迁[J].广东社会科学，2013（3）.

[117] 张青红.建国初期土地改革中的民主协商[J].湖南科技大学学报（社会科学版），2013（1）.

[118] 李良玉.建国初期的土地改革运动[J].江苏大学学报（社会科学版），2004（1）.

[119] 郭德宏.关于土地改革史研究中的几个问题[J].东疆学刊（哲学社会科学版），1988（S1）.

[120] 邓禾.我国农村土地资源配置制度及其趋势分析[J].重庆大学建筑学报，2007（2）.

[121]　陈于勤.福建省土地改革运动探讨[J].党史研究与教学，1994（1）.

[122]　杨世梅.论土地改革对于中国共产党的意义[J].前沿，2006（11）.

[123]　王永魁.政治学视角下的土地改革运动[J].上海党史与党建，2010（9）.

[124]　蒋吉昌.回眸土地改革运动[J].中共宁波市委党校学报，1999（5）.

[125]　陈方南.新中国农村土地政策评析[J].学习与探索，2006（4）.

[126]　莫宏伟.苏南土地改革后农村各阶层思想动态述析（1950—1952）[J].党史研究与教学，2006（2）.

[127]　姜爱林.论土地政策的结构与功能[J].江西行政学院学报，2000（4）.

[128]　闫素娥.改革开放前我国农村土地政策的嬗变[J].濮阳职业技术学院学报，2011（2）.

[129]　江红英，黄美珠.毛泽东对工业化与农业合作化关系的认识[J].四川党史，2002（3）.

[130]　李建忠.是主观选择还是历史必然——20世纪50年代农业合作化动内的再认识[J].广西社会科学，2005（2）.

[131]　刘福军，姜明娟.中国20世纪50年代社会主义改造的必然性[J].中共天津市委党校学报，2006（4）.

[132]　马羽.试论我国农业合作化运动的历史必然性[J].社会科学研究，1981（5）.

[133]　罗平汉."小脚女人"——毛泽东对邓子恢的批判[J].文史精华，2006（5）.

[134]　叶扬兵.美好的远景和过高的预期——农业合作化高潮形成的原因之一[J].当代史研究，2006（1）.

[135]　费孝通.农田的经营和所有[J].今日评论，1941（6）.

[136]　沈明生.中国的农业合作化与苏联模式[J].晋阳学刊，1998（5）.

[137]　程中原.毛泽东进行"第二次结合"的探索奠定了中国特色社会主义的基础[J].毛泽东研究，2009（9）.

[138]　武力.农业合作化过程中合作社经济效益剖析[J].中国经济史研究，1992（4）.

[139]　王新华，任军利.从农业现代化看农业社会主义改造[J].甘肃社会科学，2006（5）.

[140]　陈海秋.改革开放前农村土地制度的演变[J].宁夏社会科学，2002（5）.

[141]　翟优子，王斌.新农地制度下农地流转与农村"土地银行"互动发展研究——以信阳江湾"土地银行"为例[J].经济研究导刊，2015（20）.

[142]　张宇.中国政治经济学年度发展报告（2010年）[J].政治经济学评论，2011（1）.

[143]　邱海平，张宇，郑吉伟，等.中国政治经济学年度发展报告（2011年）[J].政治经济学评论，2011（1）.

[144]　张宇.危机与当代资本主义历史走向——中国政治经济学年度发展报告（2012年）（上）[J].政治经济学评论，2013（2）.

[145]　王婷，吴俊，冯志轩.中国政治经济学研究新进展——中国政治经济学年度发展报告（2012年）（下）[J].政治经济学评论，2013（2）.

[146]　张晨，冯志轩，姬旭辉.中国政治经济学年度发展报告（2013）[J].政治经济学评论，2014（2）.

[147]　中国人民大学政治经济学研究中心课题组.中国政治经济学年度发展报告（2014）[J].政治经济学评论，2015（2）.

[148]　中国人民大学政治经济学研究中心课题组.中国政治经济学年度发展报告（2015）[J].政治经济学评论，2016（3）.

[149]　中国人民大学全国中国特色社会主义政治经济学研究中心课题组骆桢、龚剑.中国政治经济学年度发展报告（2016）[J].政治经济学评论，2017（3）.

[150]　中国人民大学全国中国特色社会主义政治经济学研究中心.中国政治经济学年度发展报告（2017）[J].政治经济学评论，2018（2）.

[151]　王婷.中国政治经济学研究新进展[J].政治经济学评论，2013（2）.

[152]　张存刚，邵传林.基于"土地银行"视角的农村土地流转模式研究[J].甘肃金融，2009（7）.

[153]　黄贤金.论构建城乡统一的建设用地市场体系——兼论"同地、同权、同价、同责"的理论圈层特征[J].中国土地科学，2019（8）.

[154]　王景新，等.集体经济村庄[J].开放时代，2015（1）.

[155]　杨宜林.耕者有其田的索解[J].新生命，1929，2（8）.

[156]　武力.中国共产党与20世纪的三次农民浪潮[J].河北学刊，2005（3）.

[157]　张昭国.信息误导与农业合作化运动后期的加速[J].长白学刊，2010（1）.

[158]　郭于华.口述历史：有关记忆与忘却[J].读书，2003（10）.

[159]　陈廷煊.1953—1957年农村经济体制的改革和农业生产的发展[J].中国经济史研究，2001（1）.

[160]　蔡继明，刘媛，刘畅畅.论走出"三农"困境的路径选择[J].天津社会科学，2020（1）.

[161]　李占才.试析建国以来农村经济体制变革过频过急的负面效应，信阳师范学院学报（哲学社会科学版），1997（2）.

[162]　罗伊·普罗斯特曼、李平、蒂姆·汉斯达德.中国农业的规模经营：政策适当吗？[J].中国农村观察，1996（6）.

[163]　理查德·桑德斯、周守吾.中国农业的可持续发展与土地所有权（上）[J].国外理论动态，2007（3）.

[164]　理查德·桑德斯、周守吾.中国农业的可持续发展与土地所有权（下）[J].国外理论动态，2007（4）.

[165]　卢克·埃里克森、官进胜.关于中国农村土地私有化的辩论[J].国外理论动态，2008（8）.

[166]　罗伊·普罗斯特曼.中国农村土地制度改革：实地调查报告[J].中国农村经济，1995（3）.

三、政策法规文献类

[1]　中国人民政治协商会议共同纲领[N].人民日报，1949-09-30（2）.

[2]　中华人民共和国宪法[M].北京：中国民主法制出版社，2018.

[3]　中华人民共和国土地管理法（2004年修订）[J].中华人民共和国全国人民代表大会常务委员会公报，2014（6）.

[4]　中华人民共和国土地改革法[N].人民日报，1950-06-30（2）.

[5]　中华人民共和国农民专业合作社法[N].人民日报，2018-01-30（13）.

[6]　中华人民共和国农村土地承包法[N].人民日报，2002-08-30（7）.

[7]　中华人民共和国森林法[N].人民日报，1984-09-23（2）.

[8]　中华人民共和国继承法[N].人民日报，1985-04-14（3）.

[9]　中华人民共和国草原法[N].人民日报，1985-06-19（2）.

[10]　中华人民共和国土地管理法（2019年修订）[N].人民日报，2019-08-27（2）.

[11]　中华人民共和国物权法[N].人民日报，2007-03-20（1）.

[12]　中华人民共和国宪法（1982年）[N].人民日报，1982-12-05（2）.

[13]　中华人民共和国民法通则[J].中华人民共和国国务院公报，1986（12）.

[14]　中华人民共和国民法典[N].人民日报，2020-06-02（10）.

[15]　农村人民公社工作条例（试行草案）[M].河南：开封地委办公室（翻印）.1979.

[16]　农业生产合作社示范章程（草案）[J].中华人民共和国国务院公报，1955（20）.

[17]　高级农业生产合作社示范章程[J].中华人民共和国国务院公报，1956（29）.

[18]　中国共产党章程[N].人民日报，2017-10-29（2）.

[19]　中华人民共和国国民经济和社会发展第十个五年计划纲要[J].中华人民共和国国务院公报，2001（12）.

[20]　中国统计年鉴（1992）[M].北京：中国统计出版社.1992.

[21]　农业部农村经济体制与经营管理司、农业部农村合作经济经营管理总站：《中共中央国务院关于稳步推进农村集体产权制度改革的意见》学习手册[M].北京：人民出版社.2017.

[22]　中共中央、国务院关于进一步活跃农村经济的十项政策[J].中华人民共和国国务院公报，1985（9）.

[23]　国务院关于进一步完善退耕还林政策措施的若干意见[J].中华人民共和国国务院公报，2002（16）.

[24]　中共中央、国务院关于促进农民增加收入若干政策的意见[J].中华人民共和国国务院公报，2004（9）.

[25]　党中央、国务院发出通知要求积极发展多种经营[N].人民日报，1981-04-06（1）.

[26]　党中央、国务院发布决定保护林木发展林业[N].人民日报，1981-03-12（1）.

[27]　中共中央、国务院关于全面加强新时代大中小学劳动教育的意见[N].人民日报，2020-03-27（1）.

[28]　关于做好农户承包地使用权流转工作的通知[N].人民日报，2002-11-05（1）.

[29]　中央农村工作会议在北京召开[N].人民日报，2013-12-25（1）.

[30]　就一九九一年农业和农村工作中共中央国务院发出通知[N].人民日报，1990-12-05（1）.

[31]　中共十三届中央委员会召开第八次全会[N].人民日报，1991-11-30（1）.

[32]　中共中央关于全面深化改革若干重大问题的决定[N].人民日报，2013-11-16（1）.

[33]　中共十七届三中全会在京举行[N].人民日报，2008-10-13（1）.

[34]　中共中央、国务院关于2009年促进农业稳定发展农民持续增收的若干意见[N].人民日报，2009-02-02（1）.

[35]　中共中央、国务院关于加快推进农业科技创新持续增强农产品供给保障能力的若干意见[N].人民日报，2012-02-02（1）.

[36]　中共中央、国务院关于加快发展现代农业进一步增强农村发展活力的若干意见[N].人民日报，2013-02-01（1）.

[37]　中共中央、国务院关于全面深化农村改革加快推进农业现代化的若干意见[N].人民日报，2014-01-20（1）.

[38]　中共中央关于全面推进依法治国若干重大问题的决定[N].人民日报，2014-10-29（1）.

[39]　中共中央关于坚持和完善中国特色社会主义制度推进国家治理体系和治理能力

现代化若干重大问题的决定[N].人民日报，2019-11-06（1）.

[40]　中共中央、国务院关于加大改革创新力度加快农业现代化建设的若干意见[N].人民日报，2015-02-02（1）.

[41]　中共中央、国务院关于落实发展新理念加快农业现代化实现全面小康目标的若干意见[N].人民日报，2016-01-28（1）.

[42]　中共中央、国务院关于深入推进农业供给侧结构性改革加快培育农业农村发展新动能的若干意见[N].人民日报，2017-02-06（1）.

[43]　中共中央、国务院关于实施乡村振兴战略的意见[N].人民日报，2018-02-05（1）.

[44]　中共中央、国务院关于坚持农业农村优先发展做好"三农"工作的若干意见[N].人民日报，2019-02-20（1）.

[45]　中共中央、国务院关于抓好"三农"领域重点工作确保如期实现全面小康的意见[N].人民日报，2020-02-06（1）.

[46]　中共中央办公厅、国务院办公厅关于完善农村土地所有权承包权经营权分置办法的意见[N].人民日报，2016-10-31（1）.

[47]　中共中央关于做好农户承包地使用权流转工作的通知[N].人民日报，2002-11-05（1）.

[48]　中共中央、国务院关于进一步加强农村工作提高农业综合生产能力若干政策的意见[N].中华人民共和国国务院公报，2005（9）.

[49]　中共中央、国务院关于推进社会主义新农村建设的若干意见[N].人民日报，2006-02-22（1）.

[50]　中共中央、国务院关于积极发展现代农业扎实推进社会主义新农村建设的若干意见[N].人民日报，2007-01-30（1）.

[51]　中共中央、国务院关于切实加强农业基础设施建设进一步促进农业发展农民增收的若干意见[N].人民日报，2008-01-31（1）.

[52]　中共中央、国务院关于加大统筹城乡发展力度进一步夯实农业农村发展基础的若干意见[N].人民日报，2010-02-01（1）.

[53]　中共十八届三中全会在京举行[N].人民日报，2013-11-13（1）.

[54]　中共中央办公厅、国务院办公厅关于引导农村土地承包经营权有序流转发展农业适度规模经营的意见[N].人民日报，2014-11-21（1）.

[55]　全国人民代表大会常务委员会关于修改《中华人民共和国农村土地承包法》的决定[N].人民日报，2018-12-30（5）.

[56]　关于加快构建政策体系培育新型农业经营主体的意见[N].人民日报，2017-06-1

（1）.

[57] 习近平.就做好耕地保护和农村土地流转工作作出的指示[N].人民日报，2015-05-27（1）.

[58] 习近平.在全国脱贫攻坚总结表彰大会上的讲话[N].人民日报，2021-02-26（2）.

四、报纸文献类

[1] 展望六十年代[N].人民日报，1960-01-01（1）.

[2] 国务院关于全国农村承包土地的经营权和农民住房财产权抵押贷款试点情况的总结报告[J].中华人民共和国全国人民代表大会常务委员会公报，2019（1）.

[3] 中华人民共和国大事记[N].人民日报，2019-09-28（6）.

[4] 中央农村工作会议在北京举行[N].人民日报，2013-12-25（1）.

[5] 我国全面部署农民合作社规范提升行动[N].人民日报，2019-09-06（4）.

[6] 支持龙头企业上市融资（政策解读）[N].人民日报，2012-03-28（3）.

[7] 习近平.在庆祝改革开放40周年大会上的讲话[N].人民日报，2018-12-19（2）.

[8] 习近平.坚定不移全面深化改革开放脚踏实地推动经济社会发展[N].人民日报，2013-07-24（1）.

[9] 习近平.加大推进新形势下农村改革力度促进农业基础稳固农民安居乐业[N].人民日报，2016-04-29（1）.

[10] 刘少奇.关于土地改革问题的报告[N].人民日报，1950-06-30（1）.

[11] 以立德树人为根本以强农兴农为己任[N].人民日报，2019-09-07（1）.

[12] 金秋时节察农情[N].人民日报，2008年9月11（2）.

[13] 严把改革方案质量关督察关确保改革改有所进改有所成[N].人民日报，2014-09-30（1）.

[14] 习近平.加大推进新形势下农村改革力度促进农业基础稳固农民安居乐业[N].人民日报，2016-04-29（1）.

[15] 习近平.决胜全面建成小康社会，夺取新时代中国特色社会主义伟大胜利——在中国共产党第十九次全国代表大会上的报告[N].人民日报，2017-10-28（1）.

[16] 习近平.在庆祝中国共产党成立95周年大会上的讲话[N].人民日报，2016-07-02（1）.

[17] 胡锦涛.坚定不移沿着中国特色社会主义道路前进为全面建成小康社会而奋斗——在中国共产党第十八次全国代表大会上的报告[N].人民日报，2012-11-09（2）.

[18] 努力开创"三农"工作新局面——学习《江泽民文选》,扎实推进社会主义新农村建设[N].人民日报,2006-10-13(9).

[19] 稳定承包体制强化合同管理[N].人民日报,1995-04-29(2).

[20] 秦夕雅.城乡土地制度要互动改革[N].第一财经日报,2013-11-15(T18).

[21] 李锦斌.贯彻习近平同志"三农"思想奋力推动安徽乡村振兴[N].人民日报,2018-04-04(10).

[22] 胡桂芳.土地流转超70%的背后[N].中国经济时报,2013-12-04(11).

[23] 汪洋.土地信托模式的一次基层探索[N].中国农资,2014-08-08(24).

[24] 限制长时间大面积租赁农地(政策解读)[N].人民日报,2015-04-26(2).

[25] 家庭农场农业高质量发展生力军(经济发展亮点多韧性足)[N].人民日报,2019-10-14(10).

[26] 徐建飞.新时代中国农村土地制度改革创新研究[N].中国社会科学报,2019-08-27(7).

[27] 申建平.宅基地"资格权"的法理阐释[N].中国社会科学报,2020-03-31(3).

[28] 习近平.习近平对推进农村土地制度改革、做好农村承包地管理工作作出重要指示[N].人民日报,2020-11-03(1).

[29] 习近平.中央农村工作会议在京召开——习近平对做好"三农"工作作出重要指示[N].人民日报,2018-12-30(1).

五、外文文献类

[1] Klaus.D Land Policies for Growth and Poverty Reduction[M].Washington, D.C.:Oxford University Press, 2003.

[2] Md. R I, Jakob B M, Paul A R. Gold and Silver Mining in the 16th and 17th Centuries, Land Titles and Agricultural Productivity[J]. European Journal of Political Economy, 2015(3).

[3] Estair V W..Law's rurality: Land use law and the shaping of people–place relations in rural Ontario[J]. Journal of Rural Studies,2016(2).

[4] Befikadu A. Legesse, Kenrett Jefferson–Moore and Terrence Thomas.Impacts of land tenure and property rights on reforestation intervention in Ethiopia[J]. Land Use Policy, 2018(1).

[5] Anders Wästfelt, Qian Zhang.Keeping agriculture alive next to the city–The functions of the land tenure regime nearby Gothenburg, Sweden[J]. Land Use Policy, 2018(11).

[6] Van Westen, A.Land in China: Struggle and reform[J]. Development ,2011(3).

[7]　Lavigne-Delville.P.Harmonising formal law and customary land rights in french speaking west africa.C .Toulmin,J.Quan.Evolving Land Rights,Policy,and Tenure in Africa[C] . London:International Institute for Environment and Development,2000.

[8]　Kironde.L.Comments on Management of Peri-urban Land and Land Taxation [Z]. Kampala:the World Bank Regional Land Workshop,2002.

六、学位论文类

[1]　姜峰.中国农村土地制度问题研究[D].北京：中共中央党校，2008.

[2]　邓佳.城市化进程中农民权益争议及其保障问题研究[D].上海：上海师范大学，2005.

[3]　张超.改革开放以来的土地流转与土地政治——基于中央与地方关系理论的研究[D].上海：上海师范大学，2012.

[4]　王丽华.中国农村土地制度变迁的新政治经济学分析[D].沈阳：辽宁大学，2012.

[5]　秦勃.列宁土地革命思想研究[D].长沙：湖南师范大学，2014.

[6]　张红宇.中国农村土地制度变迁的政治经济学分析[D].重庆：西南农业大学，2001.

[7]　刘岩.我国农村土地适度规模经营实现路径的政治经济学研究[D].西安：西北大学，2015.

[8]　卫军帅.农村土地流转目标和效益的政治经济学分析[D].金华：浙江师范大学，2006.

[9]　刘文峰.马克思土地理论的当代价值[D].哈尔滨：黑龙江社会科学院，2016.

[10]　周跃辉.按权能分配农村集体土地增值收益论[D].北京：中共中央党校，2014.

[11]　黄和新.马克思所有权思想述要[D].南京：南京师范大学，2003.

[12]　于丽娜.地租理论从斯密、李嘉图到马克思的发展[D].长春：吉林大学，2017.

[13]　祁冰.20世纪上半期中国共产党土地政策的演变研究[D].沈阳：辽宁大学，2010.

[14]　孙丽丽.改革开放以来中国共产党农村土地政策的历史考察[D].沈阳：辽宁大学，2013.

[15]　孙国好.新中国成立以来土地政策评析[D].长春：吉林大学，2007.

[16]　翟阳.新中国成立以来我国土地政策的演变及评估[D].西安：西安建筑科技大学，2010.

[17]　王华巍.世界主要发达国家农业政策的比较研究[D].长春：吉林大学，2005.

[18]　胡穗.中国共产党农村土地政策的演进[D].长沙：湖南师范大学，2004.

[19] 栾冰冰.中国共产党早期土地政策研究[D].济南：山东大学，2009.

[20] 刘超.1949—1956年中国农业合作化研究[D].贵阳：贵州财经大学，2012.

[21] 刘长乐.马克思土地产权理论及其中国化探寻[D].武汉：华中师范大学，2014.

[22] 黎增梅.中国共产党政党意识的演变探析[D].长沙：中南大学，2013.

[23] 张红宇.中国农村土地制度变迁的政治经济学分析[D].重庆：西南农业大学，2001.

[24] 晋伟.中国特色农村土地流转问题研究[D].长春：吉林大学，2017.

[25] 臧得顺.农地产权制度的经济社会学分析——基于鲁、鄂四个村落的实地调查[D].北京：中国社会科学院研究生院，2010.

[26] 阮斌.马克思恩格斯土地公有制思想及其在我国的运用与发展研究[D].重庆：西南大学，2017.

[27] 李新海.建国后中国共产党农地政策研究[D].长春：东北师范大学，2007.

[28] 吴春丽.马克思地租理论视野下农村土地流转问题研究[D].北京：中央民族大学，2017.

[29] 谢辰.杨凌土地银行发展模式研究[D].咸阳：西北农林科技大学，2019.

七、会议文集及其他类

[1] 建国以来党的农村土地政策演变论略，中国共产党与现代中国[C].2001：570—577.

[2] 建国初期的土地改革与中国的工业化，中国共产党与现代中国[C].2001：5.

[3] 中国共产党农村土地政策演变述略，吉林省博物院学术文集[C].长春：吉林人民出版社，2010：281—284.

[4] 19世纪50年代中国大陆土地改革中的富农政策，划时代的历史转折——"1949年的中国"国际学术研讨会论文集[C].成都：四川人民出版社，1999：28.

后　记

书山有路勤为径，学海无涯苦作舟！本书是在本人的博士毕业论文基础上修改完善而成。在三年的博士学习中，我的专业学识、自主学习能力、科研能力、问题意识都得到了很大的提升，不仅认真学习了马克思主义经典作家们的著作和大量与本论文选题有关的文献，而且学会了运用理论去分析和解决现实问题，这进一步夯实了我今后的工作和学习研究的基础。

在此，我衷心感谢对我的学习、工作给予极大帮助的各位专家、老师和同学们。首先要衷心感谢我敬爱的导师周书俊教授，恩师在我的博士论文开题、逻辑结构优化以及内容的修改方面都给予我十分耐心细致的指导，并时刻提醒我要做到治学严谨、立德树人，在我遇到困惑时不断激励我前行。在论文的写作过程中，汪青松老师、石书臣老师、黄福寿老师、李亮老师给予了我诸多指导。论文开题、预答辩和毕业答辩时，丁晓强老师、陈大文老师、胡涵锦老师、张远新老师、马流辉老师、王朝科老师、陈金龙老师、万美容老师、王永贵老师、田芝健老师、张定鑫老师对我的论文内容也提出了宝贵的意见。其次，要特别感谢我的博士同学和同门，他们一直鞭策着我，使我可以顺利按时完成博士学业和论文的撰写。尤其是我的博士同学王礼鑫老师和同门师弟李朋来、师妹潘喜莲给了我不少帮助。最后，还要感谢我的单位、家人，我的父母、妻儿在我读博期间给予了鼎力支持和精神上的鼓舞，主动为我分担起家庭的琐碎事务，使我可以安心完成博士学业。最后，感谢我的学生对本书文字修订工作的参与，感谢人民日报出版社的支持及编辑的辛劳，让本书有机会与大家见面。

由于本人能力有限，本书尚存诸多不足，不少问题还有待深入斟酌和探究，还望各位读者海涵。如本书能对我国农村土地政策史和马克思主义政治经济学产生一定的积极贡献，将是本人荣幸之至！谨以此书向党的二十大献礼！